<신(神)-인식(認識)>경(經)
이슈와라-프라탸비갸

<표지 그림 설명>

<존재(存在)의 가벼움>……

그것은 "참을 수 없는" 것인가,
그러면 "존재"는 무거워야 하는 것인가?

<참을 수 없는 '존재의 가벼움'>,
이 심상치 않은 말을 어떻게 이해해야 하나?
밀란 쿤데라, 그는 <가벼운 것>과 <무거운 것>은
<가장 신비롭고 미묘한 모순>이라고 한다.

"존재(存在)"가 무엇인가?
우리는 궁극적(窮極的)으로 그 <어떤 것>을
"존재"라고 할 수 있겠는가?

일찍이 인도(印度)의 지혜는
<"존재(存在)"는 곧 "인식(認識)">이라는
사실을 알았다.

<인식(認識)의 가벼움>이라……

※ 인식의 '다른 말'로는 인지, 지각(知覺), 지식, 앎, 의식(意識), 주의(注意), 경험(經驗) 등이 있다.

<신(神)-인식(認識)>경(經)
이슈와라-프라탸비갸
- 내 안의 신성을 되찾는 빠른 길 -

金恩在 지음

지혜의나무

목차

들어가며 · 6

제 1 부
<신(神)을 아는 일>은 가능한가? · 13

제 2 부
이슈와라-프라탸비갸 카리카 · 29

제 1 편   지식(知識)편
　　　　　갸나-아디카라 · 31

제 1 장   서론(序論) (5절) · 33
제 2 장   일견(一見)의 반론 (11절) · 51
제 3 장   일견에 대한 반박 (7절) · 87
제 4 장   <기억(記憶)의 힘> (8절) · 105
제 5 장   <인식(認識)의 힘> (21절) · 127
제 6 장   <배체(排除)의 힘> (11절) · 191
제 7 장   <유일한 기초(基礎)> (14절) · 221
제 8 장   주의 특성(特性) (11절) · 259

제 2 편   행위(行爲)편
　　　　　크리야-아디카라 · 281

제 1 장   <행위(行爲)의 힘> (8절) · 283
제 2 장   <다양성 안의 단일성> (7절) · 299
제 3 장   <올바른 '지식의 수단'> (17절) · 313
제 4 장   인과 관계의 본질 (21절) · 357

제 3 편   계시(啓示)편
　　　　　아가마-아디카라 · 403

제 1 장   탓트와(범주) (11절) · 405
제 2 장   주체의 본질 (20절) · 429

제 4 편   요약(要約)편
　　　　　탓트와-상그라하-아디카라 · 471

제 1 장   요약(要約) (18절) · 473

나가며 · 505

들어가며

이 책의 집필은 『돌과 즈슴 이야기』에서 마르셀 프루스트의 <잃어버린 시간을 찾아서>를 다루던 중 <**기억**(記憶)>이란 주제를 다루면서 시작되었다.
꿈의 어떤 예시(豫示)에도 불구하고 대수롭잖게 여기다가 다시 "**꿈의 핀잔**"을 듣고서야 그 의미를 깨닫고 급격하게 방향을 틀었다. **주의**(注意)가 다른 곳을 향해 있었던 것 같다.

주(主)만 바라보아야……

결과적으로 『돌과 즈슴 이야기』와 이 책의 출판 순서도 바뀌었다.

『**이슈와라-프라탸비갸 카리카**』는 웃팔라데바의 저작으로, **프라탸비갸** 학파의 시조인 **소마난다**의 **쉬바-드리슈티**와 더불어 아주 중요한 경전이다.
유명한 <프라탸비갸(재-인식) 학파>라는 명칭은 바로 이 책의 제목으로부터라고 알려져 있다.
이슈와라-프라탸비갸 카리카(IPK)의 주석으로는 저자 자신이 쓴 것은 두 가지로, 짧은 것은 **카리카**

와 동시에 쓴 이 책에 소개되는 **브릿티**(vṛtti)이고, 아주 긴 것(8,000 절)은 나중에 쓴 **비브리티**(vivṛti 혹은 tika)라고 하는데 상실되었다고 하며, 최근에 그 일부(I.3:6 - 5:3)를 발견했다고 한다.

그 후 **아비나바굽타**가 쓴 **이슈와라-프라탸비갸-비마르쉬니(IPV)**와 <**이슈와라-프라탸비갸-비브리티-비마르쉬니(IPVV)**>가 있다. (IPV는 필자가 다음에 그럭저럭 다루겠지만, **IPVV**는 이후 누군가 다루어 주기를 간절히 바란다.)

이 책을 집필하면서 참고한 것은 다음과 같다.

1. The Īśvarapratyabhijñākārikā of Utpaladeva with the author's vṛtti
   - critical edition & annotated translation -
   Raffaele Torella 지음
2. Pratyabhijna Karika of Utpaladeva
   R. K. Kaw 지음 (pdf 파일)
3. The Ubiquitous Siva vol I, II
   - 소마난다의 쉬바-드리슈티 -
   John Nemec 지음

그리고 **크세마라자**의 『**프라탸비갸 흐리다얌**』은 아마도 이 책 등의 <요약의 요약>일 것이다.

7

☯

 필자로서는 결코 잊지 못할, 성경의 <**신(여호와 하나님) 인식 경험**>에 대한 장면…… (어찌 잊을 수 있겠는가!)

모세가 이르되
"**주의 영광**을 내게 보이소서."

여호와께서 이르시되
"내가 내 모든 선한 것을 네 앞으로 지나게 하고
 여호와의 이름을 네 앞에 선포하리라."

또 이르시되
"**네가 내 얼굴을 보지 못하리니**
 나를 보고 살 자가 없음이니라."

또 이르시기를
"**보라 내 곁에 한 장소가 있으니**
 너는 **그 반석(磐石) 위에 서라.**
 내 영광이 지나갈 때에
 내가 너를 **반석(磐石) 틈에 두고**
 내가 지나도록 내 손으로 너를 덮었다가
 손을 거두리니

네가 내 등을 볼 것이요 얼굴은 보지 못하리라."

 질문(요구)은 하나로 간단한데 **신**의 대답(설명)은 여럿으로 간단하지 않다. 여기에 우리의 **신 인식**의 핵심이 있는 것 같다.

 약간의 푸념(넋두리)을 하자.

 '**주의 영광**'이라는 그 '**얼굴**'을 그냥 보여주면 될 일일 것 같은데…… (아마도 이것이 우리 대부분의 견해 내지 입장일 것이다.)
 또 **신**은 모세의 말귀도 잘 알아듣지 못하는 듯, 이미 (우리가) 잘 알고 있는 '여호와라는 **이름**'을 선포하겠다고 하고……
 더구나 '**내 얼굴을 보고 살 자가 없다**'며 겁이나 주고…….

 이것을 어떻게 읽어야 하나? 어떤 의미로 이해할 것인가?

 몇 마디 말로, 간단히 설명될 일은 아닌 것 같다. 그래서 **웃팔라데바도 카리카(수트라)**에다 **브릿티**, **비브리티**로 긴긴 말을 하는 것이 아니겠는가?

우리는 위의 성경에서 **신**이 허여(許與, 허락)하는 몇 가지 **힌트**를 얻는 것에 일단 만족하자.

신은 우선 '**신**(神) **곁**(가까운 데)**의 한 장소**(場所, 곳)'를 가리킨다.
　이 장소는 물론, <물리적인 장소>로만 볼 필요는 없다. 이 장소는 곧 '**반석**(磐石)'으로, **반석**에 대한 의미는 성경에서는 아주 뚜렷하다.

먼저 아주 잘 아는 구절, 예수가 했다는 말,
"너는 베드로('**반석**')라
　내가 이 **반석** 위에 내 교회를 세우리니"
그리고 유명한 찬송과 그 설명,
"**만세 반석** 열리니 내가 들어갑니다."
"이는 **신령한 반석**으로부터 마셨으매
　그 반석은 곧 그리스도(**구원자**)시라."

신 곁의 한 장소, **신** 가까이에 있는 반석 같은 존재 혹은 무엇……

성경은 말한다.
"**그 위에 서라.**"
필자는 말한다.
"**이 이슈와라-프라탸비갸 반석 위에 서라.**"

그 다음은 **은혜**다. 순전히 **신의 은총**이다.

"**보라 내 곁에 한 장소가 있으니**
 너는 그 반석(磐石) **위에 서라.**

 내 영광이 지나갈 때에
 내가 너를 반석(磐石) **틈에 두고**
 내가 지나도록 내 손으로 너를 덮었다가
 손을 거두리니
 네가 내 등을 볼 것이요 얼굴은 보지 못하리라."

 무슨 말이 더 필요한가! (필자는 그저 눈시울을 붉히며, 반복하고 반복할 뿐이다.)

"**내가 너를 반석**(磐石) **틈에 두고**
 내가 지나도록 내 손으로 너를 덮었다가
 손을 거두리니
 네가 내 등을 볼 것이요 얼굴은 보지 못하리라."

 주의 은혜가, **은총**이 있다면, 우리는 이 <**신**(神)-**인식**(認識)>**경**(經)의 어떤 **틈에 두어**질 것이고, 또 **주의 (은혜의) 손**이 우리를 감쌀(덮을) 것이다.
 그리고 **손을 거두리니**

'**주의 얼굴을 보는**' 아누파야는 아니라도 '**주의 등을 본다**'는 샥토파야……. (아누파야, 샥토파야 등은 이미 여러 책에서 다루었고, 더 다룬다.)

☯

"필자는 말한다.
 '**이 이슈와라-프라탸비갸 반석 위에 서라.**'"에 대해서 한마디.

사실, '**주의 영광**'을 '**쉐키나**'나 '**빛**'으로, '**주의 이름과 얼굴**'을 '본질', '본성' 등으로 풀고 몇 마디 주석을 해봐야 달라지는 것은 없(을 것이)다.
 겨우 소위 <우리의 지식> 몇 가지가 더 늘어날 뿐이다. (이런 것이 <기독교 신학의 상황>이다.)

이슈와라-프라탸비갸는 바로 이 내 안에서 시작한다. 바로 이 '**내 안의 신성을 찾는 길**'**이다. 또 빠른 길이다.**
 그리고 **누구나** '**기억**'**을 알고 또 사용하고 있다. 이 책은 바로 이** '**기억**'**에서 시작한다.** (아주 쉽다.)

그것이 필자가 "**이 이슈와라-프라탸비갸 반석 위에 서라.**"는 이유다.

제 1 부

<신(神)을 아는 일>은 가능한가?

제1부에서는
<신(神)을 아는 일>은……
그것이 <"**어떻게 해야**" 가능할 것인가?>를
<예비지식>으로 짧게 다룬다.

[여기서 "**안다**"는 것은 최소한 '(심리적, 논리적으로) **경험**(經驗)**한다**'는 것일 것이다. 그 이상이면 더욱 좋고….]

또 앞서 말한
크세마라자의 <프라탸비갸 흐리다얌>의
경문을 실어서
복습 겸 <예비지식>으로 다룬다.

크세마라자의 <프라탸비갸 흐리다얌>은 20절이 전부인 <아주 작은 책>이다.

그것은 그가 "<쉬바 즉 **의식(意識)**에 관한 비밀 교의의 핵심>인 <프라탸비갸 즉 '**재인식(再認識)**'> 이라는 **거대한 교설의 대양**에서…" (우리를 위해) 간추리고 간추렸던 것이고,

이제 우리는 그 <**거대한 교설의 대양(大洋)**……> 그 앞에 서 있는 것이다.

교회 다니던 시절 불렀던 찬송이 문득 생각난다. 그 제목은 <**은혜(恩惠)의 바다**>가 좋을 것이다.

왜 너 인생은 언제나 거기서 저 큰 바다 물결 보고
그 밑 모르는 깊은 바다 속을 한번 헤아려 안 보나

많은 사람이 얕은 물가에서 저 큰 바다 가려다가
찰싹거리는 작은 파도 보고 맘이 졸여서 못 가네

자 곧 가거라 이제 곧 가거라 저 큰 은혜 바다 향해
자 곧 네 노를 저어 깊은 데로, 가라 망망한 바다로

일찍이 이 <**은혜(恩惠)의 대양(大洋)**>을 경험했던 웃팔라데바는 그것을 카리카로 정리했다.

그리고 그것을 또다시 경험했던 - 아마도 주석을 하면서 - **아비나바굽타**는 이렇게 고백한다.

"**내 영혼의 꿀벌**은
 웃팔라(연꽃)의 향기를 찾아
 <절대(絶對)>의 만족을 얻노라!"

그 **<은혜의 바다>** 깊숙이 탐험하는 일은 지극히 소수가 가는 길이다. 그리고 그것은 아누파야 혹은 샴바보파야다.

☯

먼저, **프라탸비갸 흐리다얌**의 경문을 보자.

그러나 이 경문을 읽으며, 한번 잘 관찰해보라. <나>는 <이런 내용>을 어떻게 보는지……

① "인도의 어떤 사람들은 <이런 생각>을 하고 있는 모양이구나. <좋은 말(?)>도 있는 것 같지만, 썩 동의(同意)할 만한 것은……"
혹은 "<이 세상의 기원(起源) 등>에 대한 생각이 이럴 수도 있겠구나. 언젠가 기회가 된다면 좀 더 자세히 알아보고 싶군." 등등.

② - ⑥ 여기에 속하는 수많은 반응은 건너뛴다.

⑦ "이것은 <나의 이야기>네. 바로 <내 속(?)에서 일어나는 일>을 이렇게 소상히도 적어 놓았구나! 내가 (그렇게도 궁금해 했고 또) 잘 표현(말)하지 못했던 것을……"

이 책 **이슈와라 프라탸비갸** 등은 당연히 <⑦의 사람들>에게 유익(有益)할 것이다.
그리고 <이런 경전을 만들어낸 **그 뜨거운 가슴과** 노력>에 감사의 눈물을 흘릴지도 모른다. 이른바 저 **"눈물 젖은 <**(영혼의) **빵>을 먹는 일……"**로서 말이다.

< 1 >
<절대 자유>인 의식이 우주 실현의 원인이다.
< 2 >
그 의지(意志)로 그 자신에게 우주를 펼친다.
< 3 >
그 다양함은 상응하는 <대상과 주체>의 분화
< 4 >
의식이 수축한 <아는 자>는
또한 <수축된 우주>다.

< 5 >
의식은 체타나의 단계에서 하강하여
그 대상을 따라 수축하여 마음이 된다.
< 6 >
마음으로 된 것이 마야 프라마타
< 7 >
의식은 <하나>지만 <둘의 형태>, <셋의 구성>,
<넷의 나>, <35 탓트와>가 된다.
< 8 >
그 역할로, 모든 <철학 이론>의 위치가

< 9 >
<의식인 그것>은, 샥티의 제한으로,
말라에 덮인 윤회자가 된다.
< 10 >
여기서도 쉬바처럼 <다섯 행위>를 한다.
< 11 >
<나타남>, <즐김>, <알아챔>, <씨앗을 뿌림>,
<용해(溶解)>로
< 12 >
그 무지(無知)로, <자신의 힘>에 미혹되어
윤회(輪廻)가

< 13 >
<바른 지식>으로, 마음은 내향(內向)이 되고
체타나의 상태로 상승(上昇)하여 의식이 된다.
< 14 >
<의식의 불>은, 하강에서 마야에 덮일지라도,
부분적으로 <대상(對象)의 땔감>을 태운다.
< 15 >
그 힘으로, 우주를 나 자신으로 한다.
< 16 >
<의식의 지복>을 얻을 때면,
몸 등이 경험되는 동안이라도,
<의식이 나>라는 알아챔이 확고하다.
지반 묵티다.

< 17 >
<중심의 발달>로 의식의 지복을 얻는다.
< 18 >
<생각의 용해>, <샥티의 수축과 확장>,
<바하의 단절>, <시종점(始終點)의 명상> 등이
방편이다.
< 19 >
사마디의 잔향(殘香)이 있는 일상에서,
거듭거듭 의식과의 동일성을 느낌으로
<영원한 사마디>를 얻는다.

< 20 >
그때 <빛, 지복이며 마하-만트라의 힘의 근원>인
<나-의식(意識)>에 들어가는 것으로써,
<우주의 현현과 소멸을 행하는 신성(神性)들>에
대한 주권(主權)을 얻는다.
이 모든 것이 쉬바다.

혹 위 경문의 뜻이 잘 와 닿지 않는다면, 프라탸
비갸 흐리다얌을 참고하여 다시 자세히 읽어보라.
 참고로, **경전은 한 번 읽는다고 아는 게 아니다.
여러 번 읽고 또 읽어라**. 그리고 <실천의 부분>이
있거들랑 그대로 행하라. 각설하고,
 여기서 이슈와라 프라탸비갸 카리카(수트라)의
"제1편 1장 1절(I,1:1)"을 먼저 살피자.

 "어쩌다 보니 나는 마헤슈와라 즉 지고의 주의
종의 상태가 되어 이제 인류 전체에 도움을 주려고
<논리적 정당성을 여는 것으로> <주에 대한 재인식
(프라탸비갸, 기억)> 즉 <"아는 자"를 아는 일>,
<하나님(神)을 알아채는 일>을 가능케 할 것이다.
이것은 모든 (수행을) 성공으로 이끈다."

옷팔라데바는 "**어쩌다 보니**"라는 말로 경전을 시작한다.

우리는 그 말에 <(자세한) 모든 설명은 피하고>라는 주석을 달기도 하고, 또 "'**어쩌다 보니**'라는 <어떤 사연이 있을 것 같은, 이런 절제된 표현>은"이라고 하지만,

그는 (이 책에서) 곧 브릿티(自註)에서 이렇게 말하고, 또 우리는 그것에 주석을 단다. "**지고의 주**의 은총(恩寵)으로"와 "<스승 혹은 **성령**의 은총> 즉 **은혜**(恩惠)로"

어쩌다 보니, 여기에서 "**어쩌다 보니**"라는 말은 **아누파야** 내지 **샴바보파야**를 말하는 것이 되었다. 그리고 그런 것이 맞다. 굳이 표현하자면, **옷팔라데바**는 아마도 **아누파야**로 입문했을 것이다.

"**어쩌다 보니 나는 마헤슈와라 즉 지고의 주의 종의 상태가 되어**"

그리고 우리는 <은혜의 방편>인 **아누파야** 혹은 **샴바보파야**에 관한 한 - 그것이 **프라탸비갸** 혹은 돈오(頓悟)의 방법으로 가장 빠른 길일지 모르지만 - 별로 할 일(말)이 없다.

그러나 **샥토파야**가 **샴바보파야**로 이끌 수 있다.

웃팔라데바는 말한다.

"<논리적 정당성을 여는 것으로> <주에 대한 재인식(프라탸비갸, 기억)> 즉 <아는 자를 아는 일>, <하나님(神)을 알아채는 일>을 가능케 할 것이다."

<논리적 정당성을 여는 것으로> 즉 샥토파야로 그는 그 돈오를 **가능케 할 것이다!**

그러면 **샥토파야**의 <**논리적 정당성**>이란 도대체 어떤 것을 말하는가?

정당성(正當性)은 <**이치(理致)에 맞고 옳은 것**>을 말하고,

논리적(論理的)이라는 것은 <**논리에 맞는**>을 말하고,

논리(論理)와 논리학은

① 말이나 글에서 **사고(思考)**나 **추리(推理)** 등을 이치에 맞게 이끌어 가는 과정이나 원리.

② 사물 속에 있는 이치.

③ <**바른 판단(判斷)**과 **바른 인식(認識)**을 얻기 위한> 올바른 사유의 형식과 법칙 따위를 연구하는 학문으로, <형식 논리학>과 <**인식론적 논리학**>으로 크게 나눌 수 있다고 국어사전은 말한다.

그러므로 **샥토파야**는 아마 <인식론적 논리학>이
아닐까 싶다.

그러나 "**인식론**", "**논리학**"이란 그 말만 들어도
정신이 가마득한 이들이 있을지 모르겠다.

하지만 **<바른 판단>과 <바른 인식>을 얻기 위해
서는** 이런 <생각을 바르게 하는 일> 즉 회개(메타
노이아)라는 것은 반드시 필요하다. 그래야 천국 즉
자유(해방)에 이를 수 있기 때문이다.

"**<논리적 정당성을 여는 것으로> <하나님(神)을
알아채는 일>을 가능케 할 것이다.**"

필자는 앞에서 물었다.

<신(神)을 아는 일>은 가능한가?

웃팔라데바는 답한다.

**<하나님(神)을 알아채는 일>을 - <신(神)을 아는
일>, <신(神)을 인식(認識)하는 일> - 가능하게 할
것이다.**

이것이 <**신**의 경지에 오른 이>의 - 인도에서는
그런 사람을 "**신**(神)"이라고 한다. - 약속이다.

그러니 우리는
그 <"논리적 정당성"을 여는 데> 기꺼이 참여할
이유가 있다.

이제 이 책의 <예비지식>을 위해
<인도의 논리학> 속으로 약간만 들어가자.
(우리가 꼭 필요한 부분만……
그러나 그것도 이미 <여러 책>에서 이런저런 식으로 다루었다. 그래서 그 <여러 책>에서의 위치만 언급하고 넘어가자.

❶ 프라탸비갸 흐리다얌의
    <냐야와 바이셰쉬카> 부분
❷ 파라 트리쉬카의 490 - 491쪽
❸ 탄트라 사라의 185 - 186쪽)

혹 이 책 <이슈와라 프라탸비갸>와 다음에 다룰 **<하나님 증명과 찬양>**에서의 <반론들의 내용>과 <힌두교, 불교의 개략>, 그리고 유식론(唯識論)을 좀 더 자세히 알고 싶은 분들은 아래의 책을……

① 『인도 철학사』 I, II, III, IV
    라다크리슈난 지음, 이거룡 옮김

② 『인도 철학사』
　길희성 지음
③ 『한글세대를 위한 불교』
　E. 콘즈 지음, 한형조 옮김
④ 『불교철학의 역사』
　칼루파하나 지음, 김종욱 옮김

⑤ 『인도인의 논리학』
　『불교 인식론과 논리학』
　카츠라 쇼류 (외) 지음, 권서용 (외) 옮김
⑥ 『**다르마키르티**와 불교인식론』
　권서용 지음
⑦ 『인식론 평석』 - 지각론 -
　다르마키르티 지음, 권서용 옮김

⑧ 『유식무경(唯識無境)』
　- 유식 불교에서의 **인식**과 **존재** -
　한자경 지음
⑨ 『유식불교, <유식이십론>을 읽다』
　효도 가즈오 지음, 김명우, 이상우 옮김
⑩ 『유식삼십송 풀이』
　- 유식불교란 무엇인가 -
　후카우라 세이분 지음, 박인성 옮김

☯   ☯   ☯

 다음에 다룰 <**하나님 증명과 찬양**>에서도 말할 것이지만, 미리 분명히 해두자.
 <하나님(신) 증명>과 <하나님(신) 인식>은 전혀, 전혀 다른 것이다!!!
 굳이 설명하자면,
 증명(證明)은 보통 <'내'가 포함되지 않(을 수도 있)는 일>을 말하고,
 인식(認識)은 **<반드시 '내' 안에서 일어나는 일>**, <반드시 '내'가 포함되는 일>을 말한다.

☯

 <예비지식>의 다른 것들은 다음에 다룰 <**하나님 증명과 찬양**>으로 미루고,
 이탈리아인 라파엘라 토렐라가 안내하는 <**이슈와라-프라탸비갸**>의 세계로 들어가자.
 그는 <**숭고미의 미학(味學)**>에서 소개한 바 있는 라니에로 뇰리에게 이 책을 헌정했다.
 참고로, "**라파엘**"은 <하나님(신)이 고치다>라는 뜻으로, 라파엘라 토렐라는 우리의 인식을 고쳐 "**그 무엇**"을 재인식(再認識)하게 - 메타노이아하게 - 할지도 모른다.

행여나 <이번 생(生)에는 꼭 읽어야 할 독자>가 이 **이슈와라-프라탸비갸**의 한두 장(章)을 읽다가 포기할까 하여 이 말을 한다.

이 책은 어렵다!
<줄기차게 "따지고 드는" 성격>이라면 모를까, 여간 힘든 게 아니다. 이 마음(생각)은 포기하라고 나를 뒤흔든다.
'이런 (어려운) 것을 더 읽을 필요가 있을까?'
'더 재미있는(쉬운) 책들도 얼마든지 있는데…'

<그런 마음(생각, '비칼파')의 말>을 듣지 말라!
이런 말이 생각난다.

"**아비나바굽타**의 멋진 비유를 들자면, **비칼파**는 마치 <가난한 농부가 우연히 자신이 큰 무도회장에 있는 것을 알고는 '**이 고상(高尙)한 곳**'에서 벗어나 적당한 곳으로 - ('송충이는 솔잎을 먹어야지.'라며) 자신이 익숙하게 살아온 **마야**의 세계 - 돌아가려는 것을 도와주는 그 무도회장의 문지기>와 같다."

그래서 하는 말이다.

"그대는 <어떤 인연>으로 이 책을 읽게 되었다. 이른바 '수많은 전생(前生)의 깨달음'으로 인하여, 이제 <이 책을 읽을 만한 수준과 때>가 되었는지도 모른다.

혹 <빠른 길>, <돈오(頓悟)의 길>, <은혜의 길>을 가고 싶다면 절대 그만두지 말라. **찬찬히 읽고 또 읽어라. 이해(理解)할 때까지**…….

일 년이 걸리든, 몇 년이 걸리든, 이번 생(生)이 걸리든……. (사실, 수십 년이란 시간도 **요기**의 한 순간, 한 호흡밖에 안 된다.) 이제 또 수십만 생을 '쥐꼬리 같은 깨달음'을 찾아 보내느니…….

우리네 속담(俗談)도 말하지 않는가?

하늘은 스스로 돕는 자를 돕는다!

그리고 **티끌 모아 태산(泰山)**이다.

찬찬히 읽고 또 읽어라. 이해(理解)할 때까지."

["**읽고 또 읽어라!**"는 당연히 필자에게(도) 하는 말이다. 그만큼 이해의 폭이 더 넓어질 것이니…]

아주, 아주 중요한 것 한 가지 더.

 지금까지 **<내가(혹은 우리가) 아는 '신에 대한'** - 어디서 들었거나 읽었거나 생각한 - **모든 개념과 관념과 정의(定義)와 지식>은 내려놓아라!**
 만약 그런 것을 (조금이라도) 고집한다면, 그대는 '우상(偶像, 허깨비) 숭배자'에 지나지 않는다.

 혹 그대가 '신 같은 건 (절대) 없다!'는 (강력하고 철저한) 무신론자라면 - 소위 무아론자라도 좋다! - 그대는 좋은 인연(혹은 기회)을 만났다.
 그대는 필자가 사용하는 '신 같은 말'에는 전혀 신경 쓰지 말고, 오로지 그대의 '의식(意識), 주의(注意), 정신(情神), 인식(認識)' 등에만 집중하면서 이 책을 읽어라.

 그대가 유신론자든, 무신론자든, **<누구나 가지고 있는 - 그러므로 그 누구도 부정할 수 없는 - 아주 기본적이고 근본적인 것>에서 시작한다!**
 (그렇지만 정신을 온통 집중해야 할 것이다.)

제 2 부

이슈와라-프라탸비갸

  이슈와라-프라탸비갸는 전부 4 편(篇) 15 장(章)으로 구성되어 있다. 그리고 각 장(章)의 소제목과 주제들은 <이슈와라-프라탸비갸 비마르쉬니>에서 다루지만, 소제목은 차용한다.

  각 절의 (예를 들어 "< 1 >" 바로 밑의)
  <굵은 글씨>의 것은
  이슈와라-프라탸비갸의 "**카리카**(경문, 수트라)"
를 말하고

  그다음 <가는 글씨>의 것은
  웃팔라데바의 자주(自註)인 "**브릿티**"이고

  그다음 "✎ 1 2 3 4… ⧗"의 것은
주로 **아비나바굽타**의 주석(IPV, IPVV)과
라파엘라 토렐라의 주석 등이다.

제 1 편

지식(知識)편
갸나-아디카라

제 1 장   서론(序論) (5절)
제 2 장   일견(一見)의 반론 (11절)
제 3 장   일견에 대한 반박 (7절)
제 4 장   <기억(記憶)의 힘> (8절)
제 5 장   <인식(認識)의 힘> (21절)
제 6 장   <배제(排除)의 힘> (11절)
제 7 장   <유일한 기초(基礎)> (14절)
제 8 장   주의 특성(特性) (11절)

아비나바굽타의 비마르쉬니에는 축원문(祝願文) 혹은 서시(序詩)가 각 장(章)에 있어 옮겨 싣는다. 그것은 각 장의 핵심을 짚고 있어, 상당히 도움이 된다.

제 1 장 서론(序論) (5절)

나, 저 **절대**(絶對)에 절하노니
그것은 <**쉬바와 샥티의 단일성**(합일)>이라.
그 <**궁극의 상태**>에서 순수한 '**나**'를 현현하고,
그다음 **그의 의지**(意志, 하고픔)를 통해
지식과 행위의 힘, 둘로 나누누나.

위에서 쉬바를 '**의식**', 샥티를 '**힘**(에너지)'으로 일단 읽자. (그러면 그 <**궁극의 상태**>는 '**의식의 힘**'일 것이다. '**의식의 힘**'이라…….)

"아는 것이 힘이다!"는 말은 물론, **지식의 힘**을 말할 것이고…….
또 **힘**은 곧 능력(能力)을 말한다.

우리는 **전지**(全知)와 **전능**(全能)이란 말로 그것을 **신**에게 투사해 왔다. 아니면 그런 존재를 **신**이라고 불렀다.
전지(全知)와 **전능**(全能)이라…….

이제 다섯 절로 된 서론을 보자.

< 1 >

 어쩌다 보니¹ 나는 마헤슈와라 즉 지고의 주의 종의 상태가 되어 이제 인류 전체에 도움을 주려고 <논리적 정당성을 여는 것으로> <주에 대한 재인식(프라탸비갸, 기억²)> 즉 <"아는 자"를 아는 일>, <하나님(神)을 알아채는 일>을 가능케 할 것이다.³ 이것은 모든 (수행을) 성공으로 이끈다.
(카리카 혹은 수트라, 이하 같다)

지고의 주의 은총으로⁴ **그**의 종이 되는 것에서 - 이는 <아주 얻기 어려운 상태>다.⁵ - 오는 은덕을 얻은 나는 혼자만의 성취에 겸연(慊然)쩍어 <여기서 기술하는 방법으로> 인류 전체가 **주 하나님을 다시 알아볼 수 있게** 할 것이다. 그들도 **궁극의 실재**를 성취하는 것으로, 내가 만족을 얻기 위해서다.
(브릿티 혹은 自註, 이하 같다)

✍ ¹ (자세한) 모든 설명은 피하고.

² 프라탸비갸를 **재인식**(再認識)으로 풀어도 좋고, 필자는 특별한 의미의 "**기억**" 혹은 "**인식**"이라고 풀었다. 즉 <**자기-기억**>, <**자기-인식**> 말이다.
 아주 중요한 말이다. 잘 **인식**하고 꼭 **기억**하기를!

³ **우파파다야미**는 제4편 마지막 절에도 나오며, 여기 사역형의 의미는 **사마르타카라나** 즉 <**특정 행위를 일으키는 방식으로 행동하는 것**>이다. 이 경우는 <**재인식**을 자각하게 하는 것, **기억을 불러 일으키는 것**>이다. 아주 중요하다!

[교회 다닐 적 읽은 성경의 말이 **기억**난다.
예수는 <영성의 길에 들어서지도 못한 이들>에게 '잘 알아듣지도 못하는, 이런 말'을 한다.

"너희에게 이 말을 한 것은 <**너희로 그때를 당하면**> '내가 너희에게 말한 이것'을 **기억나게 하려 함이라** (……)
내가 아직도 너희에게 이를 것이 많으나 **지금은 너희가 감당하지 못하리라**
그러나 진리의 성령이 오시면 그가 너희를 모든 진리 가운데로 인도하시리라."

그러나 우리는 이 말을 아주 잘 알고 있는 듯이, '전문(專門)-앵무새'가 되어 지금도 그렇게 떠들고 있다.]

⁴ <'스승 혹은 **성령**'의 은총> 즉 **은혜**(恩惠)로.

⁵ <주의 **종의 상태**>에서, 주(主)는 <**절대 자유(의 상태)**>를 말하고, 종은 흔히 <자유가 없는 상태>를 말한다. 그러니 <절대 자유자의 종>은 어떤 상태일 것인가? <아주 얻기 어려운 상태>임에 분명하다.

헌신(獻身) 혹은 <**헌신자**(獻身者)**의 상태**>를 말할 것이다. 진정한 의미의 **희생**(犧牲) 혹은 <**희생자의 상태**> 말이다.

『**하나님 증명과 찬양**』에서 다룰 웃팔라데바의 **쉬바-스토트라-아발리**는 그 <**헌신자의 노래**(찬양)>다. 우리는 거기에서 <주의 **종의 상태**>를 잘 느낄 수 있다. ⌛

< 2 >
어떤 <지적(知的)인 존재>가 <태초(太初)로부터 확립되어 있는(아디싯데), 인식자(認識者)이자 주체(主體, 행위자)인, "나(自我, 自己)" 마헤슈와라>를 부정하거나 확립할 수 있겠는가?

<모든 존재의 "나(자기)">, <모든 대상을 세우는 기저(基底, 基層 즉 Substratum)>¹ 그는 자신의 확립을 가지며² - 그렇지 않으면 모든 대상(사물)을 확립시키는 것은 불가능할 것이다. - 자기 조명적(自己照明的)이고, 그의 본성은 <항상 이전(以前)에³ 확립된 인식자>로 "태초(처음, 알파)"이며, 지식과 행위를 갖는다.

주권(아이슈와랴)은 내적 자각 즉 알아채는 일로 확립된다. 그러므로 오직 어리석은 자들만이 주를 세우거나(증명하려거나) 부정하려 든다.

✎ ¹ <인식자("아는 자")>는 <인식하는 행위(아는 일)>의 마지막 단계 즉 기층으로, 거기에서 <대상(?)의 나타남(드러남, 프라카샤)>은 <성찰적(반성적) 자각(비마르샤)> 즉 회광반조(廻光返照), <자신을 알아채는 일>이 된다.

예를 들면, 지금 앞에 있는 꽃(대상)을 보면서,

<'누가' 그것을 보고 있는가를 아는(알아채는) 어떤 내면의 상황>을 말한다.

² **인식자**는 정확하게 <**지각(知覺)을 통해**(대상의 "조명"을 통해)> 그 **자신**을, 그 자신이 곧 "**빛**"인 것을 암시적으로 **의식하게 된다**.

[물론 이때의 대상은 '자기 자신'이다. 이것을 잘 알아채야(느껴야) 한다! 그리고 이것이 쉬우면서도 그렇게도 어려운 '난공불락(難攻不落)의 무엇'이다. 파악(把握)했다는 생각('혼잣말')이 드는 순간, 빠져 나가 버리는 **그 무엇**······.
이것이 '암시적으로 **의식하게 된다**.' 혹은 성경의 '**네가 내 등을 볼 것이요** 얼굴은 보지 못하리라'가 의미하는 것이다.
그래서 그것은 불가능한 일이다. **웃팔라데바**는 '그러므로 오직 어리석은 자들만이 **주**를 세우거나 (증명하려거나) 부정하려 든다.'고 한다.
불가능한 이것을 **재인식** 즉 <**자기-인식**> 혹은 <**자기-기억**>이라고 한다.]

진실로 대상의 조명은, 대상을 조명하는 일은 - 그것의 지각, 그것을 지각하는 일 - 그것(대상)이 그것(조명) 속으로 들어오는 <어떤 빛>을 가정한다.

말하자면 그것(대상) 자체의 것이 아닌 <그 주체에 속한 어떤 빛> 말이다.

[몇 번을 읽더라도, 완전히 이해하려고 해보라! 그러나 우리는 그것을 더 다룰 것이다.

우리는 **비갸나 바이라바**에서 "나의 **주의**가 있는 곳에, 나는 있다. … **나의 주의가 곧 나의 존재다.**"며 '**주의**(注意)'라는 말을 다루었다. '注'는 <(물을) 뿌리는 것>이다. '주사(注射)'라는 말을 보라. '注意'는 <意(뜻, 마음)를 (어떤 것에) 쏘는 것>이다.]

성경은 그것을 "**나는 <스스로 있는 자>**니라."고 하고, 책 제목의 **이슈와**라는 흔히 **자재신**(自在神, '**스스로 있는 자**') 혹은 '**주(主)**'라고 번역한다.

참고로, 한자어 "**主**"는 <집(우주) 안 어둠 속에서 홀로 켜진 촛불>을 가리키는 상형문자(象形文字)다.

과학에서 <'빛' 그 자체>는, 사실은 <보이지 않는 것>으로, <그 '빛'이 먼지(입자) 등의 대상(사물)에 부딪혔을 때, 그런 대상이 보이는 것으로 우리는 그 '빛'을 알 수 있다>고 하는 것은 이미 잘 알려진 사실이다.

³ <주체가 이전에, 이미 확립되어 있는 일>은 <지식 혹은 경험 즉 아는 일의 '**선험적(先驗的, a priori)**' 조건(상황)>으로서, **항상** "**선행(先行)한다.**"

바로 이 이유 때문에 우리가 **그것** 즉 **신, 의식**을 포착하려는 그 수많은 시도에도 불구하고, **그것은** 어떤 대상화(對象化)도 되지 않고, 항상 **빠져나가** 뒤에 남는(뒤로 물러나는) 것이다.

프라탸비갸 흐리다얌에서 크세마라자가 인용한 트리카-사라의 말과 같다.

"[석양(夕陽)처럼 해가 긴 그림자를 드리울 때] 내 발로 <내 머리 그림자>를 밟으려고 해도 밟지 못하는 것처럼, 그것은 **바인다비 칼라다.**"

아비나바굽타는 **연기**로부터 **불**을 추론하는 예를 드는데, <**항상 이미 먼저 확립되어 있는 연기**>를 가리킨다. 차이점은 그 "**나(자기)**"의 <앞선 일>은 **무한**(無限)이라는 것이다. 나중 또 다룬다. ⏳

< 3 >

그러나 그는, 직접 지각되더라도, 망상(妄想)으로 <그가 어떤 것인지> 분별하지 못하기 때문에, 정확하게 이런 이유로, 그의 힘들을 빛으로 가져오는 것으로써 <그에 대한 재인식(기억)>이 나타난다.

그러나 주는 비록 <내적인 알아채는 일>을 통해 확립되더라도,[1] **마야**에 의한 망상 때문에 <완전하고 명확한 지식의 영역>에 들어오지 않기에,[2] **여기서는** 그에 대한 단순한 "**인식**"이[3] <그에게 특유(고유)한 능력으로 나타나는, **인식**이라는 그 징후의 과정을 통해>[4] - <흔들리지 않는 확실성>을 얻는 형태로 - 보인다.

✎ [1] <내적인 알아채는 일을 통해 확립(스와삼베다나-싯담)>이라는 표현은 그 의미를 제한함으로써 위 카리카의 "지각(드리슈테)"을 해석하고 방향을 잡는다. 그것이 수동적인 한 <더없이 탁월한 **주체**(主體)인 그> 즉 **주**를 <대상(對象)의 상태>로 격하시키는 것으로 보인다.

아비나바굽타도, **비브리티**가 말했듯, 이런 표현 역시 엄밀한 의미에서 부적절함을 말한다. <"**나**"

경험>의 부정할 수 없는, 은유의 의미로 이해해야 한다. "**나**" 즉 **쉬바('神')의 대상화(對象化)는 절대 불가능**이라는 주제는 **웃팔라데바**의 작품에서 거듭 거듭 강조된다.

[이것은 <'**신**(神)에 대한 증명'은 불가능하다>는 말과 같다. 그러나 인식은 가능하다. <인식(認識)에 대한 인식> 곧 "재(再)-인식"으로 말이다. 그런데, 인식이 무엇인가? 국어사전적인 정의가 아닌….]

IPVV에서는 말한다.

"모든 사람은 자신이 <인식의 대상>으로 변형된 것을 보고 부끄러움을 느낀다. (혹은 당황한다).
 그런데 **위대한 주**가 이것을 어떻게 견디겠는가?"

(**쉬바스토트라아발리** 9:6도 참조하라.)
필자도 말한다.

오, **주**의 부끄러움이여!
하여 늘 숨어 계시도다!

[2] '가슴에 와닿지 않으므로', 즉 <인식을 완전히 성취하고 효과적이게 만드는 **비마르샤**의 국면>에

닿지 않으므로.

³ **나("주")의 실재는 '알려지지' 않고** - <현상적 실재인 어떤 대상>에서 일어나는 것처럼, 그것은 스스로 빛나지 않고, **의식**에 의한 조명이 필요하다. - **단순히 "인식된다."**

더구나 **이 <인식의 행위>는** <전에는 없었는데, 생겨나야 하는 어떤 것이 아니라, 영원히 존재하나 단지 감춰져 있어>, **가까이(우파), 가슴과 접촉하여 있는 것으로**, 뚜렷하게(우월하게) **단지 "나타난다 (다르샤테)."**

[말이 무척 어렵다. 아니, 정확히는 <'아는 자'를 아는 일>이 어렵기 때문이다. <(우리가) '생각할 수 있고, **느끼게 하는 것**' 등을 하는 '**이 무엇(주체)**'을 파악(把握)하려는 일> 말이다.]

그래서 **아비나바굽타**는 **뱌바하라-사다나**의 영역에서도 이 <**인식의 행위**>를 없애려고 한다(Ⅱ,3:17 주 참조). 사실, **주**에게는 어떤 **아-싯다**(무-증거)도 없으며 - **온 세상이 그의 증거다.** - **그**와 관련된 **뱌바하라**(일상)의 어떤 측면조차도 그렇다. 그러나 **이 경우는 <알려질 수 있는 것>의 가장 작은 부분 조차도 불가능하게 될 것이기 때문이다.**

⁴ 무엇보다, <**지식과 행위의 힘**>이다.
어떻게 '**지식과 행위의 힘**'이 <**신**(神)을 알아채는 (**인식하는**, 기억하는) **방법**>이 되는가?

쉽게 생각해 보자.
만약 내가 죽어 있지 않고, 내 안에 **생명**(이것을 일단 '**신성**' 혹은 '**의식**'의 다른 말이라고 하자)이 있으면, 우리는 숨을 쉬고(이는 어떤 움직임으로, **행위의 힘**이다), 감각들에 어떤 자극이 오면(어떤 것을 보고, 들으면) 그것을 지각하고(이는 **인식의 힘**이다), 반응(反應)한다(다시 **행위의 힘**이다).
이런 것으로 (우리는) '나' 안에 '**생명**'이 있다는 것을 - 그러나 '**생명**' 그 자체를 보지는 못했다. - 안다(인식 혹은 추론한다, 다시 **지식의 힘**이다). ⧗

< 4 >

 진실로 <감각이 없는(무감각한) 실재>의 토대는 <살아 있는 것>에 달려 있다. 지식과 행위는 <살아 있는 것>의 생명으로 여겨진다.

 두 종류의 실재가 있다. 즉 <감각이 없는 것>과 <감각이 있는 것>이다. <감각이 없는 것>의 본성이 확립되는 것은 <살아 있는 것>에 달려 있다. <살아 있는 것> 즉 **생명(生命)**의 그런 "있는 일(존재하는 상태)"은 정확하게, **지식(인식, 아는 일)**과 **행위**로 나타난다.

 ✍ 이 절은 **파라 트리쉬카**에 인용되었다(75쪽).

 "**지식과 행위**는 <**살아 있는** 존재들>의 바로 그 **생명**이다."

 지식(인식, 아는 일)과 행위…… 그것이 (나의) 이 **생명**이다. 그것이 없으면, 사실은 '죽은 것'이다. 현대 용어로 '식물인간'이라고 하든, 뇌사(腦死)라고 하든, 아니면 성현들이 그렇게 안타까워하는 <'**살아 있지**' 않은 사람>이든……. 밥 먹고 숨을 쉰다고 <예수가 말하는 "**생명**"이 있는 것>은 아니다. ⌛

< 5 >

지식은 <스스로 확립되고>, 행위는, 그것이 몸을 통해 자신을 드러낼 때, 다른 이들 또한 인식할 수 있게 된다. 그것 때문에 다른 이들의 지식도 추측할 수 있다.

<살아 있는 것>에서 **행위**는, 그것이 몸의 움직임에서 마지막 단계에 이르게 될 때 다른 주체에서도 직접 **지각**(知覺, 인식)할 수 있게 된다.[1]

지식은, 본래 <**자기 지각**(自己知覺)>이 가능한데, 정확히 **행위**를 통해 다른 이들에게도 (있다는 것이) 명확하게 된다.[2] 그러므로 <**주**(主)> 즉 <나 자신과 다른 사람들 안에서 '**나**'로 인식되는 **무엇**(**참나**)>은 <**내적인 알아채는 일**>을 통해 직접적으로 경험되는 한에는, 확립된(확실한) 것이다.

그러나 **마야**의 힘에 의해 <그의 진정한 본성이 가려졌기 때문에> **참나**는 이렇게[3] 잘못 인식된다.

✎ [1] 이것은 **행위** 또한, **지식**과 분리할 수 없는 내적 실재(비마르샤)로서, 스스로 확립된다는 것을 말한다. 대상화의 가능성은 신체적 움직임의 극히 현상적 형태만 고려한다.

² 브릿티에서 **행위**가 먼저 검토되어 **지식**이 먼저 언급되는 카리카의 순서를 반대로 하는 것은, 이는 **행위**가 수단이기 때문이다. 그 수단에 의해 **지식**은 (그것으로부터 분리할 수 없다) 다른 이들에게서도 추론될 수 있다.

그 <신체적 **행위**>와 또 <말의 사용>은 <**지식**이 일반적으로 **인식**된 사실>을 전제로 한다.

[예를 들어, 다르마키르티의 산타나안타라싯디 즉 <타인(他人)의 존재(存在) 논증>의 1-2를 보면, 그는 그 책에서 <나의 경험에 근거해서 다른 이의 마음의 존재를 추리하는 것은 유식론에 모순되지 않는다>고 했다(고 한다).]

그러나 <**지식을 추론한다는 것**>은 **지식을 대상화하는 것**을 뜻하며, 그것이 웃팔라데바가 카리카와 티카(비브리티)에서 "추측(推測), 가정(假定), 짐작(斟酌)" 등의 다른 표현을 선호하는 이유다. 그러나 문제는 다시 일어나고 IPVV가 정교한 해결을 준다.

아비나바굽타는 그것이 스와바와-헤투(본질적인 속성)에 근거한 추론의 문제이기 때문에(II,4:11의 주²) - 그것은 '이전에 알려지지 않은 대상'을 알게 하려는 것이 목표가 아니라, **단지 <잘못된 개념을 제거하는 것>이다**. - <**지식**의 진정한 기본적 자기 조명>과 <**주체**의 진정한 기본적 자기 조명>은 서로 모순되지 않는다고 진술하는 것으로 시작한다.

일련의 반론과 답변 후에, **티카**의 논거를 따라 다음 결론에 도달한다. 다른 이의 몸에서의 **지식**을 추론하는 데 있어 일정 수준의 대상화는 부인할 수 없지만 이것은 오로지 초기 및 중간 단계에만 적용되고, 반면 **마지막 단계에서의 지식은**, <모든 인식 행위의 결론에서 일어나는 것처럼>, **추론을 만드는 그 주체와 일치하여**(동일성으로), **그것의 모든 조명에서**(주체가 모든 것을 인식하는 일에서) **나타난다**.

프라시댜티(명확하게 된다)라는 말로, **브릿티**는 <**지식**의 자연적인 자기-조명(스스로 빛나는 일)의 출현>을 표현하고, 또 <**지식**의 공통된 대상의 경우에서처럼, '**주체**에 의해 유도된, 그것의 빛나는 일(조명)'이 되는 가능성>을 배제하려고 한다.

(혹 <산스크리트 단어들>의 해석은, 잘 이해되지 않더라도, 그냥 그대로 받아들이자.
나중 **비마르쉬니** 등에서 혹 좀 더 깊고 자세한 설명을 기대하면서 말이다.)

³ <다음 장(章)에서 설명하는(말하는) 방식으로>, 즉 <일견의 반론>처럼 "이렇게" 말이다.

타샤를 대상적인, 주체적인 것의 소유격 둘 다로 이해하면, **참나**는 오류의 대상과 주체가 된다. 즉 <**참나**는 그의 자유 안에서 그 자신에 대하여 잘못 여기고(알고) 있다.>

진실로 모든 실재는, 심지어 오류조차도, 그것의 궁극의 근원으로 주(主), 참나를 가진다!

[예로, 스판다 카리카에서 크세마라자는 말한다.

"설령 **무아론(無我論)을 주장하는 불교도(佛敎徒)** 같은 경험자가 있다고 하더라도, **어떤 경우에도** <자신의 진정한 본성> 즉 '**주(主)**', '**참나**'에 대한 부정(否定)은 있을 수 없다!"] ☒

제 2 장 일견(一見)의 반론 (11절)

쉬바에게 절하노니
그는 먼저 우주의 **다양성**(多樣性)을
'**일견**(一見)**의 시각**(視角)'으로 현현하고
단일성(單一性) 곧 진정한 시각으로 이끄누나.

저자는 <자아와 신성을 모두 부정하는 자들>의 환상을 불식(拂拭)시킨 뒤 **실재**(實在)를 드러내고자, 다음 열한 절에서 그들의 환상(幻想)을 제시한다.

[위 '일견(一見)'은 <the prima facie view>를 말한다.

"얼핏 보면(일견으로는) 이 우주는 다양한 모습인 것 같으나 그 진정한 모습은 **단일성**이다."

혹은 "그것은 일리(一理)는 있지만, 진리(眞理)는 아니다."고 할 때의 일리를 말할 것이다.]

< 1 - 2 > 반론(反論)¹
<(그 안에) **실재의 성질(스와락샤나)**²이 나타나는 한 유형의 인식>과 또 <다양한 형태로 나타나는, 담론(사빌라팜)과 불가분의 관계에 있는 "정신적 노력(비칼파)"이라는 다른 유형의 인식>이 있다.³

그 둘 어느 것도 <어떤 안정된 지각하는 주체>를 상정할 필요가 없는데, 그는 그것들 안에 나타나지 않기 때문이다.⁴ 또한 <"나"라는 개념>은 실제로 몸 등과 관련된다.

<명확하게 나타난(스푸타바바사) 특별한 실재에 대한 직접 지각으로 구성되는 (한 유형의) 인식>은 "정신적 노력이 면제된 것(니르-비칼파캄)"이라고 부르고, 반면에 <말로 침투되어 기억, 의심, 공상 등 다양한 형태로 나타나는 (다른 유형의) 인식>은 "묘사(描寫), 정신적 노력(비칼파)"이라고 부른다.
<하나>와 <다른 것> 모두 <의식의 형태 안에서 지식 자체와 구별되는 "다른 실체"에 의존한다>고 받아들일 수는 없는데, 이 <다른 실체>는 지각되지 않기 때문이다(**타샤-아누팔랍데**).

그런데 <이 영원한 자아>는 누구이고 무엇인가? <담론(일상의 대화 등)과 불가분의 관계에 있는, "나"라는 개념에 기초하더라도>, <'단순히 인식할

수 있는 실재(실체)', 즉 '몸 등'을 초월하는 인식자(의 존재)>는 확인될 수 없다.[5]

✎ 위 경문 첫 단락의 다른 번역은 이렇다.

"[유식론자(唯識論者)는 말한다.]
보라. <(그 위에 어떤 이름이나 형태를 부과하지 않고) '사물'을 '본질에서 있는 그대로' 밝혀 주는 '지각적 지식'>이 한 가지 있고,
다른 것(앎)은 <말(언어)-이미지를 다양하게 동반하고, 명확하거나 불명확한 관념을 가진 지식>(즉 '개념적 지식')이 있다." (판디트 역)

"반론자는 말한다.
<확정적이지(결정적이지) 않은 인식>은 다양성이 없다. 그러나 <확정적인(결정적인) 인식>은, 그것은 언어적 표현을 인정하는데, 많은 종류가 있다."
(판데이 역)

[1] 제2장 전체는 대개 불교의 **푸르바-팍샤**(이전의 견해)이다. 반론은 대체로 불교 논리학자들의 주장으로, 그것은 점차로 유식론(唯識論, **비갸나-바다**), 경량부(經量部, **사우트란티카**) 등이 된다.

여기서 불교 논리학자들의 비판의 대상은 **<어떤 아론(我論, 아트마-바다)>**으로 - 불교는 보통 무아론자(無我論者, **안-아트마-바딘**)들로 알려져 있다. - **그것의 위치는 <샤이바(즉 카시미르 쉐이비즘)의 아트마-바딘>**과 오직 일부만 공유된다.

[필자는 **바다**(論), **바딘**(論者)을 구별 않는다. 또 필자가 이해하는 '불교 용어'는 그동안 국내 불교 작가들에게 굳어져 있는 의미가 아닐지도 모른다.
사실을 고백하자면, '불교 용어'만 그런가?]

웃팔라데바는 때로 불교도들의 무기를 사용하여, <분명히 **샤이바**의 입장에 더 가깝더라도, **샤이바**의 핵심적이고 본질적인 신조와 관련이 없는 불교의 교리>를 뒤집는다. 본문의 '반론'은 불교, '대답'은 **샤이바의 아트마-바딘**을 말한다. - 그리고 여기의 **아트마-바딘**은 소위 'solipsism'의 유아론(唯我論)이나 독아론(獨我論)이 아닌, "**유일신**(唯一神)"이나 "(**우주**) **의식**(意識)"이라고 하는 그 <진정한 아론(眞我論, **참나론**)>일 것이다.

² **실재의 성질**(스와락샤나, '자상', '개별상')은 - **다르못타라**는 이것을 <고유의 성격>으로 이해한다. - 불교 논리학자들에게 <직접 지각>의 대상이다.

디그나가의 작품에는 **스와락샤나**의 정의가 없고, **다르마키르티**는 **프라마나-바룻티카**(인식론 평석)의 지각론 등에서 그것을 다음과 같이 설명한다.

"<인과적인 효율성이 가능하고, 다른 모든 것과 유사하지 않으며, 말의 대상이 되지 않고, 그것과는 다른 기호의 존재에서 알려지지 않고(지각론 1-2), 멀거나 가깝기 때문에 인식에서 나타나는 형태에서 차이를 결정하는 그것(**냐야빈두** 1:13)>."

목샤카라굽타에 따르면 **스와락샤나** 즉 개별상은 <그것에 특유한 공간, 시간, 형태에 의해 결정되는, 실제적이고 독특한 어떤 것>이다. 그는 예(例)로서 <물을 담을 수 있고, 장소, 시간, 형태가 분명하게 있고, 지식에 직접 나타나고, '같거나 다른 부류에 속하는 것과는 다른', 많은 속성으로 분화되지 않는 특정한 항아리>를 든다.

엄격한 의미에서 **스와락샤나**는 <절대적으로 나눠지지 않은 실재>로서, 그것은 한순간이다(**냐야빈두-티카**).

스와락샤나라는 말은 "**자신의 본성을 '수축하여' 정해진 장소, 시간, 형태를 구성하면서, 오로지 그**

자신인 어떤 성격을 가진 실체"를 나타내기 위해 **샤이바** 저자가 차용(借用)한 용어이다.

불교도와의 기본적인 차이는 <장소-시간-형태>를 사물의 본질적인 성격이 아니라, **오히려 그 실체의 본성이 확장되어(쉬바-드리슈티 5장), "열린"(IPVV) 우발적 수축으로 이해한다**는 것이다. 비록 단일한 실체로 나타나더라도 웃팔라데바의 관점에서 스와락샤나는 사실 **<상호 한계>와 <공간과 시간과의 연결>로 인해 특별한 것이 된 <다수의 아바사> 즉 '보편(普遍)들'로 형성**된다. 특별화 과정에서 공간과 시간은 가장 필수적인 요소(안타랑가)로 여겨진다.

만약 지각 자체에서 이미 스와락샤나가 단일한 실체로 나타난다면 - 실용적 경험의 세계는 실제로 스와락샤나로 구성되어 있다. - 이는 **<우세한 것에 그것들을 종속되게 함으로써 한 무리의 아바사를 함께 연결하는> 마음의 통합하는 힘**에 기인한다.

따라서 샤이바의 위치는 불교도의 **니르-암샤(全)-스와락샤나-바다**와는 반대로 **아바사-니쿠룸바(양상 무리)-아트마카-바다**로 정의할 수 있다.

[3] 여기의 <에캄(하나는) … 파람(다른 것은)>은

가장 단순한 의미로, **브릿티**도 그렇게 설명한다.
아비나바굽타는 세 가지 가능한 해석을 나열하며,
여기의 것은 세 번째다. 두 번째는 **웃팔라데바**가
티카에서 채택한 것으로 **에캄**을 <단일한, 분화되지
않은>의 뜻으로 취했고, 이런 의미로 그것은 <다른
형태(즉 기억, 상상, 의심 등)를 떠맡은 **비칼파**>와
반대가 되는 <직접 경험(**아누바와**)>과 관련된다.

직접 경험에서 유일한 분화는 대상의 다양성으로
부터 파생되는 '하나'이다. 따라서 **파람**은, '하나'와
관련이 있는 '다른 것'과는 별개로, <비칼파는 항상
이전의 직접 경험에 의존한다>는 의미로, '다음의,
차후의'로 이해해야 한다.

[4] **불교 논리학자들은 <(만약 현존한다면) '지각될
수 있는 어떤 것'의 비-존재(존재하지 않음)를 입증
하는 기준>으로 <지각 불능>의 타당성을 인정한다.**
이 주제는 나중에 다시 광범위하게 다룬다.

[5] 불교도들은 <명백한 반론>에 자신을 드러내고
있음을 잘 알고 있다. 우리가 늘 "**나**는 안다, **나**는
행복하다, 불행하다, **나**는 날씬하다, 뚱뚱하다."고
말하는 그 지식에서 '나'라는 것이 전혀 나타나지
않는다고 하는 것이 어떻게 가능하겠는가?

그러나 그들은 대답을 준비했다. 즉 이 '나'라는 개념은 <한 영원한 주체>를 가리키는 것이 아니라, <명백한 개인적인 정체성>이 근거하는 <인식에서 일련의 구분되는 순간들(갸나-산타나)>과 <몸에서 일련의 구분되는 순간들(샤리라-산타나)>과 관련된 것이라고 말이다.

또 어쨌든 이 경험은 **비칼파**의 범주에 들어갈 것인데, 그것이 **언어적 중재('나'라는 말)를 통해 일어나기 때문이다.** 그러니 '나'가 존재한다고 하더라도 그것은 '대상'으로 변형될 것이다. ⌛

< 3 > 대답(對答)

만약 그 <지각의 주체>인 "영원한 자아(나)"가 있지 않다면, 직접 지각이 더 이상 현존하지 않을 때 <그 직접 지각을 따르는 기억>을 어떻게 설명할 수 있을 것인가?

기억의 순간에 <이전의 직접 지각>이 사라졌기 때문에, <그 기억의 순간에 이런 지각을 알아채는 지속성을[1] 인정하지 않는 한> 정확하게 <그 대상에 대한 이전 지각에 의존하는 것이 핵심적인 성질인> 기억은 일어날 수 없다.

그리고 서로 다른 시간(시각)에 이 <지속적으로 (이어 주며, '기억'으로) 알아채는 것(무엇)>이 정확하게 자아(참나), 즉 <인식하는 주체>이다.

✎ [1] 만약 **아바르타테나 아바르테타**로 읽으면, <다시 일어나는 것>이 된다.

무엇보다 **생의 철학**을 하는 프랑스의 베르그송의 "**지속**(持續, durée)"이 생각나는 구절이다. "**지속**", "**지속성**"은 ('생각'이라는) **구름**이 떠도는 "**하늘**" 즉 <**기층**(基層) **의식**>을 말할 것이다.

그러나 무엇보다 나 자신 안에서 경험할 수 있는 그런 것을 갖고 그것을 판단하라.

비갸나 바이라바에서 **동일시 말고, 지난 일을 보라. <같지 않은 같은 것>이 되라** 등의 방편에서 많이 다루었다. (그곳의 설명을 먼저 읽어보라.)

< 4 >

반론 : 자아의 존재를 인정하더라도, <지각이 더 이상 존재하지 않고 또 오직 그것(지각)을 통해서만 기억이 '이전에 지각된 대상'에 접근한다는 점에서> 기억은 여전히 설명되지 않는다.

대답 : 그러나 기억은 '(한때) **지각의 대상이었던 바로 그 사물**'에 작용한다… (다음 절로)

반론 : 일단 <그 대상에 대한 직접 지각(현현)>이 그쳤다면, 그 대상은 기억을 위하더라도 더 이상 존재하지 않는다. 그것은 정확히 직접 지각을 통해 상정(想定)되었기 때문이다. 그러므로 단일한 의식으로 이루어진 자아를 인정하더라도 기억은 대상이 없이 그 자신을(스스로를) 찾으므로, 모든 세속적 활동은 붕괴된다.

대답 : 그대가 <기억이 "**더 이상 존재하지 않는 지각**"의 대상을 그것(기억)의 대상으로 갖는다>고 주장한다면… (다음 절로)

< 5 >

<기억이 일어나는 것>이 <직접 지각이 남긴 그 잠재적인 인상>에 기인하는 한에는¹ 말이다.

반론 : 일이 그렇다면, <영원한 자아>라는 이런 쓸데없는 짐이 왜 필요한가?

직접 지각으로부터 <잠재적인 인상(삼스카라)>이 일어난다. 이것으로부터 일어나는 기억은 <이전의 지각>을 따르므로, <그 지각>을 - 그 안에 대상이 담겨 있다. - 나타나게 만든다.

반론 : 만약 이런 용어로 설명한다면, <쓸데없는 **영구적 주체**>를 상정할 필요가 있는가? 왜냐하면 **자아의 존재를 지지하는 사람조차 잠재적 인상의 존재를 인정하고 또 이것만으로 기억을 설명하는 데 충분하기 때문이다.**

✎ ¹ 이것이 **아트마바딘**의 대답을 위한 이유다. **아트마바딘**과 불교의 **푸르바-팍샤**(이전의 견해)는 이 점에서는 완전히 동의한다. 그러나 이 인정으로 **아트마바딘**은 이전 절에서 받은 비판은 피(避)할 수 있었지만, 더 근본적인 비판에 내몰린다. 일단 기억에서 잠재적인 인상(삼스카라)이 하는 근본적 역할이 인정되면, <**영원한 자아**>에 의지하는 것은

불필요하게 된다.

불교도들의 논쟁의 근거는 **아비나바굽타**가 명확하게 요약하고 있다. 즉

모든 **인식 행위**는 외적인 것과 내적인 것의 두 가지 수준이 있다. 첫 번째인 <**외적인 인식**(바히르-무카)>은 <**대상의** 조명 또는 **지각**>으로 구성되고, 두 번째 <**내적인 인식**(안타르-무카)>은 이 **지각**의 **자의식**(自意識, 스와-삼베다나)으로 구성된다.

불교도에 따르면, **아트마바딘**은 기억의 현상을 설명하기 위해 <**자의식**(slelf-consciousness)**의 이연속성**>에 모든 것을 걸고 - 그것에 **아트만**이라는 이름을 붙였다. - 또 그렇게 함으로 오로지 <이전 인식의 **바히르-무카** 수준으로부터 파생될 수 있는> '대상이 없는 기억'을 남긴다.

이제 만약 이것(대상의 지각)이 완전히 그쳤다면 기억은 있을 수가 없고 - 그것은 흔히 '그것'이라고 말하는 것에 해당한다. - 그리고 만약 그것(지각)이 거기에 완전히 존재한다면 <새로운 직접 지각>만 있을 뿐이다.

그러니 요구되는 것은 **<하여튼 그쳤던 어떤 것의 그치지 않는 것>**이며, 이것이 정확하게 <**잠재적인 인상(삼스카라)**>이라는 것이다.

아트마바딘도 이것을 반박할 수 없어 불교도의 공격에 새로운 활력을 불어넣는다. 이는 **카리카**의 두 번째 부분에 표현되어 있다. ⏳

< 6 >

만약 그 성질들이 (자아와는 외적으로) 분리되어 있다면, 그때, <자아의 본성>은 변하지 않고 남기 때문에, '잠재적인 인상'은 기억이라는 현상을 설명하기에 충분하다. 그러니 <기억의 주체>는 <지각의 주체>처럼, 단지 <정신적인 구조물(칼피타)>이다.

자아는, 비록 그것이 즐거움, 고통, 지식 등 같이 자신과 구별되는 성질들의 어떤 **기층(基層)**이라고 하더라도, 쓸데없는 목표를 가진다. 사실, 그것은 <기억의 현상>에서 어떤 기능도 하지 않는데,[1] 왜냐하면 그것이, <'분리된 것'으로 여겨지는, 위에서 언급한 성질들과 결합하지 않는 것을 보면>, 어떤 수정(修正)도 겪지 않기 때문이다.

그러니 <지각의 주체>의 경우에서처럼, <자아가 기억의 주체라고 하는 것>은 순전히 정신적 구성물이다(단지 상상적인 것이다).

✎ [1] **카리카**는 이번에는 **바이셰쉬카**를 대신하여 **아트바바딘**이 제기할 수 있는 반론을 하고 있다.

즉 **삼스카라**는 지식, 즐거움과 고통, 그런 것과 동등한 자아의 성질(**다르마**)이고, <그것이 내재하는

기층(基層, **다르민**)>(즉, **자아**)을 전제한다. 반면에 그 **다르민**은 <단일한 실재(**에카**)>여야 하기 때문에 **산타나**(일련의 순간들)로 나타날 수 없다. 그러나 만약 **아트만**의 영속성을 유지하려면, 이 성질들을 <**그**와 분리되어 있고 **그**를 수정할 수 없는 것>으로 여겨야 한다(이것은 IPV와 IPVV에 설명되어 있다).

그러나 이 경우에서 <자아를 수정하지 않는 **삼스카라**>도, <삼스카라에 의해 수정되지 않는 자아>도 **기억의 현상**을 설명할 수 없다. ⧗

< 7 >

만약[1] 인식이 의식적(칫-스와루팜)이라면, 그러면 그것은 자아처럼 영구적이어야 한다.[2] 만약 반대로 <감각 있는 것>이 아니라면, 어떻게 그것이 대상을 조명할 수 있겠는가?

만약 인식이 본질에서 의식적이어서 시간과 장소와는 관련될 수 없다면 - 그것은 대상에 존재하는 성질들이다. - 그것은 자아처럼 영구적인 것 등이 될 것이다.[3] 반면에 만약 그것이 <감각 있는 것>이 아니라면 어떻게 그것이 대상을 비출 수 있겠는가?

✎ [1] <자아의 존재를 직접 지각할 수 있다거나 추론할 수 있다>고 주장하는 이들을 논박한 후에, 이제 불교도의 **푸르바-팍샤**(이전의 견해)는 **자아** 즉 <인식과 행위의 힘이 부여된 존재>의 "**주권**(主權, **아이슈와라**)"을 공격하는 것으로 전환한다.

즉 <자아와 구별되는, 어떤 실재나 기능으로서의 **인식**>을 우선 비판한다. 이것은 일반적인 **아트마-바딘**에 속할 수 있는 개념이지만 - 우리가 보게 될 것으로 - **샤이바**에 의해 거부된다.

[2] 이것은 물론 대다수 **아트마-바딘**의 견해로, 그

이유는 다음과 같다. 자아(영혼)는 영원(니탸)한데, 왜냐하면 그것은 **칫-스와루파 스와-프라카샤**이고 (즉 의식적이면서 스스로 빛나기 때문이고, 그러나) 시간은 오직 사물을 한정시킬 수 있기 때문이다.

아비나바굽타는 **상키야**와 또 **미망사**의 입장을 언급하는데, 이것은 **밧타** 등에서 비롯된 교리이다. (**쿠마릴라**의 **슐로카-바룻티카**를 보라.)
아트마바딘의 위치는 <자아(영혼)가 의식적이냐 아니냐>에 따라 크게 다르다.

³ 만약 인식이, <자아와 구별되는 것으로>, 본질에서 의식적인 것으로 생각된다면 - 그런 것이 곧 **바이셰쉬카**와 **프라바카라**의 위치이다. - 그것은 그것 또한 영원하다는 것을 따른다.

불교도의 눈에 일어나고 **브릿티**에서도 분명하지 않고 **티카**에서도 그렇게 보이는 모순을 **아비나바굽타**는 지적한다. 즉 만약 **갸나** 즉 **인식**과 **아트만** 즉 **자아** 둘 다가 **니탸**(영원한 것)라면 그것들 사이에는 아무런 관계가 없을 것이다. 왜냐하면 불교도들의 유일한 관계는 <인과의 관계>로, 그것은 두 가지 <영구적 실체> 사이에는 존재할 수 없기 때문이다.

아비나바굽타는 더 큰 결과를 지적한다. 그러니 <자아와 같은 성질을 가지는 인식>은, 단지 <다른 자아>일 뿐이고, 따라서 그것이 <자아의 추론>에서 나타내는 **헤투**는 **아-싯다**가 될 것이다(즉 추론의 오류일 것이다).

결국(結局), 우리가 이미 잘 아는 말이지만, 다시 **기억**(記憶)하도록 **신신당부**(申申當付)하여 말하자면

"결국 **<인식론(**認識論**)>이 <존재론(**存在論**)>이요, 존재론이 인식론이다!**"라는 말이나 "**존재(자아)는 곧 인식**"이라는 말이나 아니면 "**신성의 전지**(全知) **전능**(全能)"이라는 말은 그냥 하는 말이 결코, 결코 아니다! ⧗

< 8 >

대답 : 마치 **지성**(知性)이 <그 대상의 형태>를 떠맡는 것처럼, 그렇게 그것(인식)은 **자아의 감각성**(感覺性, 차이탄얌)을 떠맡는다.[1]

반론 : 그 경우에 그것(인식)은 감각이 없지 아니한데, 왜냐하면 그것이 그러하다면(감각이 없다면), 그것은 대상을 조명할 수 없을 것이기 때문이다.

대답 : **지성**(붓디)은 **인식**이다.[2] 비록 그 자체는 감각이 없더라도, 마치 그것이 대상의 형태에 대한 반영을 떠맡는 것처럼, 그렇게, 똑같은 방식으로, 그것은 **자아**에 있는 **감각성**의 반영도 떠맡는다.

그러니 (그 둘을 떠맡는 것으로) 그것은 대상을 밝힐(조명할) 수 있다.

반론 : 그러나 그것은 본질에서 감각 있는 것이어야 한다는 것이 된다. 그러므로[3] **인식**은, 그것이 존재하더라도, '다른 어떤 것(어떤 주체)'과는 관련되지 않는데, 왜냐하면 이것은 옹호할(지지할) 수 없는 것으로 인식되었기 때문이다.

반면에 **행위**는 그 자체로도 존재하지 않고 '다른 어떤 것'과도 관련이 없다.

✍ ¹ 이것은 **상키야**의 이론으로, 그것에 따르면 **붓디**는 그 자체는 감각이 없더라도 **푸루샤**로부터 그 안에 반영되는 빛의 수단으로 인식한다. 그러니 **붓디**는 <감각 없는 것>과 <감각 있는 것> 둘 다일 것이고, 이것은 **푸르바-팍샤**가 받아들일 수 없는 것이다. (최종 분석에서 **붓디**가 그 기능을 충족하기 위해서는 그것은 <감각 있는 것>이어야 하고 그러므로 이전에 제기된 비판은 유효하다.)

상키야의 견해는 용납될 수가 없는데 - IPV와 IPVV에서 말한다. - 왜냐하면 더 밝은(더 맑은) 것만이 다른 것의 반영을 받아들일 수 있는데, **붓디**는 확실히 자아보다는 '더 밝지' 않기 때문이다.

² <(그 기능 등을 가진 기관에 대한) 이 명백하게 부적절한 동일시에 대한 여러 가지 이유>는 IPVV에서 광범위하게 분석된다.

³ 즉, 이것과 이전의 **카리카**에서 제시된 주장을 근거로 <**인식**은 영구적이지도 않고 어떤 **주체**에도 관련되지 않는다>는 결론에 도달한다. ❧

< 9 >

 행위 또한 (그것처럼 분리된 실체로 논리적으로 용납할 수 없기에) 다른 장소 등에서 몸 등이 생겨나는 것으로 구성되고, 더 이상 아무것도 지각되지 않기에 더 이상은 아니다. 또한 <하나이고 연속이 특징인 그것이 단일한 실재와 관련될 수 있다>는 주장은 용납될 수 없다.

 행위 역시, <하나로 여겨지고 또 '요소들의 활동(카라카)으로 앞서고 뒤따르는 부분들로 이뤄져'>[1], <'연속이 특징인 어떤 것', 즉 '순간들의 다중성에 존재하는 어떤 것'이 단일성의 탓이라는 것이 가능하지 않은 것처럼>[2], 용납될 수 없다.
 또 <그것이 '시간적 연속이 특징이면서 본질에서 단일성인 어떤 **기층**(基層, **밑바탕**)'을 가진다>는[3] 것도 받아들일 수 없다. **행위**는 "가는 것" "변하는 것" 등일 뿐이며, 그것은 <몸 등의 부분들이 여러 다양한 시간과 장소에서 존재하는 새로운 상태>의 상정(想定)일 뿐이다. 왜냐하면 이것으로부터 구별되는 다른 아무것도 지각되지 않기 때문이다.

 ✍ 여기서 불교가 주장하는 '행위'는 - '순간들의 연속' - '영화'의 옛 이름인 '활동사진(活動寫眞)'의

정의(定義)를 보는 것 같다.

요즘 사람들에게 '활동사진'이라는 말을 꺼내면, 누가 '영화(映畫)'라고 알아들을까….

[1] 이것은 **마하바샤**에 나오는 **파탄잘리**의 유명한 정의인 "**카라카남 프라브릿티-비쉐샤 크리야**"의 암시로, 여러 세대에 걸쳐 다양하게 이해된다. (즉 <카라카남의 의미는 무엇인가?> <'주체', '주체와 대상', 구별 없이 모두 **카라카**?> 등) 이것은 **바캬-파디야**의 **크리야-사뭇데샤** 전체의 배경이고, 이는 다시 **샤이바**의 **행위** 개념의 기준점이다.

[2] 이것은 IPVV에서 진술된 암묵적 반론에 대한 대답이다. 실제로 군대 등과 같은 집합적 단위가 있지만, 여기서 상호 관계로 연결된 다양한 <선행하고 후속하는 부분들>은 동시에 존재한다. 이것은 **행위**의 경우에는 그렇지 않다.

[3] <본질적으로 다양한 '선행하고 후속하는 부분들'에 내재된 차이>는 <본질적으로 그것들이 공유하는 **기층**(基層)에서의 차이>를 결정한다. (IPVV를 참조하라) ⌛

< 10 >
다양한 것들이 특정한 다른 것들의 현존과 공존하게 된다. 이런 것이 <경험된 것>이고 더 이상은 없다. 거기에 <인과(因果)의 관계> 외에 다른 관계(삼반다)는 없다.[1]

<직접적으로 지각되는 것>은 간단히 <'어떤 선행(先行)하는 것'이 있을 때 '후속(後續)의 것'이 생겨나는 것>이다. **행위**의 경우에서 주장한 바와 같이, <**행위**와 요소의 관계(크리야-카라카-삼반다)>라는 것은 있지 않다. 왜냐하면 그런 "관계"는 별개의 실체로 지각되지 않기 때문이다. <원인과 결과의 연결> 외에 다른 연결은 사물들 사이에 있지 않다.

✎ [1] IPV는 <"**나**"는 곧 **주권자**(이슈와라)인데, 왜냐하면 **지식**과 **행위**가 연합되어 있기 때문이다>라는 **샤이바**의 주장에 대한 **푸르바-팍샤**의 일련의 비판을 요약한다.

갸나(**지식**)는 시각(視覺) 등 그런 기능 같은 그 자체의 **원인군**(原因群)에 의해 생산(**카랴**)된다(즉, 원인이다). **크리야**는 존재하지 않는다. 그러니 그것들은 **자아**(영혼)의 **카랴**(원인)일 수가 없다. (또한 당연히 **자아**는 그것들의 **카랴**일 수도 없다).

그러므로 불교도들이 인정하는 유일한 관계가 <카랴-카라나(因果)의 관계>라는 점을 고려한다면, 한편에서는 **갸나**와 **크리야** 사이에, 또 한편에서는 **갸나**와 **자아** 사이에 어떤 관계도 있을 수 없다. ⧖

☯

<유일한 관계가 '**인과(因果)의 관계**'>라…

이 '숨 막히게 하는' **붓디**(知性)의 논리(論理)를 어떻게 처리하고 정리해야 하나…
이 '인과의 관계'는 오늘도 <12 연기법(緣起法)>이란 이름으로 활개를 치고 있다.

어딘가에서 읽은 얘기 하나. - 그러나 이런 예를 보려면, <물리학의 혁명적 순간들>이란 책을 추천한다.
'퀴리 부인'이 - 어쩌면 다른 이의 이야기일지도 모르겠다. 하여튼 과학자 즉 좌뇌(左腦)가 발달한 어떤 사람 - 한번은 어떤 수학 문제를 풀려고 온갖 노력을 다하고 있었다. 그녀는 모든 방법으로 풀어 보았다. 몇 날 몇 주 동안을 시도해 보았으나 답을 구할 수 없었다. 그녀는 미칠 것 같았다.

그러던 어느 날 밤, 그녀는 지쳐서 쓰러져 잠이 들었다. 그리고 그 밤, **꿈속에서 결론이 떠올랐다.** 그녀는 그 결론에 너무 관심이 있어서, 꿈을 깼고, 급히 그 결론(답)을 메모지에 기록했다. 왜냐하면 **꿈속에서는 과정(논리)은 없고, 단지 결론만 있었기 때문이다.** 그녀는 그것을 기록하고는 곧 다시 잠이 들었다.

아침에 그녀는 당황(唐惶)했다. 그 결론은 맞는 것이었지만, 그것이 어떻게 도출되는지는 알지 못했기 때문이다. 그러나 이제 답이 있었기 때문에, 그것은 쉬운 일이었다.

그녀는 나중 노벨상을 받았다. - 그러나 그녀는 <어떻게 그런 일이 일어났는지> 항상 궁금했다.

꿈속에서는 '문제(원인)'가 없어도, '과정(논리)'이 없어도 **'결론(결과)'이 있을 수 있다!**

(만약 <우리가 살고 있는 이 세상>이 누군가의 꿈이라면, **꿈속에서는**…)

<'좌뇌의 기능(지성, 논리)이 다한 곳(시점)'에서 우뇌의 기능(직관)이 시작된다>는 것도 **기억**(記憶)하면 좋고.

< 11 >

 [관계(삼반다)는]¹ 아무리 생각해도 받아들일 수가 없는데]² 왜냐하면 그것은 두 개의 관련된 용어에 놓여 있고,³ 사실상 단일할 수가 없기 때문이다. 즉 <(이미) 성취된 것(싯다샤)>은 <다른 것>을 "요구할" 수 없고(아펙샤낫) 또 '의존성(파라탄트리야)' 등은 논리적으로 용납될 수 없기 때문이다.⁴

 따라서 <행위자(주체)> 역시 단지 정신적 구성물일 뿐이다.

관계는 두 가지 용어(드비슈타)를 기초로 하는데, 둘 모두에 의존하면서 <단일한 성격>을 보존한다는 것은 논리적으로 맞지 않다. <이미 성취된 두 가지 사물 사이의 '상호적인 요구(안욘야펙샤)' 형태의 관계나⁵ 또 <자족적(自足的)인 두 사물의 의존(파라탄트리야) 형태>의⁶ 관계도 생각할 수가 없다.

 진술한 것에 근거하여, 마치 <인식자의 상태>가 정신적 구성물인 것처럼, <행위자의 상태>도 동일하게 적용된다.⁷

 그러므로⁸ **어떻게 <참나가 모든 것의 주(主)다>고 주장하는 것이 가능한가?**

✍ ¹ '**관계**' 개념에 대한 불교의 비판을 제시하며 **웃팔라데바**는 **다르마키르티**의 <**삼반다-파릭샤**>를 언급한다. 이 짧은 작품의 본문과 **브릿티**는 **티벳어** 번역만 있다고 한다.

다르마키르티가 그의 대작인 **프라마나-바룻티카** (量評釋, PV)에서 관계의 개념을 다룬 후 **삼반다-파릭샤**(관계 고찰)에서 유기적이고 간결한 <관계의 개념>으로 돌아갈 필요를 느꼈듯이, **웃팔라데바**도 유사하게 <**삼반다-싯디**(관계 증명, **브릿티** 포함)>를 썼는데, 이 짧은 글에서 **샤이바**의 <관계의 개념>을 개략적으로 설명했다.

[참고로 이것은 **웃팔라데바**가 대작 <**이슈와라 프라탸비갸**>를 쓰고도 나중 <**이슈와라-싯디**>를 쓴 이유와는 비교(가 안)될 것이다. 우리는 <**이슈와라-싯디**>를 <**하나님 증명과 찬양**>에서 다룬다.]

² **다르마키르티**에 따르면, 원인과 결과의 연결은 (실제주의자가 생각하는) **관계**가 아니다. 왜냐하면 어떤 **관계**의 핵심적 요건은 그것이 동등하게 의존하는 두 가지 관련된 용어의 동시적 현존이기 때문이다. 반면에 원인과 결과는 시간 안에서 반드시 다른 두 순간에 속해야 한다. 따라서 **인과 관계**는 최종 분석에서 '**관계**'에서는 정확히 비실제적이고,

<현존과 부재(바와-아바와, 안바야-비아티레카 즉 긍정과 부정)의 연속>으로 축소된다.

[3] 우리가 보았듯이, 그것이 두 관련 요소에 의존하고 있다는 사실은 실제주의자들이 보통 이해하고 있는 '**관계**'의 핵심적 특성이다. 즉 불교 반론자의 의견에서 이것은 용어의 모순이나, 정확히 이것이 **관계**라는 바로 그 개념을 거부하지 않고는 금지할 수 없는 필수조건이기 때문이다. (삼반다-파릭샤 11ab를 보라)

[4] 여기도 역시 **삼반다-파릭샤**의 직접적인 언급이 있는데, 그것의 첫 절은 <관계가 나타날 수 있는 다양한 형태>를 하나씩 틀렸음을 입증하는 데 전념한다.
웃팔라데바는 **아펙샤**와 **파라탄트리야**만을 언급하고 비판하지만 **카리카**는 "등"을 추가하고, **티카**에서는 이것이 **루파-슐레샤**("형식적 관계")를 언급하려는 것이었다는 것을 보여준다. 그것은 실제로 **삼반다-파릭샤**에서 <**파라탄트리야** 뒤, **아펙샤** 앞에서> 검증된 것이다.

[5] 즉, 그것들은 이미 그 자체의 독립적인 존재를 가지고 있다. 우선, **웃팔라데바**가 하듯, 일반적으로

'의존'으로 번역하는 **아펙샤**와 **파라탄트리야**를 좀 구별해야 하는데, **아펙샤**는 '필요, 요구, 기대'라는 의미가 지배적이다. 즉 (예를 들어)

싹은 씨앗이 '필요하고', **라쟈 푸루샤**(왕의 사람, 왕의 신하)에서 **라쟈**(왕의)의 속격(屬格, 소유격)은 **푸루샤**를 '요구한다,' 아니면 **푸루샤**에 '의존한다.' 그것이 없으면 불완전하게 남을 것이다.

다르마키르티의 비판은 **티카**와 그다음 IPVV에 다시 언급된다. 만약 원인이 존재하면(**삿**) 그것은 다른 어떤 것도 '요구'할 수 없고, 만약 존재하지 않으면(**아-삿**) 그것은 전혀 '요구'할 수 없다. <어떤 사물이 '원인'으로서 자격을 얻기 위해 그 결과를 '요구'한다>고 말할 수가 없는데, 왜냐하면 이것은 <'그것의 바로 그 본성'보다 다른 어떤 것>이 아닌, '그것과의 동일시'이기 때문이다.

만약 누가 그것의 본성이, 완전히 현존하더라도, '실용적 현실(**뱌바하라**)'에서 그렇게 실현되지 않을지도 모른다고 반박한다면, 사람은 <만약 그 **뱌바하라**가 '인식과 언어화(**갸나-아비다나**)'라면>, 그때 그것은 사물이 아니라 주체(즉 마음)이며, 그것은 직접적으로 포함되고, 그래서 그는 그런 <비실제적

관계>를 확립할 책임이 있다고 대답할 수 있다.

그러면 <푸루샤(사람, 샷)에 관련한 **라쟈**(왕의, 샷)의 경우>에 - "왕의 사람" - 상호적인 **아펙샤**는 없고, 후자(푸루샤)를 향한 전자(**라갸**)의 것만 있다. 그러니 그것은 **삼반다**로 나타낼 수 없고, 그것은 - 우리가 아는 - **드비슈타**(두 가지 용어)여야 한다.

[6] **파라탄트리야**(더 정확하게는 종속, 타율로서의 '의존')에 대한 비판은 **삼반다-파릭샤**의 첫 절에서 요약되어 있다.

아비나바굽타는 **티카**의 단계를 따르며 <상호적 '요구'(**안욘야-아펙샤**)>가 **파라탄트리야**의 영역에 올 수 있다고 한다. 그러나 이것은 **삼반다**의 기본 요건을 만족시키기에는 여전히 충분하지 않은데, 그것은 '두 가지의 관련된 용어(**드비슈타**)'에 동등하게 존재해야만 한다.

사실상, **파라탄트리야 안욘야-아펙샤-루파**(티카에는 **파라스파론무카타**와 **안욘얌 아운무캬**로 주석함)의 관계에서, <희생에서 아내와 희생자의 관계 혹은 사랑을 나누는 두 연인의 관계처럼>, 한쪽의 '기대(**운무카타**)'가 다른 쪽의 기대와 일치한다고 말할 수 없다. 따라서 **운무카타**는 존재하지만 그것이 곧 **삼반다**의 증거는 아니다.

[7] <요소와 행위의 관계>와 같은 <관계의 존재>를 암시하는 것은 - 사물을 구별하는 수단으로 쓰는 - <언어의 사용>이다. 이 관계는 실제에서 일치하지 않으며, **<언어로 일어나는 담론적(談論的)인 사고(칼파나)의 합성의 결과>**일 뿐이다.

그러므로 **다르마키르티의 칼파나에 대한 평가는 웃팔라데바와 공유될 수 없다!**

[8] IPVV에서는 <직유(直喩)의 두 용어>가 동일한 국면(기준)에 있는지 논의된다. 사실, 앞의 논증에서 **갸트리트바**의 경우 **갸나**는 인정되고 단지 **주체**의 존재만 부정된다. (또 후자가 존재한다면 둘 사이의 관계의 가능성은 부정된다) 반면에 **카르트리트바**의 경우에는 **크리야** 그 자체조차도 부정된다.

예(例)는 **칼피타**와 관련하여 동등함을 나타내는 경향이 있고, 또한 **갸나**는 본질적으로 **크리야**여서 - 그것이 포함하는 동사 어근 때문에 - 그러므로 **크리야**의 논박은 곧 <**갸나**인 그 특별한 **크리야**>의 논박을 암시하며, 그것은 그것들을 동일한 국면에 둔다고 대답한다. ⧗

☯

<언어(言語)로 일어나는 담론적(談論的)인 사고(思考, 생각, 칼파나)>라…

오늘도 우리 사회는 '언어' 능력을 향상시키기에 여념이 없다. 아이들을 어딘가로 몰아간다.

어느 날 어떤 곳에 아래 사람들이 모였고, 마침 <대기 중의 수증기가 높은 곳에서 찬 공기를 만나 식어서 엉기어 땅 위로 떨어지는 많은 물방울>을 보고
① <어느 미개인>이 말한다.
 "비!"
 - (**한 단어**다.)
② <우리 한국인>이 말한다.
 "비 온다!"
 - (혹은 '비가 내린다.'로 **두세 단어**다.)
③ <영어권 사람>이 말한다.
 "It is raining!"
 - ('그것은 비가 오는 것이다.'로 **세 단어**다.)

먼저, <우리 한국인의 언어로 일어나는 담론적인 사고(생각)> 비판(批判)…

'비'는 원래가 '그것을 보는 사람 쪽으로(아래로)' "오는" 것이고 "내리는"것이다. 비는 (위로) "가는" 것이거나 "오르는" 것이 아니다.

그러므로 '비 간다.' '비가 오른다.'는 말은 **전혀 없다!** 그러니 **"비 온다." "비가 내린다."**는 말은 **<전혀 없는 말>이 있을 때나 그 의미(意味)가 있다.**

그다음, <콧대 높은 사람들의 언어로 일어나는 담론적인 사고(생각)> 비판(批判)…

"It is **rain**ing."에서 'is …ing'이 <현재 진행형>이면, 그것은 일단 받아들이자. (과거, 미래 진행형이라는 것도 있다니까 말이다. 그러나 필자에게는 그런 것을 받아들이기가 쉽지 않은 것도 사실이다.)

그런데 'It'이라는 것이 무엇인가?

<옥스퍼드 영어 사전>은 'It'은 **대명사(代名詞)**로, "시간, 날짜, 거리, **날씨 등에 대해 말할 때 동사의 주어(主語) 자리에 쓴다.**"고 한다.

아무리 생각해 봐도, 그 문장에서 '주(主)된 말'인 명사 'rain'도 아닌 것이, '**대신(代身) 들어온 놈**'이 **"주어(주인) 자리"를 차지하고 있는 모양새다.**

결론으로, 필자는 묻는다.

무엇보다, 우리가 비판한 위 <두 사람의 말>로써 <'미개인의 말'이 표현한 그 상황>이 달라졌는가?

<언어는, '그 언어를 쓰고 있는 **사람의 생각**'을 꼴 짓는다>는 것은 잘 알려진 사실이다.

 "**의미(意味) 없는**" 말은 '소음(騷音)'에 가깝고
 "**대신(代身) 들어온 놈**'이 '주인 자리'를 차지하고 있는" 것은 분명히 허사(虛詞) 즉 **'빈말'**일 뿐이다. 그런 말은 허사(虛事) 즉 **'헛일'**일 것이다.

<말이 '사람의 **생각**'을 꼴 짓는다>…
성경은 <'우리의 **생각**'이 바뀌어야 '다른 세계'가 열린다>고 하는데…, 난제(難題)로다!

["난제로다?"
 아니, "난 제로다!" 난 zero다. 영(零, '0')이다. 나는 영(靈)이다! **차이탄얌 아트마!**
 (이제 어느 정도, 머리를 식혔으니) 각설하고,]

제 3 장 일견에 대한 반박 (7절)

쉬바에게 절하노니
그가 없이는 어떤 경험도 가능하지 않고
그는 본질에서 **항상 빛나며**
<영향을 받지 않는 **의식**(의 **하늘**)>이로라.

앞에서 일견의 관점에서 <기억은 단순히 '남은 흔적(잠재적인 인상)'에서 가능하다>고 기술했다.
이것을 반박하기 위해 다음 일곱 절을 다룬다.

< 1 >
 동의한다.¹ 그러나 <기억인 인식의 그 형태>는, <이전의 직접 지각에 의해 축적된 잠재적 인상에서 일어나더라도>, 그 자체에 제한되어(아트마-니슈탐) 그 <본래의 지각>을 알지 못한다.²

기억은, 이전의 지각으로 축적된 잠재적 인상을 다시 깨닫는 것으로 일어나지만, 그것이 그 자체에 한정되어 있기 때문에 오로지 그 자체의 형태만을 안다. 기억은 이전의 직접 지각을 관통하지 않기 때문에 <이전에 지각된 대상을 결정한다>고 주장할 수 없다.

✒ ¹ 웃팔라데바는 푸르바-팍샤의 이전 아니카의 **기억**(記憶)에 관해, 특히 **삼스카라** 기능의 중요성과 관련하여 제시한 견해를 부분적으로 공유한다고 말한다.
 그러나 **<하나의 인식이 다른 인식의 대상이 되는 불가능성>**을 - 이는 불교도들도 인정한다. 그러나 무엇보다 **우리 자신의 경험에서 그것을 잘 알 수 있다. "<인식하고 있는 순간> 그 자체를 동시에 인식할 수는 없다!"**(147쪽) - 참작하면서 그것들의 역할을 검토하여 그 견해(반론)를 벗어난다.

² 모든 **인식**은 - **기억**(記憶)은 **인식의 한 형태**다. - **스와삼베다나**(自覺, self-awareness, 나 자신을 **알아채는 일**, 자아-인식)이며, 이런 의미에서 <보통 '감각 없는 실재(**자다**)'를 가리키는> 위의 **아트마-니슈탐**이라는 표현을 이해해야 한다. 그것은 오직 그 자체만을 알아채고 '다른 인식'에 대해서는 아니라는 의미에서 '그 자체에 한정되고 제한된다.'는 말이다. ⧗

< 2 >

인식은 '자기 계시(스와바사-에바)'로,[1] 마치 맛의 인식이 형상의 인식으로는 알려지지 않는 것처럼, <다른 인식>의 대상이 될 수 없다. (기억이) 잠재된 인상에서 일어난다는 사실은 <이전의 지각>과의 그 유사성(類似性)을 의미(암시)하는 것이지, 그것이 곧 <(본래의) 그것의 인식(탓-가티)>은 아니다.[2]

모든 인식 행위는 본질적으로 **오직 그 자체만을 알아채고**(스와삼베다나-이카-루파), <다른 인식>의 대상이 되지 않는다. 만약 형상을 인식하는 것으로 맛의 인식을 파악할 수 있다면(반대로도), 그러면 하나는 다른 것의 대상도 인식할 수 있을 것이고, 이런 식으로 개개 감각의 활동에서의 모든 제한은 존재하지 않을 것이다.

기억은 <이전의 지각이 남긴 잠재된 인상>에서 일어나기 때문에, 기억은 오직 그 지각에 유사성만 가질 뿐, 후자의 직접적인 인식을 갖지는 못한다. 더구나 거기에는 이 <이전의 지각>에 대한 인식이 없기(**탓-아바왓**) 때문에, 그것에 대한 유사성조차도 유지될 수 없다.

✎ [1] **스와바사**는 다양한 번역(해석)이 가능한데, - II,3:1-2의 주[2], 주[4]와 비교 - 브릿티는 **스와삼베다나·이카·루파**로 말하고, IPV는 두 가지, IPVV는 네 가지로 해석한다.

[2] <이전 지각>의 **삼스카라**는 '다른 것'과 유사한 <현재 지각>에 의해 다시 각성되어 **기억**(記憶)을 일으킨다. 그래서 **삼스카라**는 기억에서 이런 '유사성'을 보장하나, 기억 자체는 <이전 지각>에 직접 접근할 수 없고('알' 수 없다), 따라서 엄밀히 말해 <이전 지각>과 <**삼스카라**를 다시 깨운 현재 지각> 사이의 유사성도 확립할 수 없다.

이것은 나중에 볼 것이지만 "**나**"를 전제로 하는 것이다. 반론자가 부정하는 "**영원한 자아**" 말이다.

☯

그러나 여기서 우리는 잠시라도 우리의 <작은 '**기억의 경험**'>으로 그 '**나**'를 (약간) 느껴보자.

우리의 몸은 변하고, 우리의 마음도 변하고 있다. 그것은 결코 같은 것이 아니다. 나의 유년 시절과 청년 시절은 흘러갔고, 몸과 마음은 너무나 변했다.

세월을 넘어 아무것도 똑같은 것으로 남아 있는 것이 없는데, 그런데 **누가** 그런 것을 아는가?

누가, 누가 "나의 유년 시절과 청년 시절"이라고 **기억하(고 있)는가**?

☯

브릿티와 IPVV에서 보듯이, **탓-가티**의 **탓**은 두 가지 의미가 있다. 첫 번째는 **아누바와**(직접 경험), 두 번째는 **사드리샤**(유사성)를 말하며 첫 번째가 두 번째의 원인으로 여겨진다.

IPV는 엄청난 명확성으로 질문을 정의하며, 이런 면에서 **산스크리트는 비길 데 없는 도구다!**

[또 그것을 잘 구사(驅使)하는 **아비나바굽타**의 **실력**(實力, 실질적인 힘, 샥티)이기도 하다.

이번 **한**(韓) 민족의 생(生)에서 이 **산스크리트**를 제대로 배우지 못한 작은 **한**(恨)이 남는다.] ⧗

< 3 >

(누군가는 이런 반론도 낼지도 모른다.)[1]

기억은 <그 대상이 결코 인식의 영역 안에 직접 들어간 적이 없다는 사실에도 불구하고>, 대신에, <그것들에게로[2] 향한 그 유일한 확정적인(결정적인) 활동에 축소되어>, '그 대상'을 (마치) '직접 지각된 어떤 것(드리슈타-알람바나타)'으로 가지고 있는 것처럼 **잘못(오류로) 나타난다.**

그러나 이 반론 역시 일관성이 없다.

그리고 <기억이 자신의 확정적인 활동의 대상을 "이전의 직접 지각"과 "그것의 대상"으로 한다는 의미에서, 기억은 그것들을 자신의 대상으로 **잘못** 가지고 있다>고 주장할 수도 없다.[3] 그것은 사람이 '자개(진주층)'를 보고 '은(銀)'을 본다고 말하는 것처럼, 실제에서는 경험될 수 없다.

✎ [1] 다시 불교도의 말이다.

[2] <이전 지각>과 <그 대상>

[3] IPVV는 나(na)가 문장 전체를 부정하는 것으로 보며, 여기서는 두 문장으로 나누었다.

또 여기의 '자개'는 <"은빛 나는" 진주층(眞珠層, mother of pearl)>을 말하며, 다음에도 나온다.

<'은(銀)'과 '자개'>와 또 <'불'과 '연기(煙氣)'>, <두 개의 달(月)> 등은… 재미있게 읽을 수 있는, '예'를 - 우리말, 긍정과 동의의 대답 - 갖춘 좋은 예(例)다. ⧗

< 4 >
어떻게 이것에 기억의 진정한 본성을 축소하는 것이 가능하겠는가(스므리티-타이바 카탐 타밧)?[1]

그리고 어떻게 잘못 때문에 <대상의 확립(아르타-스티티)>이 일어나는 것이 가능하겠는가?[2]

그리고 만약 그것이 그러하다면, 거기에 <이전의 직접 지각이 남긴 잠재된 인상에 의존한다>고 주장하는 것은 무슨 의미가 있는가?

기억은 <확정적인 지식>, <부재(不在)하는, 이전 지각의 대상>에서만 유래하는 어떤 것과 동일시될 수 없는데, 왜냐하면 <이전 지각>은 (그대의 개념에 따르면, 기억에서) 나타나게 되지 않기 때문이다. 또 <이전 지각된 대상>의 명확한 확립도 **잘못(오류)** 때문에 할 수 없다.

나아가 (만약 그것이 "**잘못 즉 오류**"의 문제라면) <반대로 그것이 모든 관점에서 이전의 직접 지각과 다르고,[3] 어떤 식으로도 그것과 접촉하여 생긴 것이 아닐 때>, 왜 <기억이 - **잘못(오류)**으로 여겨지는데 - 잠재된 인상에서 일어난다>는 사실을 그렇게도 고집하는가?

✍ 이 경문을 이렇게 번역할 수도 있다.

"(만약 그것이 오류라면) 어떻게 기억의 본질이 그 안에 있을 수 있겠는가?
그리고 어떻게 오류가 <대상과 관련된 세속적인 거래>의 기초가 될 수 있겠는가?
더군다나 이전의 경험이 남긴, 잔재 흔적에 의존해야 한다는 이유가 무엇인가?"   (판데이 역)

[1] **웃팔라데바**는 이제 (3절 경문의 마지막 문장이 말하는) <반론을 옹호할 수 없는> 이유를 밝힌다.

[2] **기억**의 본질적인 핵심은 <마음에 회상(回想)된 이전 지각>이다. 그러므로 거기에 <새로운 인식>은 없으며, **잘못(오류)**으로 귀속될 수 있는 것은 오직 새로운 인식이다.

브릿티와 <IPVV에서 (우리가 추정하는 것으로) 볼 수 있는> **티카** 또한 **웃팔라데바**가 카리카의 두 번째 문장의 탓으로 본다는 것에는 의심의 여지가 없다. 그러나 IPV의 해석은 완전히 다르다는 점을 지적해야 한다.

그것은 본질적으로 명백히 **<대상의 본성>에 대한 어떤 확립도 오류로부터 파생될 수 없다**고 하는데, 왜냐하면 (반론자가 이해하듯이, 만약 **오류를 아삿**

혹은 **아트마-캬티**로 본다면) 전자는 **오류**에서 나타나지 않기 때문이다. 또 **모든 사람**이 '**경험 세계의 조직과 기능은 기억에 의존한다**'는 사실을 알 수 있다. 그러므로 **기억**은 환상일 수 없다.

["**기억**"의 문제는 이제 인간만의 문제가 아니다. 우리가 늘 쓰는 **컴퓨터**와 **휴대폰**은 메모리(**기억**)의 본질(메커니즘)을 잘 보여준다. 인간의 **기억 현상**은 『**돌과 즈슴 이야기**』에서 더 자세히 다룬다.]

카리카에 대한 이런 해석은 사실 모든 사람이 첫 번째 읽기에서 얻는 것으로 - 어떤 주석은 그렇게 오해했다. - 그것은 실제로 **웃팔라데바**가 더 많이 선사할 논증을 예상하게 한다.

[3] IPVV에 의하면 **요가-크셰마**의 **요가**('이전에는 갖지 않은 것의 성취'라는 일반적인 의미를 가짐)는 '빛-지식(**프라카샤**)'이 특징인 대상 자체의 본성을 나타내고, 또 **크셰마**('성취한 것의 보존')는 '부분-대상'을 나타낸다.

이런 특징은 **스므리티-브란티**를 **아누바와**와 구별하는데, 왜냐하면 전자에는 '새로운 인식'은 없고 - **토렐라**는 **아푸르밧밧** 대신 **아나푸르밧밧**으로 읽음 - 대상은 실제로 존재하지 않기 때문이다. ⌛

< 5 >

 만약 <확정적 지식>이 잘못(오류)이라면, 어떻게 그것이, 감각이 있지 않은데, 대상을 확립할 수가 있겠는가?[1]

 또 만약 반대로 그것이 감각이 있는 것으로 생각한다면, 어떻게 그것이, 그 자체와 자신의 관념에 한정되어 있는데, 대상적 실체를 확립할 수가 있겠는가?

 대상을 - **잘못(오류)**으로 - 확립하는 것은 오직 <**확정적 지식(아댜바사야)**>이지 그것의 **자기-자각(스와삼빗)**이 아니다.

 만약 그것이 그러하다면, 그것은 감각이 있는 것이고 - (한편으로는) 감각 없는 것인데[2] - 어떻게 그것이 대상의 확립을 야기할 수 있겠는가?

 따라서 그것이 감각이 없는 것을 인정하더라도 (이것은 제한된 방식으로, 즉 다음과 같은 의미로 이해해야 한다.) 그것은 단지 <과거에 속한 대상>을 나타나게 만들거나 **오직 <외적이지 않은 대상>만을 - 그 자체와 그 자신의 관념을 - 비출 수 있을 것이다.**

 그러므로 그것은 <우리가 다루고 있는 대상의 그 확립의 원인>으로 동등하게 받아들여질 수 없을 것이다.[3]

✐ ¹ 이 절의 논증은 IPV에서 명시된 반대자의 반론을 전제로 한다. 즉

<기억으로 일어난 이전의 직접 지각>과 <'지각의 대상'의 **확정적인 지식(아댜바사야)**>은 그 지각에 대한 후자(기억)의 부분적인 유사성을 확립한다.

그리고 이것을 위해 사람은 **삼스카라**를 의존하는 것이 필요하다.

그러므로 **논쟁은 이 확정적 지식(아댜바사야)의 본질로 바뀐다**. (이는 현재 카리카에 관한 것이기도 하다.) **<이 일반적인 아댜바사야(확정적인 지식)의 개념의 혼동>과 <그것이 기억의 영역에서 작동하는 형태>도 또한 논박된다**.

만약 대상이 그것(확정적인 지식)으로 조명된다면 그때 우리는 그것을 잘못(오류)이라고 정의할 수가 없고, 만약 조명되지 않는다면 그때 그것은 기억이 대상에 접근하지 못하는 것을 의미하는 것이므로 '유사성'을 말하는 것은 상식이 아니다.

² **아댜바사야는 한편에서는** (대상과 실제 접촉이 없는 것, 즉 **브란티**인 것과 관련해) **<감각 없는> 것이고, 또 한편에서는** 그것의 **자기-자각**에 관련해 **<감각 있는> 것이다**. 그러나 이 경우에는 첫 번째 측면만이 중요하다.

99

³ 이 점은 IPVV의 한 구절에서 분명한데, 그것의 중요성과 명확성 때문에 전체를 인용한다. 즉

확정적 지식(아댜바사야)은 <자신이 확정하려는 대상>을 조명하지 않는 한 <감각이 없는> 것이다.
만약 그것이 외부의 대상을 비추지 않는다고 - 그렇지 않으면 그것은 <직접 경험>과 전혀 다르지 않을 것이다. - 전혀 비추지 않는다고 말할 수도 없는데 - 그렇지 않으면 그것은 단지 '**자다(감각 없는 것)**'일 것이다. - 그럼에도 불구하고 **그것은 적어도 '그 자체와 그 자신의 관념(생각)'을 밝히는 것으로 인정된다.**
그러나 이것조차도 그것이 외부 대상을 확정하는 원인으로 충분하지 않은데, 정확하게 후자에 관련해서 **(여기서 중요한 것은 이것이다)** 그것은 <**감각 없는**> 것이기 때문이다.

확정적 지식(아댜바사야)에 대한 이 모든 비판은 **기억의 현상**에서 그 중요성을 줄이는 것을 목표로 하며, 그 궁극적인 목표는, 우리가 다음에 보게 될 <요점을 일관되게 설명할 수 있는 또 다른 원리>, "**자아(나)**"를 받아들일 수 있는 길(토대)을 만드는 것이다.

< 6 >

그러니 <인간 세계의 기능>은 - 그것은 정확하게 인식들의 통합(아누산다나)에서 비롯되며, 그것들 자체로는 서로로부터 분리되어 있고 서로를 아는 것이 불가능하다. - 파괴될 것이다… (다음 절로)

인식들은 그 자신들에게만 제한되고, 본질적으로 **자신들을 의식하는 <다른 인식들>의 대상이 될 수 없다.**[1] 그러면 그때 인간의 활동과 행동의 차원은 - **절대적 실재(實在)**의 가르침에서 절정(絶頂)인데 - 어떻게 가능하겠는가? 왜냐하면 이것은 정확하게 <지식의 대상들 사이의 상호 연결>로 이루어지기 때문이다.

✎ [1] "**인식은 … 자신을 의식하는 <다른 인식>의 대상이 될 수 없다.**"

예를 들어, 누군가가 "나는 <나의 지켜보는 그 무엇>을 지켜보았다."고 한다면, 그것은 터무니없는 말이다. 내가 <지켜보는 그 무엇>을 지켜보았다면, 그때의 그 <지켜보는 그 무엇>은 <지켜보는 나>일 수 없다. 바로 <그런 모든 것을 지켜보는 그것>이 <지켜보는 자>다.

한마디로, **<인식(론)>이 곧 <존재(론)>이다!** ⧗

< 7 >
…¹ 만약 <자신 안에 무한한 모든 형상을 담고 있고, 하나이며, 그의 본질은 **의식**(意識)이고, **지식, 기억, 배제의 힘을 소유하는**> 마헤슈와라가 없다면 말이다.²

<사물들에 대한 모든 인식의 상호 통합>은 모든 것이 그의 형태인 <**의식**의 원리(**칫-탓트와**)>에 의해 구성된다. 그로부터 구별되는 것은 아무것도 없기 때문이다. **지식** 등의 힘은 오직 이 **의식**(意識) 원리에만 존재한다. 경전은 말한다.

"**나에게서 기억**(記憶), **지식**(知識), **배제**(排除)**가 나가노라**"³

✎ ¹ 앞의 절(카리카)에 이어짐을 말한다.

² 반론자들의 것은 옹호할 수 없는 것으로 인식되며, 그것은 <그들이 부정하는 것>, 즉 <'**지식**과 **행동의 주체**', '실재의 불연속의 **통합자와 조정자**'로서의 **자아(나)**>의 확인으로 이끄는 이것이다.

['**의식** 원리'라는 말과 더불어 둔스 스코투스의 '**제일**(第一) 원리'도 기억하면 좋을 것이다.]

의식(意識)은 ① <하나가 되는 것(에키바와나)>, ② <하나로 만드는 것(에키카라나)>, 또 ③ <함께 융용되는 것(미슈리카라나)>이라는 의미에서 <인식(認識)의 통합>이다.

(필자는 때로는 '인식', '의식', '생각' 등을 구분하지 않고 사용한다. 말은 <어려운 물건>이다.)

브릿티에서 아누산다나와 칫-탓트와는 사마나디카란야의 관계에 있는데, 그것은 **<행위>와 <행위의 주체>는 실제로는 동일하기** 때문이다.

[3] 필자는 인간의 머리, 두뇌(頭腦)라는 것이 늘 궁금했다. <생각>이라는 것은 도대체 무엇이며, 또 **누가, 그 무엇이 그런 생각을 올리고 있는지**……

성경은 우리에게 묻고 있다.

그런즉
지혜는 어디서 오며, 명철의 곳은 어디인고?
가슴속의 지혜(智慧)는 누가 준 것이냐?
마음속의 총명(聰明)은 누가 준 것이냐?

바가바드 기타(15:15)는 말한다.

맛타 스므리티르 갸남 아포하남 차!
나에게서 기억, 지식, 배제가 나가노라!

맞다! 맛타!
맛타, 맞다!
<"**나**"에게서>다!

그런데,
이 "**나**"가 **뭐꼬**?

그러고 보니, 이런!
"**나에게로 기억, 지식, 배제가 들어오노라!**"가
더 맞는 것 같다.

그러면,
이 "**나**"는 누고? ⌛

제 4 장 <기억(記憶)의 힘> (8절)

쉬바에게 절하노니
그는 가슴의 창고에 쌓여 있는
수많은 보석과 대상들을 규칙적인 순서로
<**기억**이라는 끈> 위에 묶누나.

  기억은 '직접적인 지각'이 선행하며, 또 그것들 둘 모두 **배제의 힘**에 의존한다는 것이 밝혀졌다.

  그러나 기억은 남은 흔적에서 떠오를 가능성이 없을 수도 있지만,
  "어떻게, 당신이 받아들이는 것처럼, **주**의 힘이 그것을 가능하게 하는가?" 하는 것이 설명되어야 한다.
  이 반론에 대답하기 위해 여기 여덟 절이 있다.

< 1 >
 이전에 지각한 대상의 지각자인 자유자(自由者, 스와이리)는 또한 이후에도 계속해서 존재하며, (대상에 대해) "그것"이라는 <성찰적 자각(알아채는 일)>을 갖고 있다. 이것이 "기억(하는 일)"이라는 것이다.

<이전에 지각된 대상>의 그 "빛-지각"은 (기억의 순간에)[1] 소멸되지 않는데, 그[즉 아는 주체(아는 자), 주(主)]가 <이전에 지각된 대상>의 지각자로 또한 이후에도 계속해서 존재하기 때문이다.
 여기에서[2] <하나이고, 주(主)이고, 행위자(아는 자)인> 그의 편에서 <이전에 지각한 것>을 "그것"이라는 말로 대상에 대한 <성찰적(반성적, 사색적) 자각>을 가지는 것이 "기억(스므리티)"이라고 하는 기능이다.

✎ [1] 기억의 고전적 정의는 요가 수트라 1:11에 있는 것을 기억한다. (이 필자의 기억이 스멀스멀, '스믈스믈'하지만 말이다.)

"아누부타 비샤야-아삼프라모샤 스므리티.
 경험한 대상을 잃지 않는 것이 기억이다."

이 <**기억**에 대한 고찰>은 **돌과 즈슴 이야기**에서 더 자세히 다룬다고 했다. (꼭 **기억**하시길… 그러니 이 말은 독자의 '기억의 문제'일 것이다.)

[2] 이것은, 최소한 **티카**에 기초한 **아비나바굽타**의 해석에 따르면, <**현재 제한된 조건에서**>란 의미로 이해해야 한다.

기억의 주체는 앞 **카리카**에서 이미 말한 것처럼 **쉬바 자신이다!** 그렇지만 IPVV는 **브릿티**의 **주**(主, 비부)를 '편만자(遍滿者)'라는 단순한 의미로 취(取)하는 것을 배제한다.

왜냐하면 <**기억**(이란) **현상**>은, <그것의 궁극적인 주체>를 **쉬바**, <**지고의 의식**(意識)>으로 갖더라도, **반드시 개인적인 국면에서 일어나야 하며**, 그렇지 않으면 지각된 대상의 전후(前後) 등에 대해 말하는 것은 이치에 맞지 않을 것이기 때문이다.

그것이 **브릿티**가 '여기에서(**아트라**)'를 언급하는 이유이고, 또 IPVV는 그것을 "**프라나**, **푸랴슈타카**, 육체 등으로 <수축(제한)된 **주**(主)의 기능>…"으로 주석한다. ⧗

< 2 >

사실, <기억하는 그>는 반드시 <이전에 나타나게 한 '특정 실체(스와락샤남)'에>[1] 대한 '성찰적 자각(암리샨)'을 갖고>, <그 기억의 실제적인 순간(스와카알레)>에 "항아리"라는 단일한 현현으로든, 그 구성요소들 전체성으로든(아킬라-아트마나) 그것을 나타나게 한다.[2]

<기억의 힘> 덕으로 주체가 <이전에 지각된 특정 실체를 '그것'으로 성찰적 자각을 가질 때>, 그것을 (현재에서) 나타나게 해야 한다(**아바사야티 에바**).[3]

왜냐하면 (과거에만) 나타나게 만든 대상과 관련하여, 어떤 성찰적 자각도 일어나지 않을 수 있기 때문이다. 또 이 나타남(현현)은 <기억하는 행위의 바로 그 순간>에 일어난다. 그러므로 <그 기억의 순간에, '그 순간에 더 이상 존재하지 않는 대상'의 나타남을 진술하는 것>은 어떤 잘못도 아니다.

어떤 때는 대상이 <단일한 현현>의 형태로[4] 즉 그것을 구성하는 많은 현현들의 하나로 제한되어 나타난다. **주체의 의도에 따라**,[5] – 항아리의 경우 – "항아리", "금으로 된", "개별적 실체", "존재" 등. 이런 경우 기억에서 그 현현(양상)은 뚜렷하고 생생하다(**스푸타**).[6]

다른 때는 반대로, 대상이 그것 전체성으로 나타난다. 왜냐하면 이것이 **주체의 의도**이기 때문이다. 그것의 현현이, 이전의 경우와 같이, 동등하게 뚜렷하고 생생하다(스푸타).[7]

그리고 <마음이 방해 없이 아주 집중된 **주체**>는 **이전에 지각된 대상을 직접 시각화**하기도 한다.[8]

✎ [1] <**기억**의 대상>은 스와락샤나, 혹은 <시공간 안의 개별적 실체>이다. 사실 **기억 속에는 반드시 이전 시간과 장소와 연관이 있어야** 하고, 그렇지 않으면 일반적 **비칼파** 외에는 기억이 없을 것이다.

[스와락샤나는 <실재의 성질>, <특정한 실체>, <개별적 실체> 등으로 번역했고, <불교 용어>로는 '자상(自相), 개별상(個別相)'이라고 하는데, 필자가 자상(仔詳)하지는 않아서 가급적이면 어려운 <불교 한문 용어>는 피하려고 한다.]

마르셀 프루스트의 <잃어버린 **시간**을 찾아서>가 **시간**과 더불어 <고장의 이름 - 이름>과 <고장의 이름 - 고장>을 거듭 말하는 것은 **기억**할 만하다.
또 **기억-상실**에 관해서는 **내 영혼을 '다시 알아 보는'** 『아비갸나 샤쿤탈라』에서 다룰 예정이다.

² 사실 **프라카샤**가 없으면 **파라마르샤**도 없을 것이지만 후자 또한 즉각적으로 **프라카샤**를 따를 것이므로, 그것과 분리할 수 없다. 이 카리카가 대답하려는 질문은 정확히 "**어떻게** <과거에, 이전 지각 시각에 일어난 '대상의 **프라카샤**'>와 <기억에 의해 **지금** 영향 받고 있는 '그것의 **파라마르샤**'> 사이의 **그 간격을 연결하느냐?**"이다.

³ <대상을 현재에 나타나도록 하는 것이 '기억이 그런 것이기 위한 필요조건'이라는 의미에서>, **아바사야티 에바**는 **아바사옛**으로 주석한다. 그러므로 이 기원법(祈願法) 동사는 **니요가**(niyoga, 의무)의 의미에서 이해해야 한다.
[기원법 동사라는 것은 굳이 말하자면, "나타나게 해야 한다"에서 '나타나게 하소서' 정도일 것이다.]

⁴ 기억에서 <단일한 **아바사**(현현, 양상)>는 상대적으로 말해서 하나일 뿐이다. 즉, 그것은 "금으로 된" 등의 다른 **아바사**와 결합되지 않는다. 사실, 기억의 그 본성 때문에 '**시간**' **아바사**와의 연결은 불가피하며, 이것은 본질에서 그것을 **스와락샤나**로 만들기에 충분하고, 이런 의미에서 **스푸타**이다.

⁵ 이 주제는 II,2:5-7에서 더 전개된다.

⁶ 현존하는 사본의 읽기는 '스푸타'와 '아-스푸타' 사이를 오가며, 둘 모두를 옹호하는 것 같다.

티카는 <대상이 **사만야**의 형태에서 현현하는 것>을 **아-스푸타**라고 한다. 그러나 이것은 이른바 독립된 **비칼파**에서는 그렇지만, 기억의 경우에는 다르다. **티카**는 계속해서 많은 **사만야**를 말하는데 하나씩 조합하고 또 서로를 경계 지어서 **스푸타**가 되었다고 하며, 일단 공간 등의 **아바사**로 더 많은 경계가 정해지면, 그것들은 마침내 **스와락샤나**를 낳는다. 문제의 경우가 <단일한 현현(**아바사**)>이면 사실이지만, 기억에서 그 상태는 방금 말한 것처럼 특별한 것이다.

티카는 **사만야**가 단일한 것일 때라도 (다른 것에 비해) **스푸타**일 수 있다고 덧붙인다. 그것이 다른 더 광범위하고 더 일반적인 **사만야**를 암묵적으로 포함할 때는 말이다. 예를 들어 <일반적인 나무의 **사만야**>와 비교된 <다바 나무의 **사만야**>.

사만야의 확장과 관련된 계층의 개념은 아마도 **바이셰쉬카**와 문법적 사변에서 비롯된 것 같다.

⁷ IPV에서 이 경우(다른 **아바사**의 조합이 있을 때)의 **스푸타트바**의 정도는 전자보다 더 큰 것으로 여겨진다. 즉 그것은 **아티-스푸타**이다.

⁸ 이것은 **아티-안타-스푸타**로 정의된 경우이다. **티카**를 따르는 IPVV는 카리카의 **아킬라-아트마나**라는 말에 암시된 것으로 여겨, **아바사**의 다양성과 그 안의 더 많은 분화로 이해한다. 그래서 대상은 많은 **아바사**의 조합으로 기억에 나타날 것이다. 즉

후자가 대상의 전체를 덮지 않을 때 이것은 중간 수준이다. 반면에 대상이 전체성 측면에서 회상될 때, 그 기억은 너무 생생해서 <그 대상이 '이미' 본 것이라는 사실만 다를 뿐>, 그 경계는 직접 지각과 밀접하다.

요기의 "**이전에 지각된 대상**(드리슈타-아르타)**을 직접 시각화**하기도"라는 표현은 <시각화된 대상이 이전에는 보이지 않았지만, **신성** 등의 시각화 경우에서처럼, 경전 등의 계시를 통해 다양한 방식으로 경험되는 것>으로 다른 형태들과 구별된다. ⌛

< 3 >

만일 그것이 기억으로부터 분리되어 나타난다면 <기억되고 있는 대상>의 현현에 대해 말하는 것은 가능하지 않을 것이다.[1] 그래서 <서로 다른 시간에 일어나는 인식들의 통합성(일치, 합일)이 필요하며, 이 통합성(단일성)이 바로 그 <아는 주체>이다.

이전에 지각된 대상은, <(그 과거 시간에 향했던) 기억의 현존하는 "빛" 안에서 그 지각과 함께 나타나며>, 결코 그 기억과는 분리되지 않는데, 그 빛과 분리되어 있는 것은 빛날 수 없기 때문이다.

그러므로 거기에는 <직접 지각>, 기억 등과 같은 구별되는 별개의 인식들의 통합(통찰)이 있으며, 이 통합은 <자아>, <**아는 주체**>에 의해 이뤄진다.

자세히 설명하자면…

✎ [1] 만약 대상이 기억의 외부에 또 기억과 구별되는 것으로 나타난다면, 그때 그것은 기억이 아닌 <직접 지각>에 대한 요건이 존재할 것이다. 대상은 <이전 지각의 현현>을 통해 기억 속에 존재하지만 그것(대상)은 오직 과거에 있다. <현재에 나타나는 것>은 오직 성찰적 자각(**비마르샤나**) 뿐이다.

이 절은 실제로 <(현재의) 비마르샤나와 (과거의) 아누바와 사이의 명백한 불일치>가 **어떻게 <다른 시각에 발생하는 다양한 인식을 통합하는 가능성을 보장하는>** 그 '**나**'에 의해 해결되는지를 보여준다.

[필자의 "**영성 과학**"이라는 용어가 합당하다면, 바로 이런 때일 것이다.]

더 명확한 설명이 IPVV에 있다. 즉

이전 지각에서 '부분-대상(**아르타-암셰**)'에 관한 **프라카샤**는 과거에 속하지만, '부분-자아(**스와트마-암셰**)'와 관련해 **비마르샤**로 파악되는 **프라카샤**는 **시간에 제한되지 않는다.** 그래서 <**기억에서의 비마르샤**>는 자신을 <**지각에서의 비마르샤**>와 연결할 수 있고, 그것을 통해 <대상의 이전의 빛>과 연결될 수 있다. 이런 식으로 두 가지의 필요조건, 즉 <현재에서 일어나는 것>과 <프라카샤로부터 떨어지지 않은 것>이 충족된다(만난다).

[이것이 35쪽 예수의 말 "이것을 **기억나게 하려 함이라**"를 "**성령**…"과 함께 소개한 이유다.]

예를 들자. **비갸나 바이라바**는 말한다.

[앞에서 이미 약간 다루었다. 다시 찬찬히 읽으며 이제는 확실히 파악(把握, **잡아 쥠**)하라. **내 것**으로 만들어라.]

"같지 않은 같은 것"이 되라.

우리의 **몸**은 변하고, 우리의 **마음**도 변하고 있다. 그것은 결코 같은 것이 아니다. - 그것들은 <**같지 않은 것들**>이다. - **나의 유년 시절과 청년 시절은 흘러갔고, 몸과 마음은 너무나 변했다. 세월을 넘어 아무것도 같은 것으로 남아 있는 것이 없다.**

- 우리 **몸**을 구성하고 있는 세포의 수명은 길어야 7년 정도일 뿐이다. 그리고 그 유년 시절과 청년 시절의 일기(日記) 등이 혹 있다면 한번 읽어보라. 마치 (내가 아닌) 다른 누군가의 **마음**(느낌, 생각)이 거기에 있는 것 같다. -

그런데 **누가** 그런 것을 **아는가**? 누가, 그 무엇이 "나의 유년 시절과 청년 시절"이라고 **기억하는가**?

그러므로 이 <**아는 자**>는 <**같은 것**>으로 남아야 한다. 이 <**기억하는 자**>는 <**같은 것**>으로 남아야 한다. 그때 <**지켜보는 자**>는 그렇게 조망(眺望)할 수 있고, 그렇게 말할 수 있다. ⧗

< 4 >

 사실, 기억에서 <이전 지각>은 - 그 대상처럼 - 분리되어 나타나지 않는데, 그것은 "**나는 과거에 지각했다.**"라는 표현이 가리키는 것처럼 자아에서 쉬는 것으로 보이기 때문이다.

기억에서 이전의 지각은 - 기억되는 그 <지각된 대상>에서 일어나는 것과는 같지 않게[1] - 분리된 (분화된) 것으로 나타나지 않는다. 왜냐하면 <나타나는 그것>이 <**자아 그 자체**>이기 - "**나**"라는 그 개념의 대상(?) - 때문이다. **그의 핵심은 이 지각에 의해 알려진다. 그것이 정확하게 <"나"라고 알려진, 다른 많은 시간들에 현존하는 그 실재(實在)>이다.** 그것이 **자아**(**참나**)이다.

✍ [1] 지각에서 **대상**은 - <마야의 힘> 때문에 - 마치 **의식**(**意識**) **외부에, 분리된 것처럼 나타났다.** 이는 기억에서 일어나지 않을지도 모르는데 그렇지 않으면 그것은 기억이 아닐 것이기 때문이다.

 실제로, 기억의 빛은 말하자면 대상을 훨씬 더 강하게 감싼다.

 그러나 이는 어느 정도만 사실이다. <외부성이란 상정(想定)>은 - 어떤 그림자처럼, 잔존하는 흔적의 형태 안에서 - 배경에서 기억되는 대상 속에 남아 계속 존재한다.

이것을 강조하면서 **웃팔라데바** 또한 암시적으로 <한편에서의 '외적인' **사물**>과 <다른 한편에서의 **지각(즉 인식)**> 사이의 날카로운 구별을 묘사한다. **사물과 달리 후자(인식)는 결코 대상화될 수 없다.**
[이것은 다음 절의 "**인식들은 … (대상으로) 나타나지 않는다.**"를 참조하라.]

따라서 <기억은, 대상에 대한 '이전 지각의 구현(具顯)하는(대상화하는) 것'에 의해, 단순히 그것의 대상에 접근한다>고 주장하면서, **<다양한 인식의 통합자로서의 '나'> 없이도 할 수 있다고 생각하는 이들은 잘못된 것이다.**

비갸나 바이라바는 말한다.

감각으로 생생하게 알아챌 때, 알라.

누군가를, 어떤 것을 보고, 듣고 있는 동안, 나의 눈, 귀 뒤에 있는 이 <알아채는 자>를 기억하라. 그런 일이 <자기-지식>의 문(門)을 연다!

< 5 >

(다른 사람들의) 인식은 요기에게 속한 그 특정한 인식에서도 (대상으로) 나타나지 않는다. 그것들을 아는 유일한 수단은 <자기 자각(자신을 알아채는 일)>이다. <방금 말했던 것> 또한, 그것들이 인식의 대상으로 인정되더라도, 적용된다.

<전지(全知)한 이들>에게 역시, <다른 주체들에 속한 인식들>은 - 그것은 **<자기 자각>**을 통해서만 알려질 수 있다[1] - 항상 그들 자신의 **자아**에 쉬는 것으로 나타나야 한다. 그러므로 <실제로 일어나는 일>은 요기(전지한 이들) **편에서의 <다른 이들의 자아와의 동일시>**이다.[2]

항아리 등과 같이 인식할 수 있는 대상의 본성을 (**다른 사람들의 인식**) 탓으로 돌린다면, **그것들은** <그 자신의 **순수한 자각의 형태** 안에서(숫다-보다-아트마나-루페나)> 각각 나타나야 하겠지만, 그것은 불가능하다.[3]

✍ 위의 경문(카리카, 수트라)은 이렇게 번역할 수도 있다.

"요기의 특정한 지식(인식)에서도 다른 사람들의 경험(인식)은 그런 식으로(대상으로) 빛나지 않는다. 그것들은 그들 자신의 **삼빗**과 하나로서 빛난다. 혹 그것들이 대상으로 빛난다고 하더라도 (그것 또한 우리의 입장에 영향을 주지 않는다)." (판데이)

[1] 즉 <사람이 모든 인식에 대해 갖고 있는 혹은 모든 인식이 자체로 갖고 있는> **내성적(內省的)인 자각**을 말한다.
 이 입장은 문법학파의 **바르트리하리**도 수용했고 또 **아비나바굽타**는 그것을 IPVV에서 약간 고쳐서 인용했다. 즉

"**빛**이 <다른 빛>에 의해 조명되지 않는 것처럼, 똑같은 식으로, **인식**의 형태는 <다른 인식>에 의해 결정되지 않는다."

"<**지식(인식)**의 형태(형식)>가 한 **대상**으로 인식되지 않기 때문에, <대상의 형태(형식)>와 구별되는 (별개인) <**지식(인식)**의 형태>는 파악되지 않는다."

[2] 이것은 **브릿티** 본문의 가장 분명한 의미이다. 이것을 **티카**에서 가져온 **아비나바굽타**의 해석에 따르면, **탓트왐**은 (브릿티의 처음에 나오는) '전지

(全知)한 이들'이고, <**지고의 나**와 동일시된 주체의 상태>를 의미한다. 따라서 문장의 의미는 다음과 같다. "이들 **요기**에 속하는 <**지고의 나**와 동일시된 주체의 상태>는 사실상 <다른 사람들의 자아와의 동일시의 성취>를 의미한다."

그리고 <다른 이들의 인식(존재)론>에 대해서는 **다르마키르티**의 <**산타나안타라-싯디**('타인의 존재' 논증)>를 보라.

³ 모든 인식의 본성은 최종 분석에서 **슛다-보다**(순수한 자각)에 있고, 그것은 이 형태에서 **요기**의 인식에 나타나야 한다. 그러나 정확하게 이것은 불가능한데, <**베댜**(vedya, 분화)의 상태로 내려가는 것>은 반드시 **슛다트바**(suddhatva, 순수한 것)의 결함을 수반하기 때문이다.

헬라라자는 바르트리하리의 바캬파디야의 주석에서 유사한 언급을 했다.
(필자가 약간 다듬었다. **꼼꼼히 읽어라. 그리고 이해하고 '내 것'으로 꽉 잡아라**.)

"그러나 '(이것은) 항아리의(에 대한) 인식이다'는 **인식**은 ('이것은 항아리다'라는) 인식의 형태 뒤에 오는 것이 아니다. 왜냐하면 <항아리의 인식에서,

대상을 지성(붓디)으로 가져오는 것>, 그것은 기껏해야 **'저것은 인식의 어떤 형태다'는 것을 지성에 가져올 수 있을 뿐이기 때문이다.**

<그것(즉 '이것은 항아리다!'는 인식)을 (바로 그 순간) **자각(自覺)하는(알아채는) 성격(보다-루파타)**> 혹은 '**의식성(意識性)**'은 정확히 말해서, '다른 어떤 누군가의 인식'(을 언급하는 행위)의 경우에서처럼, 그 안에 반영되어 있지 않다."

필자가 많이 하는 말이지만, 말은 어렵다!
위 문장에서 '**의식성(意識性)**'이란 말을 썼는데, 그 말의 의미는…, 국어사전적 의미는 다음과 같다.
"<깨어 있는 상태>에서, 자기 자신이나 사물에 대하여 인식하는 성질"
'**의식성(意識性)**'이란 아마도 아래 문장이 말하는 <최후의, 마지막 **지켜보는 자**>일 것이다.
"예를 들어, 누군가가 '나는 <나의 지켜보는 그 무엇>을 지켜보았다.'고 한다면, 그것은 터무니없는 말이다. 내가 <지켜보는 그 무엇>을 지켜보았다면, 그때의 그 <지켜보는 그 무엇>은 <지켜보는 나>일 수 없다. 바로 <그런 모든 것을 지켜보는 그것>이 (**최후의, 마지막**) <**지켜보는 자**> 즉 **의식성(意識性)** 혹은 '**나-의식**' 혹은 **신**이다." ⧗

< 6 >
"그렇게 그 '인식'이 내게 일어났다"로 표현된 그 기억은[1] <"(그것이) 내게 보였다"로 표현된 기억의 분화적 측면에서의 분석> 외에 다른 것이 아니다.[2]

"그렇게 그 '지각'이 내게 일어났다"로 제시된 그 기억은, 거기서 인식은 분리되어 언급되어 있는데, "(그것이) 내게 보였다"로 이해되는 <기억의 분석적 설명> 그 이상이 아니다. 그것은 정확하게 <아는 주체>에 있는 <시각적 지각에 대한 성찰적 자각>을 갖는 특징이다.

✍ [1] 이 **카리카**는 <'기억'을 '나는 이런 지각을 가졌던 것을 기억한다.'는 것으로 말해, 그 **지각이** 기억에서 **대상으로 나타난다**고 주장하고 싶어 하는 사람>을 논박하는 것을 목표로 한다.

[2] **아비나바굽타**는 IPV에서 이 절에 대한 다른 해석을 말하지만, **브릿티**의 해석을 지킨다. ⧖

< 7 >

 "나는 이것을 본다"거나 "이것은 항아리다"라는 형태로, <확정적인 인식> 역시 <시각적 지각>을 그 <확정적인 인식의 주체(主體) 안에 불가분(不可分)으로 내재하는 것>으로 여긴다.[1]

 또한 앞에 있는 대상에 대한 확정적 인식에서 – 그것이 "나는 이 항아리를 본다"이든 혹은 "이것은 항아리다"라는 형태이든 – (우리가) **알아채게 되는 <시각적 지각>은 <아는 주체>를 <그것의 구성적 실재(實在)>로서 갖는다.**[2]

 ✍ [1] 이 카리카는 <미분화된 지각(니르비칼파)을 따르는 **확정적 인식(아댜바사야, 비칼파)은 전자를 대상**으로 안다>고 말하는 것으로, <**인식의 대상화 불가능성의 원리**>를 **무효화하려는** 가상의 반론자에 대한 대답이다.

 (여기서는 그 <**근본적 실재**>로서 '**나**'의 필요를 보여주기 위해 **기억**에 적용했다.)

 <**기억**은 아누바와(직접 경험) 자체와 직접 연결되어 있지 않고 아댜바사야(확정적 인식)에 의해

걸러지고 결정되어서 **아누바와**(직접 경험)와 연결되기 때문에>, **아댜바사야**(**확정적 인식**)는 기억에서 핵심적 역할을 한다는 것을 기억해야 한다. 실제로 **아댜바사야**(**확정적 인식**)가 따르지 않은 **아누바와**(직접 경험)의 기억은 없다. 그러므로 **아댜바사야**(**확정적 인식**)에 대한 비판은 <기억에 대한 유추적 비판과 직접적 비판> 둘 다를 구성한다.

[2] <**확정적 인식**의 주체>인 그 '**나**'는 <**아누바와**(직접 경험)의 중심을 구성하는, 같은 그 '**나**'>이며, 비록 후자는 그 안에 그 '**나**'가 나타나지 않을 수도 있다. 즉 '나는 이 항아리를 본다'와 그 반대되는 '이것은 항아리다'로.

그러나 '**나**'가 없는(빠진) 것은 맞지만 본질에서 **아누바와**(직접 경험)와 관련되지 않고, 그 뒤따르는 **아댜바사야**(**확정적 인식**)의 특정 측면과 관련된다. 그것은 상황에 따라 대상적 요소(즉, 그것과 연결된 실용적 활동을 일으키려고 할 때) 아니면 주체적 요소를 강조할 수 있다.

< 8 >

그러므로 "저것이 나에게 보인다. 저것이 나에게 보였다."와 "이것", "저것"이라는 <성찰적 자각>이 있을 때, 두 요소는, <지각하는 주체>와 <지각된 대상>으로 나뉘어도 <(진정한) 인식자(프라마트리)> 안에 나타난다.

그러므로 <기억>이나 <일반적인 정신 활동>에서[1] - 둘 모두 <이전 지각>에 대한 성찰적 자각을 상정한다. - "이것", "저것"의 형태에서 **"지각"이라는 말이 (조금도) 들어가는 것도 없이 "대상" 부분만 명확하게 언급될 수 있다.**
그렇더라도, 모든 경우에서 <지각하는 주체>와 <지각된 대상>은, 비록 **마야**의 영향 때문에 분리된 것으로 보이더라도[2] **<하나인 인식자>** 안에 흡수된 것으로 나타난다.

✎ [1] 즉 '직접 지각'을 따르는 <**확정적 인식**(아댜바사야)>에서.

[2] <지각하는 **주체**>와 <지각되는 **대상**>의 분리는 우리가 그런 <이중 형태의 말>을 사용하(는 것을 보)기 때문에 그런 것뿐이다.

['높다' '낮다', '많다' '적다', '선(善)' '악(惡)'도 분리되어 있지 않다. 그러나 그런 <이중 형태의 말 세계> 속에 우리는 살고 있다.]

<사하비박샤(상호 밀접 욕망) 원리>에 기초해서, "그라햐(대상)-그라하카(주체)-타빈나브 아르타우" 에서 각 용어는 '자신'과 '다른 것' 둘 모두를 나타낸다. 사실 **그것들은 상호 의존적(안욘야펙샤)**이다.
그것들은 - "말"은 - "절대로" 상호 의존적이다!

"내가 <영적인 까닭>은 다른 사람이 <영적이지 않은 까닭> 때문이다."
"그녀가 <미인인 이유>는 다른 여자가 <미인이 아니기> 때문이다."

그래서 **지혜**(智慧)는 이렇게 말한다.

"나, 지혜는 어리석음을 먹고 산다!"

<대상>(이라는 말)이 있으면 <주체>라는 무엇이 있다는 것을 알 수 있다. 그 역도 똑같다. ⏳

제 5 장 <인식(認識)의 힘> (21절)

쉬바에게 경배하노니
거대한 동굴인 자신 안에 융해된 다양한 대상을
그는 그의 **지식의 힘**인 등불로 항상 비추노라.

앞에서 <**기억의 힘**의 본질>이 제시되었다.
이제 그 기억이 의존하는 <**지각의 힘**의 본질>을 스물한 절에서 자세히 설명한다.

[<표지 그림 설명>에서도 밝혔지만, 지식(知識), 인식(認識), 지각(知覺) 등은, 실제로, 동의어이다.
그것들을 자꾸 '다른 것'이라고 여기면서 가르는 일은, 영성의 길에서는 '바벨탑(塔)'을 쌓는 일일 뿐이라고, 영성 입문서인 성경은 아득한 옛이야기로 재미있게 들려준다.
필자의 의도는 분명하다. 그 수많은 (정치적이고 종교적인) **'말'의 가시**에 찔리고 눌린 이들에게 그 **'가시를 빼기 위한 가시'**를…….]

< 1 >
　<현재 나타나는 대상들>은 그것들이 내면에 있을 때만 외부로 나타날 수 있다.

　그러나[1] <직접 지각>에서도,[2] 대상들이 분리되어 나타나는[3] 것은 그것들이 오직 그 **인식자**(認識者)[4] 안에 흡수된다면 인정된다.

　✎ [1] 이는 <암묵적 반론>을 가리키며, 거기에 이 **카리카**가 대답하려는 것이다. 즉 (암묵적 반론은)

　만약 <직접 지각에서 대상이 '아는 주체'와 분화되어 외부로 나타나고, 기억에서 (**비칼파** 등에서도) 그것('아는 주체')과 결합되어 나타난다고 한다면>, 전자(직접 지각)에 대한 후자(기억 혹은 **비칼파**)의 의존성을 주장하는 것이 어떻게 가능한가?

　사실, 이 절은 <직접 지각에서 대상의 '외부성'이 이해되어야 한다>는 의미를 확립한다.

　[2] 여기서는, <대상의 직접적인 현존이 사라진> 기억 등과는 달리, 대상의 나타남이 현존한다.

³ 마음, 몸 등과 동일시된 <마야 인식자>와 분리되어

⁴ 절대적 의미에서 <유일의 진정한 **인식자**>, 즉 **지고의 의식**. ⧗

☯

<'현재 나타나는 대상들'은 그것들이 내면에 있을 때만 외부로 나타날 수 있다>…

문득 <카발라의 유명한 공식(公式)>이 생각나는 구절이다. 그리고 그것은 성경의 <주 기도문>에도 보인다(변형되어 나타난다).

"**하늘(내면)**에서 이룬 것 같이
땅(외부)에서도 이루어지이다"

우리는 이것을 **삼위일체경 『파라 트리쉬카』** - 그 비밀의 아비나바굽타 해석 - 에서
<**절대(絕對, '아눗타라')의 현현**> 등에서, 광범위하게 - 우주적으로 - 다루었다.

< 2 >
 만약 그것이 본질에서 <빛>이 아니라면, 대상은 이전처럼 <빛이 아닌 것>으로 남을 것이다.¹ 그리고 그 빛은 (대상으로부터) 분화되지 않는다. 빛이라는 것은 대상의 바로 그 본질을 구성한다.

 만약 그것이 <자신의 본성으로> 빛 즉 **인식자**를 갖지 않았다면, 항아리는, 마치 처음에 (인식자에게) 나타나지 않은 것처럼, 인식의 순간에서도 그렇지 않을 것이다. <대상이 나타나는 것(현현되는 것)을 이루는 것>은, <그것이 그 자신의 형태이고, 분리된 실체가 아닌 한에는> **빛**이다.²

 ✎ ¹ **의식**에 외적인 대상은 전혀 존재하지 않는데, 왜냐하면 그것은 **자다**일 것이고 **자다**인 것은 지식에서 빛날 수 없기 때문이다. (**쉬바-드리슈티** 4:29-31, 5:12 등)

 유식론(唯識論)에 자주 나오는 이 원리는 **프라갸카라굽타**의 **프라마나-바룻티카-알람카라**의 한 구절에서 명료하고 종합적인 공식을 갖는다. 즉

 [아주 중요하다! 그러나 우리는 '**영**(靈, 에너지)의

세계'에서는 안팎(외부, 내부)이 따로 있지 않다는 것을 (적어도 이론적으로는 이미) 알고 있다.
비갸나 바이라바에서 다루었다. 즉 **영이 안팎에 있다고 상상하라.**]

"만약 <파랑(색)>이 지각된다면, 어떻게 그것을 '외부적'이라고 부를 수 있겠는가? 또 만약 그것이 지각되지 않는다면 어떻게 그것을 '외부적'이라고 부를 수 있겠는가?"

더구나 유식론 등은 <파랑>과 <파랑의 인식>은 **결코 분리된 채로 지각되지 않는다**고 말한다. 그러므로 그것들은 다르지 않다.

² **샤이바** 입장을 공식화하며 **웃팔라데바**는 특히 불교와 **쿠마릴라**의 이론을 암묵적으로 비판한다.

불교도(크샤니카-바딘, 찰나멸론자)들에 따르면 <대상의 나타남(지각)은 일련(一連)의 순간들에서 일어난 '**빛나는**' 한 **순간**>으로 이해된다.
예를 들어, 항아리 등에서, <시각(視覺), 빛 등의 작용 같은 그런 원인의 동시적인 발생으로 결정된 **빛나는 순간**>이다.

반면에 **쿠마릴라**에서는 추가된 특성인 '나타나는 것(**프라카타타**)'이 **대상**에서 일어나며, 그것의 현존으로부터 <이전 인식의 행위>가 추론된다.

두 경우 다 **빛**이 분리되어 있지 않지만 - **웃팔라데바**도 주장하는 것처럼 - 그것은 소위 **대상 내부에서 완전히 해결되는 것으로 보여**, 사물이 어떻게 어떤 이에게만 인식되고 다른 이들에게는 인식되지 않는지 이해할 수 없(게 한)다.

웃팔라데바에 따르면 **<주체의 빛에 의해> 사물(그것의 본질은 빛)**의 조명이 있다!

스판다 카리카에서 크세마라자는 웃팔라데바를 인용하여 말한다.

"'<감각(즉 생명, **의식**) 없는 경우>에서의 인과 관계는 증명될 수 없다.'
그 (불교도의) 인과 관계를 (주체 즉 **아는 자**가 아닌) <무생물(**무의식적**)인 것>이 알 것인가?" ⧗

< 3 >

만약 빛이 (본질에서) 미분화이고 (대상으로부터) 분화되어 있다면, 그때 <대상적 실체>는 혼란할 것이다. <조명된 대상>은 그 자체가 빛이어야 한다. <빛이 아닌 그것>은 확립될 수 없다.

빛은, (그 자체에 관해서는) 절대적으로 미-분화이고 또 대상으로부터는 분화된 것으로 여겨져서, 모든 대상에 공통적일 것이다.[1] 이 경우에 대상의 제한은 ('이것은 항아리의 빛-인식이고 이것은 재료 조각의 다른 빛-인식이다.') 타당한 근거가 없을 것이다. 그러므로 대상의 확립(싯디)은 <그것(대상)의 본질이 빛이라는 것>에 달려 있다.

✎ 이 경문은 이렇게 번역할 수도 있다.

"만약 (의식의) 빛이 대상과 다르고 본질에서는 동질이라면, 한 대상과 다른 대상의 혼동이 뒤따를 것이다.
그러므로 현현된 대상은 빛과 다르지 않다. 왜냐하면 <빛이 아닌 것>은 존재한다고 말할 수 없기 때문이다."   (판데이 역)

¹ 즉 그것은 모든 대상을 무차별적으로 비출 것이다.

스판다 카리카 1:5에서 **크세마라자**는 이 절을 인용하며 말한다.

"<비밀 교의(敎義)>의 핵심을 아는 **웃팔라데바**는 **이슈와라-프라탸비갸**에서 말한다.

'나타나게 된 대상(對象)은 <**의식**(意識)**의 빛**>의 본성의 것이다. **빛**이 아닌 무엇은 존재한다고 말할 수 없다.'"

2절 주석의 **크세마라자**의 말과 관련하여 읽어라.

이 세상의 모든 것은 **빛**인 **의식**(意識)에서 나온 것이다. 그 **의식**을 우리는 <**식**(識)>, <**우주 의식**>, <**신**(神)>, <**절대 정신**>, <**영성**(靈性)> 등 다른 이름으로 얼마든지 부를 수 있다. ⏳

< 4 >

반론[1] : 미분화인 <의식의 빛>이 다양한 현현의 원인일 수 없기 때문에, <명확한 원인이 결여된 이 다양한 모든 현현>은 (그것의 <가능한, 유일한 원인으로) <외적인 대상>을 추론(推論)하게 된다.

반론 : <감각 없는 실체들>이 존재를 확립하는 것은 단지 그것들이 나타나게 된다는 것이고, 또 이것은 정확히 나타남(현현)을 그것들의 본질로서 가지고 있다. 그러므로 그것들의 진정한 실재는 <한 순수한 의식>에 있다. 의식에는 다양성이 없더라도, 일어나는 <대상들의 서서히 변하는 현현>은, <의식과는 다르고, 빛나지 않는, '외적인 대상'>을 그 원인으로 가정(假定)하게 한다.
이 추론은 **감각들의 존재를 확립(정립)하는 것과 유사하다.**[2]

✍ 이 경문은 이렇게 번역할 수도 있다.
"<(**의식**의) 빛(보다)>은, 본질에서 다양성이 없기 때문에 (확정적 인식에서) '현현의 다양성'의 원인이 될 수 없다. 그래서 이것(현현의 다양성)은, 지각할 수 있는 원인이 없기 때문에, '외적인 것(대상)'의 추론으로 이끈다."　　　　　　(판데이 역)

¹ 앞의 논증은 <유식론 같은 개념>으로 이끌 수 있다.

이를 약화(弱化)시키기 위해 **웃팔라데바**는 잠시 <**사우트란티카**(經量部)의 비판>으로 - 그는 최소한 그것의 동기에 대해 어느 정도 동의한다. - 그것을 반대하고, 이런 맥락에서 <후기 출처에서 알려진 그들의 교리> **바햐-아르타-아누메야-바다(외계 실재론)**를 제시한다.

바단타 슈바굽타가 지지하는 <**바햐-아르타-아누메야-바다**>는 **탓트와-상그라하**에서 언급, 비판된다.

만약, 유식론이 주장하듯이, <**의식**이 **아-빈나**이고 (다양성이 없고), 현상적 실재를 이루는 다양하게 분화된 **이미지**가 그것(**의식**)으로부터 출현하는 것을 설득력 있게 설명할 수 있는 다른 원인이 없다면>, 남은 일은 <외부 대상들의 존재>를 의식 안에 존재하는 <반영(反影, **프라티빔바**)의 근원(**빔바**)>으로 가정하는 것뿐이다.

<외부 대상의 존재>는 엄격히 말해 단지 추론할 수 있을 뿐(**니탸-아누메야**) - **비아티레카**(부정적) 방법에 의한 증명에 대해서는 **타르카-바샤** 참조 - **바이바쉬카**(說一切有部)의 개념에서처럼 직접 지각할 수 없다. 인식에서는 **아카라**(형상)만 중요하다.

[경량부, 설일체유부, 유식론 등의 개략을 알려면 <한글세대를 위한 불교>를 읽어라.

설일체유부의 '극미 실재론'에 대한 유식의 짧은 비판은 앞서 소개한 <유식무경(唯識無境)>을 보라.]

목샤카라굽타는 외부 대상의 실재에 관한 다양한 입장을 다음과 같이 요약한다.

"**사우트란티카**(경량부) 인식론에서 이는 <사물, 즉 '직접 지각의 대상이자 원인인 절대적 특수'가 담론적 사고의 여과된 **이미지**를 통해서만 - 가장 넓은 의미에서 **아누마나**(추론) - (불완전하게) 인식 가능하다>는 의미에서 이해되어야 한다.

만약 한편으로 '사물'과 '사물의 정신적 **이미지**' 사이에 절대적인 타자성이 있다면 - 그것은 본질적으로 **사만야**이다. - 그럼에도 거기에는 부인할 수 없는 조정(調整) 또한 존재한다. 하나가 다른 것의 원인이다."

경량부의 비판은 유식론의 입장을 약화시키는 데 성공하지 못했지만, <**샤이바**의 최종 결론(**싯단타**) 으로 정확히 표현되는, 일관되고 포괄적인 개념>의 필요성을 보여준다.

² **실제로 우리는** <감각>을 직접적으로 지각하지 않고, <감각을 통해 일어나는 **인식의 존재**>로부터 **감각의 존재를 추론한다.**

그렇지 아니한가? 지금 나에게서 일어나는 <그런 현상>을 잘 관찰해 보라. <그런 경험>이 없을 때, 모든 말이 어렵다!

아래의 5:8절과 비교하라. ⧖

< 5 >

바사나의 남은 흔적이 다양하게 다시 깨어난다는 것도 (다양한 현현의) 원인으로 여길 수가 없는데, 그 경우 새로운 질문이 일어날 것이기 때문이다. 즉 <무엇이 '그런 다시 깨어나는 일에서 다양성'의 원인인가?>

바사나의 남은 흔적의 <다양한 재(再)-각성>은 **의식** 밖에서는 일어나지 않고, 또한 이 재-각성의 원인이 무엇인지도 알 수 없다. 그러므로 <분화된 현현들의 원인>은 <**외적인 대상**>이 아닐 수 없다.[1]

✎ [1] <외적인 대상의 존재>를 주장하는 사람들의 주장은 예상되는 유식론의 반론에 대한 대답으로 계속된다. 두 반대자(유식론의 **바사나-바이치트랴**와 경량부의 **프라탸야-바이치트랴**) 간 논쟁의 자세한 설명은 **사르바-다르샤나-상그라하**에 있다.

<**외적인 대상**>, <**외적인 실체**>는 **바햐-아르타**를 말하고, 이는 다음 절에서 <실체의 최소 단위>인 **아누** 즉 원자, '극미(極微)'의 논쟁으로 이어진다. ⧗

< 6 >

  그럴지도 모른다(샷 에탓).[1] (그러나) 세속적 일상 활동이 그런 "현현들"만의 기초 위에서 성취될 수 있다는 것을 볼 때, <이성(理性)에 의해 뒷받침되지 않는 (의식 이외의) <외적인 실체>에 의지하고자 하는 것이 무슨 의미가 있는가?

  보통의 인간 활동은, 대상들이 나타나는 한, 정확하게 대상들을 통해 일어난다. 그러니 그것을 본질적인 '현현(아바사)'으로 보고, 더 이상은 아니라고 여기는 데 무슨 해가 있겠는가?[2] 그 경우 더 이상 외적인 대상에 의존할 필요는 없는데, 그것만으로 실용적인 실체가 완전한 기능을 하게 하는 데 충분하기 때문이다.

  더구나[3] 외적인 대상은 <올바른 인식>의 기준에 모순된다. 즉 이것은 만약 그것이 부분을 갖는 것으로 여긴다면 그러한데, 왜냐하면 이것이 그것에 대조되는 성질 등을 부여하게 되기 때문이고, 만약 그것이 부분을 결여한 것으로 여긴다면, 그것 또한 여러 면에서 모순되는데, 그것이 공간의 여섯 방향 등과 동시에 접촉하기 때문이다.[4]

✎ ¹ 이 시점에서 저자는 **바햐-아르타-바딘**(외적 실재론자)의 반론을 표명한 후에 일인칭으로 토론한다. (동일한 주제가 유식론에서도 있을 수 있다).

아비나바굽타는 '**그럴지도 모른다**(syad etad)'에 두 가지 해석을 한다. 하나는 '반대의 논지에 대한 부분적인 승인'과 **킴투**로 소개된 '이해해야 할 그 자신의 설명'이다. 또 하나는 '반대자의 논지에 더 설득력 있는 다른 논지, 즉 자신의 논지를 더하는 것'이다. (**브릿티**는 두 번째 해석일 것이다.) 그러나 그 일반적 의미는 똑같다.

² 이것에 의해 <정확하게 그렇게 자체가 '추론된' 외부 대상들은 - 즉, 추론을 통해 조명되고, **의식에 가져온** - **그것들의 본질인 의식의 빛**과 분리될 수 없다>는 것이 이해된다. 왜냐하면 만약 그것들이 그것의 밖에 있다면 <그것들에 대한 지식>이 없을 것이기 때문이다(I,5:9 참조). 이런 의미는 **아비나바굽타**가 채택하고 발전시켰다.

³ 앞줄의 근본적인 부정적 이유 다음에 추가적 이유가 제시된다. **웃팔라데바**의 발언은 유식론과 동일하다. **빔샤티카**(唯識二十論) 11-15와 **브릿티**, **트림쉬카**(唯識三十頌) 1절에 대한 **스티라마티**의

바샤, 알람바나파릭샤(觀所緣論 혹은 無相思塵論) 1-5 등을 보라.

특히 예시로 든 **빔샤티카**의 논증은, 후대의 저자들이 종종 채택하며 **웃팔라데바**도 암시적으로 언급한다. **빔샤티카** 11은 다음과 같다.

"대상은 <하나>가 아니다. 그것은 많은 원자들로 구성된 <다중>도 아니다. 또 그것은 덩어리로 된 (집합된) 이들 원자들로 이루어지지도 않는데, 왜냐하면 원자(극미)는 확립(성립)되지 않기 때문이다."

첫 번째 논지는 대상을 <개별 실체(드라비아)>, <부분의 복합체로 형성된 전체(아바야빈)>로 보는 **바이셰쉬카**에 속한다. 불교 전통은 모두가 <단지 정신적 구성물>인 **아바야빈**을 거부한다.

두 번째 논지 또한 <지각할 수 없는 원자들>을 만약 개별로 취하면 <그 **아바야빈**을 구성하는 부분들인 것>으로 보는 **바이셰쉬카**에 속할 수 있다.

세 번째 논지는 <설일체유부>와 <수정된 형태로 경량부>에 의해 옹호된다. 그리고 <설일체유부의 개념>에 대한 <경량부의 비판>은 **아비다르마-코샤-바샤**(阿毘達磨俱舍論)의 여러 곳에 나온다.

유식론은 <원자 덩어리(결합, 집적) 이론>을 거부한다. (삽십송 1절, 이십론 12-15 등 참조)

이 논지를 뒷받침하는 **아비다르마** 구절의 하나는 "**산칫알람바나 판차 비갸나카야**"이다. 이는 또한 <직접 지각이 어떻게 **아비칼파카**를 유지하는 동안 한 무리의 실체를 대상으로 갖는 것이 가능한지를 보여주려고 하는> **디그나가**가 인용했다. **마노라타난딘**은 **프라마나-바룻티카**(量評釋) 3:194에 대한 그의 주석에서 인용했는데, 거기에서 **디그나가**의 논란이 많은 진술에 대한 **다르마키르티**의 방어가 시작된다.

다르마키르티에 따르면, "다른 것들(즉 원자)과 밀접한 관계로 생성되는 – **마노라타난딘**은 '가까운 거리에'로 주석 – 다른 원자(극미)들을 '덩어리로 뭉쳐진(집적된) 것'이라고 부른다. 그것들이 지식이 일어나는 원인이다." 이런 식으로 **다르마키르티**는 덩어리 즉 집적(集積)이 원자 즉 극미(極微) 자체와 다른 것이 아님을 보여주려고 한다. 그러나 경량부 관점에서 표현된 이것 역시 **스티라마티** 같은 유식론자에게는 전혀 용납될 수가 없는데, 그는 내적 모순을 지적하는 것으로 (삼십송 1절에 대한 그의 **바샤**) 결론을 맺는다.

[4] 설일체유부의 **아누삼차야-바다**에 대한 비판적 암시이다. 만약 <궁극의 실체>, 원자(극미, **파라마-**

아누)가 부분을 갖지 않는다면, 이것이 어떻게 다른 것과 결합(집적)될 수 있는지 이해가 되지 않은데, 결합(집적)은 정의로 보면 오직 <그것이 소유하지 않는 부분들 사이의 접촉>을 통해서만 가능하다.

[좀 더 자세한 논지를 알고 싶은 분들은 앞에서 추천한 책들을 읽어라. (그러나 이 책은 더 깊다!)

힌두교의 **바이쉐쉬카** 등과 불교의 **설일체유부**와 **경량부**, 그리고 **유식론**의 논점(論點)을 하나씩 간단하게 파악하는 일은 (시간이 많이 있다면) 즐거운 일이다. **學而時習之**…….

그러나 **웃팔라데바**는 어딘가에서 말했다.

"나는 <'**그것에 대해 온갖 종류의 관계없는 말을 하고 그들 자신의 경험을 부정한 이들**'로 더럽혀진 **주체**>를, 명확한 논증으로 그들을 침묵시킨 후, 그 **주체**의 본질을 밝혔다."

그리고 **아비나바굽타**도 비마르쉬니에서 명확히 논증한다. <(그 쓸데없는 말의) 가시를 **빼기 위한** (그 정교한 말의) 가시>로.] ⧖

< 7 >

진실로 <의식적인 존재(the Conscious Being)>, 신(神)은, 요기처럼, 물질적 원인과 무관하게, **그의 자유 의지(自由意志)**만으로, **그**의 안에 있는 수많은 대상을 외적으로 나타낸다.[1]

그러므로 **그**의 주권으로, 항아리, 천 등의 수많은 사물(대상)을 외적으로 현현하는 것은 오직 <**의식 원리**>이다. 그것(대상)들은 바로 **그의 자아**에 의해 알려지는 것으로 자동적으로 나타난다.[2]

그의 힘은 무한하기 때문에, 이 <대상적 실재의 외적인 현현>은 진흙 등 그런 원인에 의존하는 것 없이 그의 **의지(意志)**만으로 일어난다.

✎ [1] **쉬바-드리슈티**는 이렇게 말한다.

"<마치 다양한 형태가 **요기의 의지**로 생겨날 수 있고, 그리고 거기에는 진흙이든 다른 어떤 것이든, **주의 의지**와 떨어진 어떤 외적인 수단이 없듯이>, 똑같은 방식으로 **실재**를 생겨나게 하는 것은 **주의 의지**이다."(1:44-45ab)

또 3:35-37도 보라.

<"**요기의 의지로**" 생겨나게 하는 것('奇蹟')>을 우리 주변에서는 잘 볼 수 없다. 저 **인도(印度)라고 해도 믿을 만한 것이 못되는 것이 대부분이다.**
   [1984년 KBS에서 생방송된 유리 겔라라는 이의 '숟가락 구부리기'는 우리를 흥분시켰으나 그 뒤에 그것이 '마술'로 강등(降等)되었다고 한다.]

   <남에게 보여주기 위한 초능력>은 반드시 필요한 경우가 아니면, 그것은 독(毒)이 될 뿐이다.
   (파라 트리쉬카 628-629쪽을 보라.)

   [2] "**스와-아트마-루파타야-우파판나-아바사남**" 즉 "그것(대상)들은 바로 **그의 자아**에 의해 알려지는 것으로 자동적으로 나타난다."
   아비나바굽타에 따르면 **우파판나**는 **자아**로서 이 현현이 <**증명되어야 하는 것**>이 **아닌**, 그 자체가 당연하고 자명함을 강조하려는 것이다. 본문에서 이 표현은 **칫-탓트와**(**의식 원리**)에 동등하게 관련될 수 있다. "**자아**로서 자발적으로 나타나는 **그것**"

   <① 프라마트리(주체, **아는 자**) - ② 프라마나(지식의 수단) - ③ 프라메야(대상, 알려지는 것)>에서 **프라마나** 자체가 **프라마트리**에 빚지고 있기 때문이다. 그러므로 다음 셋은 똑같은 뜻이다.

❶ **신**(神)은 **증명**(證明)될 수 없다!
❷ **나**는 (언어에서나 상상이 아니라면)
   나를 **대상**(對象)으로 대할 수 없다!
❸ <**인식**하고 있는 순간> 그 자체를
   동시(同時)에 **인식**할 수는 없다!

위 세 번째는 아래와 같이 여러 가지로 읽을 수 있다.

  <**생각**(하고 있는 순간)> 그 자체를
  동시(同時)에 **생각**할 수는 없다!

  <**자각**하고 있는 순간> 그 자체를
  동시(同時)에 **자각**할 수는 없다!

  <**의식**하고 있는 순간> 그 자체를
  동시(同時)에 **의식**할 수는 없다!

또 첫 번째는 이런 표현도 가능할 것이다.

  '**나**'와 **신**은 결코 **만날** 수 없다!
  - <만난다는 것>은 '만나는 것(들)'이 서로가 '다른 것'일 때만 가능하다. ⌛

< 8 >
 만약 <이것의 대상인 그 사물>이 이전에 '직접적으로 지각'되지 않았다면, 추론(推論)에 대해서도 말할 수 없다. 이것은 감각에 관한 경우와 같은데, 그것의 <직접 지각>은 씨앗 등 그런 원인의 특성을 지닌 **실체**의 인식을 통해 일어났다고 할 수 있다.[1]

 추론(推論)은 <'이전에 **의식**에 나타났고, (그렇게) **의식** 내부에 있는 사물'을 그것의 대상으로 갖는 성찰적 사고의 행위>이다. 그것은 항상 이 **실체**에 수반되는 <대상에 대한 **직접**적인 **지각**>에 기초하여 일어나며, 이런 혹은 저런 확정적 시간과 장소와의 (이 **실체**의) 연결을 포함한다.[2]
 감각 역시 오직 부분적으로 또 일반적으로, 원인으로 추론되는데, 이것은 사실 이전에 <씨앗 등의 **지각**(**인식**)을 통해> **의식**에 직접적으로 존재했다.[3]

 ✎ [1] 이것과 다음 **카리카**는 추론을 조사하는데, 이것(추론)을 **바햐-아르타바딘**('외계 실재론자')들이 <외부 대상의 존재>를 확립하는 데 사용하기 때문이다.

 [간단히 이것을 우리는 이렇게 파악할 수도 있다.

만약 이 "<파랑>과 <파랑의 인식>은 결코 분리된 채로 지각되지 않는다!"고 한다면, 우리는 지금
"<추론>과 <추론하는 자(의식)>를 결코 분리된 채로 인식하지 않는다!" 그렇지 않은가!]

<의식(아바타, ābhāta)에 이미 직접적으로 존재하는 대상>에 작용해야 하고, 또 그래서 앞서 보았듯이 <내부적이고, 그것(의식)에 동질의 것>이어야 하는 불가피한 필요성을 언급하며, **웃팔라데바**의 목표는 추론이 <'**의식**과는 절대적으로 다른 어떤 것'의 존재> 즉 <바햐-아르타(외계 실재)의 존재>를 확립할 가능성을 배제하는 것이다.

이것을 위해 그는, 앞으로 보겠지만, **프라티악샤(프라탸쨔)토드리슈타**(지각적 인식) 안에 **사만야토드리슈타**(일반적 인식)의 개념을 포함시킨다.

[* '**프라티악샤**'는 '**프라탸샤**'(넉 字)가 더 좋으나 '**프라탸샤**'처럼 현재 **양재본목각체M**으로는 "탸"을 표기할 수 없어 <이런 식("ㅣ + ㅏ = ㅑ")> 등으로 처리했다. 필자의 책에서는 <그런 것>이 더러 있다.
'**프라탸쨔**', '**쉐이비즘(샤이비즘)**' 등도 이런저런 이유로 그랬다.]

² 추론에 대한 이런 정의는 인식 행위의 방식을 언급할 뿐 아니라 - 이 마지막 문장에서 명확하게 된 것처럼 - 그것은 '**(추론) 그 자체**'를 <(명확한 시간과 장소에 의해 **특정된**) **의도적 활동이 가능한** 대상>으로 **제안할(내세울) 수** 있는 <**한** 대상의 **존재**("**실체**")>를 **증명하는 것**을 그 목표로 한다는 것을 조심스럽게 덧붙이고 있다.

추론(推論)의 영역이 '일반(적인 것)'에 의해 구성되는 것이 사실이지만, 그것의 궁극적 적용은 '특별(한 것)'에 있다. 즉
 추론의 '유용성'은 <예를 들어, 지금 이 순간은 직접적으로 지각할 수 없으나 결과적으로는 행동(인정)하게 하는, '확정적인' 어떤 불의 존재를 확립하기 위해>, <**추상적인 개념만이 있는 논증을 통해 받아들이는(수용하는) 것**>으로 **구성된다**.

³ 바햐-아르타바딘에 따르면, <지각(知覺)이 일어나는 것으로부터 '감각(感覺) 역량'의 존재가 증명되는 것처럼>, - 후자가 결코 직접적으로 지각되지 않더라도 - <외부 대상('**물질**, **극미**')의 존재>는 <**아바사**(양상, 樣相)의 존재>에서부터 추론할 수 있다.

그러므로 우리는, 예를 들어 **자얀타**에 의해 이해된 것처럼 <일반적 상관관계(**사만야토-드리슈타**)>에 기초한 추론을 가지고 있다. - 거기서는 대상이 '직접적인 인식(지각)'에 접근할 수 없이 있으며 또 계속된다.

웃팔라데바는 <이 경우에 추론되는 것은 '감각 역량', 즉 '그것의 특정한 개별성 안에 있는 그런 것'이 아니라 **그것의 원인의 일반적인 성격**'으로 - 그러므로 그것이 구성된 많은 **아바사**의 하나일 뿐이다. - 그것은 씨앗처럼 그런 무한한 수의 다른 대상과 공유하며, 그 안에서 그것은 전에 여러 번 지각되었다>고 대답한다.

그러므로 여기에서 역시, 우리는 **프라티약샤토**(지각적)-**드리슈타**의 경우에 직면하게 되는데, 그 안에는 일반적 측면에 한정된 지각이 있고(**사만야토-드리슈타**, 그러나 **샤이바** 용어의 의미로), 앞서 언급한 결과가 따른다.

냐야-바샤를 쓴 **바짜야나** 이후 **프라티약샤토**와 **사만야토-드리슈타**(일반적 지각)라는 말은 다양한 방식으로 이해되어 온 것을 기억해야 한다. ⌛

< 9 >

그러나 <빛 외부에 있는 (그것과 완전히 무관한) 대상>은 의식에 전혀 나타나지 않았다. 따라서 그 존재는 추론을 통해서도 확립될 수 없다.

현현의 외부에(밖에) 있는 대상은 항아리 등으로 전혀 현현하지 않았는데, 이는 논리적으로 지지할 수 없기 때문이다. 그래서 그것의 존재는 추론으로 조차도 확립(성립)될 수 없다.

✍ 아비나바굽타는 IPV에서 말한다.
"그러므로 <'외적인 것'을 확립하기 위해 도입된 모든 논증>은, 오히려 그 반대로, 이른바 '외적인 것'의 **내면성**(內面性)을 증명한다.
… '지각할 수 있는 것으로'든 아니면 '추론할 수 있는 것으로'든, <빛이 아닌 외적인 것>은 결코 빛나지 않았다."

성경의 바울은 말한다.
"어떤 이들은 시기와 분쟁으로 하나니 …
 어떤 식으로 하든지 전파되는 것은 그리스도 즉 **영성**(**내면성**)이라" ⌛

< 10 >

수많은 것들이 주의 자아에 쉬면서 빛나지 않을 수 없다. 그렇지 않으면 <의지인 '성찰적 자각'의 그 행위>는 생겨날 수 없을 것이다.

본질이 **의식**인 **주의 자아**에서처럼, 그렇게 또한 대상적 실재 그 자체에서도 분화 없이 빛나는 것이 있다.[1] 그렇지 않으면 <창조자의 상태를 구성하며, 필연적으로 (**주체**에게) 이미 빛나고 있는 대상들과 관련되는> **의지**의 형태인 '**성찰적 자각**'은 존재할 수 없을 것이다.[2]

✍ [1] 모든 이원성과 분열을 넘어 빛나는 **자유**는, 이는 **자아**에 특유한데, <**이단타**(대상성)의 조건이 발달하지 않는 그런 방식에서, 사물(대상)이 **자아** 속에 잠길(몰두될) 때, 사물에까지 또한 확장하는 상태>이다.

[2] 모든 수준에서 어떤 것을 생산하려는 **의지**는 <어떤 방식으로든, **의식**에 이미 현존하며 '빛나고' 있는 대상>을 전제로 한다. **의지**는, 그렇기 위해, <안으로부터 그것을 '제한하고' 그것에 어떤 내용을 주는> 원하는 대상과 연결되어야 한다. 그러므로

주의 의지는 <**주체**로부터 분리된 것이 아닌, '**나**'가 빛나듯이 빛나는> **대상적 실체 전체**가 빛나는 것을 전제로 한다. 더구나 **의지는**, '성찰적 자각'의 특별 형태인데, 이미 본질에서 우리가 그것이 분리될 수 없이 연결되어 있음을 아는 '**빛**'**의 존재 증거**이다.

스판다 카리카 1:1의 주석에서 **크세마라자**는 이 절을 (자유롭게) 인용한다.

"존재계 전체는 외부로 나타난다. 그것이 이미 **주의 참나** 안에 존재하기 때문이다.
<존재계 그것이 그의 안에 존재하는 것 없이는>, 나타나려는 어떤 욕망(의향)도 없을 것이다." ⌛

< 11 >

빛의 핵심적 본성은 <성찰적 자각 즉 비마르샤>이다. 그렇지 않으면 빛은 대상에 의해 '채색(彩色)'되더라도, 수정(水晶) 등 그런 <감각 없는 실재>와 유사할 것이다.[1]

<성찰적 자각(프라탸바마르샤)>은 빛의 일차적인 핵심을 이룬다. 이 <성찰적 자각("회광반조")>이 없으면, 빛은, 대상이 그것에 다른 형태를 떠맡도록 하더라도, 단지 "투명할" 것이다. 그러나 **"맛보는 일"**이[2] 없기 때문에 감각적이지 않다.

✎ [1] 스판다 카리카 1:5 주석에서 **크세마라자**는 이 절을 인용한다.

"인간은 <**의식의 빛**>의 본성인 **비마르샤**를 안다. 그렇지 않으면 사물을 비추는 빛이라고 할지라도 저 수정(水晶)처럼 무감각할 뿐일 것이다."

[2] **차맛크리티, 차맛카라** 즉 **"맛보는 일"** 혹은 **"맛"**은 카시미르 쉐이비즘의 키-워드 중의 하나다. <**숭고미의 미학**(味學)> 등에서 다루었다.

아비나바굽타는 IPVV에서 다음과 같이 말한다.

"**차맛크리티**는 <사람의 **맛보는** 행위(**분자나샤**)> 즉 <완전한 '결실의 성취'로 구성된 **지복**(至福)>을 의미한다."

그는 **분자나**는, <게걸스러운 식충이>와는 달리, 달콤함 등의 그런 <**맛보는 일**(吟味)>에 몰입하는 이로, 그 경험을 <**인식하는 주체**>에 쉬도록 하게, 즉 <'**주체**' **부분**>을 <'**대상**' **부분**>보다 두드러지게 만든다고 설명한다.

그러므로 **차맛카라**는, 그것의 최고의 형태에서, <맛보는(만끽하는) 행위>와 <완전함>, <절대 자유>, <장애물이 없는 **의식**>, <그 최종 분석에서는 자기 자신과 자신의 **지복**을 맛보는 일>로, 이는 대상적 세계의 모든 장막이나 중재를 피하고, 시와 연극의 미학적 경험에서 갖는 상대적이고 순간적인 초월을 넘어간다.

주석되거나 밀접하게 관련되는 용어로는 그것의 주요 구성요소에 따라 <**인식**(認識)>, <**지복**(至福)>, <**경이**(驚異)>로 나눌 수 있다. 즉 첫째 <**인식**>에는 비마르샤(프라탸바마르샤 등), 차르와나, 아스와다, 라사나, 프라티티.

둘째 <**지복**>에는 아난다, 니르브리티, 비슈란티, 라야.

셋째 <**경이**>에는 비스마야, 비카사.

<**경이**>의 의미는, 수사학과 미학에서 또 비-전문 분야에서 많이 사용되며, <나의 현실이 그 본래의 '처녀지' 상태로 돌아가는 데 따르는> **경이**와 **경악**, <그런 경험이 내게 작용하여, '나'와 '내 것'이라는 망상에서 자유로워지는> **변형**과 관련된다.

웃팔라데바가 이 단어를 처음으로 의미심장하게 사용한 것 같고, **크셰마라자**가 **아슈차랴마나타**로 주석한 **쉬바 수트라** 1:12의 "비스마야"와 **웃팔라데바**가 **차맛카라**로 정확히 주석한 **쉬바 드리슈티** 1:7의 "아모다"는 매우 유사한 개념인 것 같다. ⌛

< 12 >
정확히 이 이유로, 자아는 <'이 활동의 주체'라는 뜻에서 '의식의 이 활동'을 의미하는> "**감각성(차이탄야, 의식성)**"으로 정의되었다. 사실 자아가 <감각 없는 실재>와 다른 것은 감각성 때문이다.

감각성(感覺性)은 - 즉 <**의식**의 힘>, 지각력 - 한 특성(바와)이더라도,[1] <'감각 없는 실재'로부터 **그것**을 구별 짓는 것>이 되는, <**기층**(基層) **자아**> 즉 "**우주 의식**" 혹은 "**빛**"의 일차적 본성이라고 - <**성찰적 자각**> - 말해 왔다.
<의식적이 되는 이 활동>은 정확히 <그런 활동의 주체가 되는 것>을 의미한다.[2]

✎ [1] 여기의 **바와**는 (**기층 자아**의) "특성(구나)"이라는 의미로도 이해될 수 있다. 일반적인 의미('존재', '대상')는 기본적으로 똑같다.

[2] "의식적이 되는"일은 <**기층**(드라비아, 다르민) '**자아**'>의 속성(다르마)이고, 그것은 사실 탁월한 **드라비아**(실체)인데, 모든 것이 구별 없이 **그**에게서 쉬기 때문이다.

쉬바 수트라가 1:1에서 "**의식(意識)이 나다.**" 즉 "**자아(나)는 의식성(감각성)이다.**"로 선언하는 것은 - "자아(나)는 의식적이다." "나 안에 감각이 있다"라고 말하는 대신 - 이 특성이 다른 모든 것보다 절대적으로 탁월한 것을 강조하는 의미이다. 사실, 영속성, 무형상성(無形像性) 등은 다른 실체에서도 있는 반면, **의식**은 오직 자아에게만 있고 그것만이 그것을 특징짓기에 충분하다.

카탸야나는 파니니의 **바캬-파디아**의 주석에서 말한다.
"추상 접미사 '-tā'와 '-tvam'은 - **의식성** 혹은 **감각성**에서의 '~성(性)'은 - <드라비아(실체)에서, 그것의 현존의 질(質)이 이름의 적용을 결정한다>는 것을 가리킨다."

차이탄야의 특별한 경우 추상은 특히 중요하다. **아비나바굽타**가 말하듯이 **체타나**는 **크리단타**로, 그래서 그것의 추상은 '관계(삼반다)'를 나타내며, 그 관계를 통해 두 가지 관련된 요소, <주체>와 <지각하는(의식적이 되는) 행위>를 나타낸다.

아비나바굽타의 논증은 아래의 문법적인 격언을 암묵적으로 기초한다.

"(추상적인 명사 접미사가) 복합어(합성어), <일차 파생 접미사로 형성된 단어>, <이차 파생 접미사로 형성된 단어>에 접미사로 붙을 때, (앞에서 언급한 유형의 단어가) 관용적이거나, 동일한 음운 형태를 (일반적 속성이나 보편을 표현하는 말로서) 갖거나, 불변의 관계를 지칭하는 (때를) 제외하고는, '관계(關係)'를 지칭한다."

이것은 **바캬-파디야**에 대한 주석인 **헬라라자**의 **프라키르나카-프라카샤**에도 인용된다. ⌛

< 13 >

의식은 그 핵심적 본성으로 성찰적 자각(프라탸-바마르샤)을 갖고 있고, 그것은 자유로이 일어나는 <지고의 말씀(파라-바크)>이다. 그것은 절대적 의미에서 자유이고, <지고의 자아("나")>의 주권(主權, 아이슈와랴)이다.

이것은 <태초(太初)의 말씀(아댜-바크)>이고,[1] 그 안에서 표현 가능한 것은 미분화이며,[2] 시작도 끝도 없는 <영원한 의식>으로 구성되고 또 자율적이다. 이것이 "주권"이라는 이름의, 다른 어떤 실재와도 무관한(독립적인) <순수한 자유>이다.

✎ [1] 브릿티는 <"말씀"의 수준>에 머물지 않고, 그 <최고의 수준("태초의 말씀")>을 언급한다.

반대로, 이 주제는 IPVV에서 볼 수 있듯이 소마난다가 쉬바 드리슈티 2장에서 시작한 문법학파(바이야카라나)와의 논쟁이 다시 제안된 티카에서 발전되었다. 잘 알려진 대로, 문법학파(특히, 바르트리하리)는 "말(바크)"을 4 단계가 아닌 3 단계로 구분하여, 결과적으로 최고의 수준을 파쉬얀티와 동일시했다는 이유로 비판을 받는다.

<**말(바크)의 수준(단계)**>에 대한 자세한 설명은 <**삼위일체경 파라 트리쉬카**>를 보라.

(참고로 파라 트리쉬카는, 이 책 **신-인식경 이슈와라 프라탸비갸**처럼 극소수만이 이해할 것이다.)

보통 **바르트리하리**를 3 단계 구분의 옹호자로 생각하나 **바캬-파디아**는 <**파쉬얀티의 최고 형태**>(좀 의심스런 해석이다) 또는 <**파라 프라크리티**>로 볼 수도 있는 더 높은 수준을 암시한다.

참고로 문법학파 중에는 **나게샤**만이 명시적으로 4 단계 구분을 지지한다.

[2] **아비나바굽타**는 티카에 나오는 **아빈나바챠**에 대한 세 가지 해석을 말한다. 즉 **샤슈티** 혹은 **판차미사마사**와 **카르마다라야**, 즉 "그것 안에(그것으로부터) '표현 가능한 것'이 미분화되어", "미분화로 지정되어".

이 절은 **파라 트리쉬카**에서 인용했다.

"**의식**은 그 핵심적 본성으로 <반성적 자각(회광반조)>을 가진다. 그것은 자유롭게 일어나는 **지고의 말씀**(파라 바크)이다. 그것은 절대적 의미에서 **자유**이고, <**지고한 참나**>의 **주권**(통치권)이다.

주(註) : 이것은 <첫 번째(**원초적**) **말**>로서, 그 안에는 <표현될 수 있는 것>은 분화되어 있지 않고, 그것 안에는 시작도 끝도 없고, 그것은 <끊임없이 계속되는 **의식**>과 **절대 자유**로 구성된다. 이것은 순수한 자유이고, 다른 어떤 실재로부터도 독립적이고, 그것은 '**주권**(主權)'이라는 이름을 가진다."⌛

< 14 >

그것은 <빛나는 진동(스푼랏타)>이고,[1] 시공간에 의해 변하지 않는 <절대적 존재(마하-삿타)>이다.[2] 그것은 그것이 그의 본질(핵심)인 한, <지고의 주의 가슴(흐리다얌)이라고 하는 그것>이다.

그것은 본질에서 <빛나는 진동>이며, 그것은 이 <빛나는 진동의 주체>이고, <비-존재의 대응물>로 이해해서는 안 되지만, 그것은 또한 <비-존재>에 편재(遍在)하고, 그것은 존재하고 있고, 존재이며, <존재의 행위의 주체>이다. 시간과 공간에 닿지도 않기에 영원하다.

그것은 <**의식**의 활동의 힘>이며, 그것의 본질은 <성찰(반성)적 자각>이다. 그것은 곧 만물(萬物)인 <**지고의 주**>의 **자아(나)**의 기초를 구성한다. 여러 **아가마**(경전)는 그것을 "**가슴**"이라고 부른다.[3]

✎ [1] 스푼랏타와 또 (그것과) 밀접히 관련된 용어 스판다는 <부동(不動)의 동(動, 움직임)>이란 역설적인 특성 때문에 파라메슈와라의 '**지고의 샥티**'를 나타내는 데 특히 적합하다. **아비나바굽타**는 **킨칫 찰라남**에서 **킨칫**은 <움직임이 없는, 견고한 어떤

것 안에서의 움직임과 동요의 모습>을 나타낸다고 한다. 일반적 용법에서도 형용사 **스판다밧**은 <많은 숙고의 자유가 가득한데도 견고히 확립된 사람>을 가리킨다. 스판다와 비교해 스푸랏타는 "번쩍이는, 빛나는"의 뜻도 포함한다.

'마마 스푸라티 가타'라는 말은 "**<나에게 속하는 이 '빛나는-진동'>이 대상(對象)으로 이전되었다.**"는 의미에서만 할 수 있을 것이다. 진실로 말하자면, 그것이 "**나**"다. - 그것의 본질은 **빛**이다. - '**나**'는 **<의식의 본성에서 '부분적으로' 벗어나거나, 어떤 의미에서, 전혀 벗어나지 않고> 대상(對象)으로서 빛나고 진동한다.**

[전정백수자(前庭栢樹子) 등은 이런 의미이다.]

² 바르트리하리의 '마하-삿타'의 개념은 참고할 만한 것이다.

"그것은 <그것이 현존하는 대상에 따라 분화된 존재(삿타)이며, **보편성**(普遍性)이라고 부른다. 모든 **말**(단어)은 그것에 기초한다. 그것은 어간(語幹)과 어근(語根)의 의미이다. 그것은 영원하고, 그것은 위대한 영혼이다. 그것은 접미사 '-tva'와 '-tal'의 의미이다."

말은, 사람이 <그것이 보편(자티, 사만야)을 나타 낸다는 이론>을, 아니면 <개별적 실체(드라비아)를 나타낸다는 이론>을 받아들이든, (**말의**) 모든 것은, **마지막에는 <가장 일반적 형태에서 순수한 존재>**, 마하삿타 즉 **<어떤 것(내용)으로도 한정(특정)되지 않는 삿타>를 표현한다.**

이것은 (성취된 실체와 관련되는) 명사(名詞)뿐만 아니라 (성취될 과정을 표현하는) 동사(動詞) 어근 에도 유효하다. 소위 이 **<보편(성)들의 보편성(마하 -사만야)**은, 만물 속에 현존하고, 비-존재(**아-바와**) 까지도 포용하는데, **브라흐만** 그 자체이다.

여기서 잠시, 필자의 말을 따라, 느껴보라!

내가 - "나"라는 이 어떤 것이 - "말을 한다"는 현상을, 그것을 가만히 느끼면서 지켜보면, 그것은 **신비(神秘) 중의 신비**이다.

[3] "**가슴**"에 대해서는 **파라 트리쉬카**의 해당 부분 및 Muller-Ortega의 책 『The triadic **heart** of Śiva』를 참조하라.

이 절도 **파라 트리쉬카**에 인용했다.

"그것은 <빛나는 진동(스푸랏타)>이고, <절대적 존재(마하-삿타)>이고, 시공간에 한정되지 않는다. 그것은, 그것이 **그**의 핵심인 한에서는, **지고의 주**의 **가슴**이라고 말한다.

주(註) : 그것은 본성에서, <빛나는 진동>이고, 이 <빛나는 진동의 주체>이다. 그것은 <존재하지 않는 것(비존재)>의 대응관계로 이해할 수 없지만, 그것은 또한 비존재로 편만하다. 그것은 존재하고 있으며, 현존(現存)하고, 존재의 행위의 주체이다. 그리고 영원하다. 시간과 공간으로는 닿을 수 없기 때문이다. 그것은 <**의식**의 활동성의 힘>이고, 그의 핵심은 <반성적 자각(회광반조)>이다. 그것은 <모든 것인> 지고한 **주** 그 자신의 기초를 구성한다. 여러 경전들은 그것을 '**가슴**'이라고 부른다."

< 15 >

정확히 이것 때문에 그는 자신을 <인식의 대상인 (그) 실체>로 변형한다. 그러나 이 대상은 (주체로부터) 독립적으로 존재하지 않는다. 만약 그가 그것 쪽으로 향한다면[1] 그의 자유는 멈출 것이다.

그런 **순수한 자유** 덕분에, 그는 <자신의 외부에 기초하는 어떤 대상>도 알지 못하지만, 그의 힘은 거리낌이 없어(구속을 받지 않아) <인식의 대상이 아닌, **바로 그 자신**>을 <**인식 가능한 실체**>로 **변형시킨다**. 만약 그가 <자신과는 분리된, 인식 가능한 대상>에 의존한다면, <'**인식하는 주체**'로서의 그의 상태>는 소멸될 것이다.[2]

✎ [1] 즉 <그에서부터 독립적인 것으로 여겨지는 대상(對象) 쪽으로>

[2] '**주체**'는, 정의(定義)로는, **자유**(스와탄트라)를 말한다.
"**주체**"라는 말의 정의는 이토록 간단한데… 아,

그대가 곁에 있어도 - 곁에 있을수록 -
나는 그대가 (더) **그립다**.

혹, 왜 그러냐고요?

"나의 주위에서 일어나는 어떤 것이라도, 그것이 나를 지배하는 힘이 되는 것을 우리는 겪고 있다. 그리고 **우리는** 그것에 **끌려간다. 간단히 끌려간다.**

길을 가는데 '멋진 차'가 지나가면 그쪽으로 **끌려가고**, '아름다운 여자'가 지나가면 우리는 그쪽으로 **끌려간다**. 나의 마음은 사물과 다른 사람에게 달려 있다. **대상이 우리에게 영향을 미친다. 큰 영향을 미친다**……"

나의 **자유**는 그 어디에도 없는 것 같으니까요.

< 16 >

주는, <이원성 없는 그의 자유> 때문에 <자유가 결여되지 않은 자아>를 창조하는 것으로, 이샤 등 여러 형상으로 자신을 나타내어 실용적인 활동을 가능하게 한다.

그러므로 **주**는 <인식할 수 있는 대상과의 일치가 특징인, 완전한 만족의 그 **자유** 때문에>, **이슈와라**, **쉬바**, <지각하는 주체> 등의 형태로 **그**를 나타내고 <창조적 명상> 등 여러 실용적 활동을 위해 그렇게 행동하면서, <그 특정한 순간의 '인식하는 특정한 주체'>로 자신을 현현한다.[1]

✍ [1] '대상성(객관성)'과 '참된 주체성(주관성)'의 이 역설적 혼합을 가능하게 하는 것은 오직 **주의 절대 자유의 힘**이다.

문제의 용어는 IPVV의 이전 구절에서 **아비나바굽타**가 명료하게 설명한다.

"'**자유**'와 '**의존**'은 완전히 반대되는 두 가지로, 서로를 배제하는 것이라도, **파라메슈와라**는, 그의 **최고의 자유** 안에서, 그가 **이슈와라**, 자아 등 그런

'분화된 현현들'을 창조할 때는 그것들을 결합한다 (**요자야티**).

그들의 <**이단타**(**이것**인 것, **대상성**) 구성요소>는 명상, 예배, 가르침 등의 대상이 될 수 있고, 반면 그들의 <베일을 벗은 **아한타**('**나**'인 것, **주체성**)의 구성요소>는 '그들의 **진정한 본성**(本性)'의 성취를 보장한다."

이 절은 **파라 트리쉬카**에서 이렇게 - 시(詩)처럼 다듬어 - 인용했다.

"**주**(主)는, **그**의 불이(不二)의 **절대 자유**로
<**그 자신**의 자유로운 자아(自我)를
이슈와라, 브라흐마, 비슈누 등>으로 만들고
- <예수, 붓다, 과학, 예술 등등>으로 만들고 -
세상이 그들을 통해 **자신**을 경배하게 하나니"

< 17 >

 "**나**" 등 그런 개념의 다양성은 <자아의 본질에서 다양성>을 수반하지는 않는데, 왜냐하면 자아는, <인칭 어미로 표현되는 행위처럼>, 정확히 <**성찰적 자각 "나"**의 대상이 되도록 자신을 빌려주는 그>로 창조되기 때문이다.

<'현재 인식하는 주체'의 국면에서 **성찰적 자각 "나"**의 대상인> 그는, <그가 인식의 대상이 되어야 할 "**이것(이단타)**"의 성격>을 갖지 않는다.[1]

<자아가 분명히 이해되고, 그가 지각에 나타나는 다양한 방식에서>, 예를 들어 "**이슈와라**"라는 **말로 표현되는 무엇**은 <인식하는 주체>이지, 다른 어떤 것이 아니다. 오직 이것은 <**성찰적 자각 "나"**>를 통해 간접적으로 일어난다.[2]

유사하게, 예를 들어 <"(그가) 요리한다"는 동사 형태로 나타내는 그 실재>는 "행위"라는 말로 표현된다. 말한 것처럼 "'행위', '특성', '보편', '관계' 등의 말은 다양한 행위 등을 (직접적으로) 표현하지 않는데, 왜냐하면 그것들은 대신 '(그가) 요리한다' 등의 동사 형태를 통해 나타나기 때문이다."[3]

"이슈와라"와 "자아"라는 말에서 우리는 자신의 **자아**에 대한 이해에 이르지만, 문맥상으로 오로지 우리가 "**나**"**라는 성찰적 자각**을 가질 때이다. 즉 직접적이지 않다.

그러나 **자아에 대한 이해는**, 마치 이전에 지각된 대상이 기억에 의해 알려지듯, **<직접 지각>을 통해 효과적으로 일어난다.**[4]

✍ 쉽게 잘 파악되지 않는 만큼, **더 꼼꼼하게 더 차분하게 읽고, 읽어라.**
마치 '이 부분을 이해하지 못하면 나는 무저갱 지옥으로 떨어진다!'고 생각하면서….

꿈 공부를 (시작)하게 되면, 꿈속의 등장인물들이 사실은, <나의 어떤 부분 혹은 성격>을 가리킨다는 것을 (서서히 혹은 곧) 알게 된다. (- 그런 **성찰적 자각**을 가지게 된다. - 그리고)
그러나 그럼에도 '**꿈꾸는 자**'는 **하나**이고 **하나**로 남는다(는 것도 알게 된다).

위의 말을 이해한다면 이 경문의 이해가 쉬울 것이다.

물론 위의 '**꿈꾸는 자**'는, 경문에서는 **우주-의식** 혹은 **신**(神)을 의미할 것이다.

[그리고 <(세상의) 모든 꿈 공부의 최종 목표>는 그 <**꿈꾸는 자를 아는 것**>에 있다는 것도 알아야 한다. 즉 "이 '**내**'가 꿈을 꾼다!" 혹은 "'**내**'가 곧 그 **꿈꾸는 자**"라는 것 말이다.]

[1] <**자아**("**나**")의 대상화(객관화)>라는 일반적인 과정의 영역에서 - 사실, 그것으로부터 모든 것이 생겨난다. - **파라메슈와라**의 **자유의 힘**은 '나'와 '이것' 사이에 마치 어떤 층이 정지된 것처럼 남아 있게 만든다.

'이것'은 (그것이) <구성된 것>인 한에는, 마치 <외적인 것>으로 상정된 어떤 실재처럼 '창조된 것(**니르미타**)'이나, 그러나 이런 것들과는 같지 않게, '순수한 주체성'에 더 가깝고 또 그 '**나**'와의 접촉 덕분에 그것 안에 그 자신을 다시 담글 수 있다.

이것은 **쉬바**, **이슈와라**, **자아**, **인식자** 같은 그런 개념(과 말)의 경우인데, 그것들은 한편은 대상화된 실재로, **의식**과 분리되어 있고, 다른 한편은 완전히 그렇지 않다.

아비나바굽타는 IPV에서 "나 차 안-이슈와람"을 추가하는데, 그렇지 않으면 이슈와라 혹은 안-이슈와라에 대해 명상하는 것은 똑같은 일일 것이다. 그것은 그것에서 파생되는 다른 결과에 의해 모순된다.

[2] '**진정한 자아**' 즉 '**의식**'은 아함-파라마르샤가 특징이다. 반면 **쉬바, 이슈와라, 바가반,** '나' 등과 같은 실재와 명칭은 **이담-파라마르샤**가 특징으로, 그것의 영역은 <개별적 **파라마르샤**(즉 **쉬바 파라마르샤** 등)>를 포함한다.

제기된 문제는 <어떻게 **단일 실재**가 '창조자'와 '창조된 것(니르미타)' 둘 다의 안식하는 기초가 될 수 있는가> 하는 것이다. **아비나바굽타**에서 발전된 **웃팔라데바**의 답변에 따르면, 통합(통일)은 **쉬바, 이슈와라** 등의 개념의 기초인 **아함-파라마르샤**로 제공된다.

아비나바굽타가 말하듯이, 그것은 사실 **나(아함)**이다. 그것("**아함**")은 '이런 종류의 인식'의 <궁극적 결과>, <최종적인 안식처(비슈란티-스타나)>를 구성한다. (그는 나중, 구별하지 않고, '다른 모든 것의 인식'을 더한다. 즉) **"푸르다"라는 인식의 경우에도**

최종적인 안식처는 "나"이다. 평균적인 지성에게는 파악하기가 더 어렵더라도 말이다.

두 국면 사이의 이런 구별은 **티카**를 따르는 **아비나바굽타**가 IPVV의 한 구절에서 요약한다. 즉

이른바 <일차적인 **아함-파라마르샤**>의 경우에는, 바로 그 처음부터 <자유의 자각>이 있다. <**아트만, 이슈와라** 등과 관련하는 **파라마르샤**>에서 이것은 최종적인 결과에 관한 한 사실이다. 반면 **처음에는** <아함-파라마르샤가 그들 안에 존재하고, 내면에서부터 그들에게 스며들었다는 사실에도 불구하고, **그런 관념이 대상성으로 표기되어 일어나는 한**>, '이것'에 특유한 의존의 조건이 있다.

[3] 출처불명의 인용문이다. 그러나 **바캬-파디아** III 6:1과 비교될지도 모른다. **아비나바굽타**는 그것을 IPVV에 인용했다.

[4] 병행구를 **아비나바굽타**는 IPVV에서 명확하게 설명한다. ⌛

< 18 >

마야의 힘 때문에, 주에게 그것은 <그것의 대상>으로 <(자아로부터 분화된) 인식할 수 있는 실재>를 가지며, '인식(認識)' '상상(想像)' '확정(確定)' 등의 이름으로 부른다.

마야의 힘으로, <그의 핵심이 **빛**인 **파라메슈와라**에게>,[1] 세상은, 그것은 그 자신으로 이루어지는데, 분화되어 나타난다. 그러므로 **바로 이 의식이 감각적인 인식으로 나타난다**. 정확하게 말하자면 <분화되어 나타나는 이 실재>가[2] <기억(스므리티, 인식, 갸나), 상상(상칼파), 확정(아댜바사야)의 대상>을 형성한다.

비록[3] <내적 감각(마나스)>과 <지성(붓디)>이라는 기능 형태로 나타난다고 하더라도, **<행위하고 있는 무엇>은** 사실, **의식 그 자체 말고 다른 어떤 것이 아니다**.

✎ [1] <가장 평범한 해석("**주**의 **마야**의 힘")>에서 벗어나 **아비나바굽타**는 티카의 지시를 따른다. 즉 **주**의 눈에 - 혹은 오히려 (그 안에 **주**가 자유로이 수축되어 있는) <제한된 주체>의 눈에는 - 세상은 **자아**로부터 분화된 것으로 보이게 만들어졌다.

² 아비나바굽타에 따르면, **타샤이바 빈나샤**는 **아누부타샤**로 이해해서는 안 되는데, 그것은 **스므리티**와 **아댜바사야**에는 옳지만 **상칼파**에는 그렇지 않다. 그것은 광의(廣義)에서 <외적인 대상>, 즉 <마야의 힘에 지배를 받는 그것>을 의미한다.

³ IPVV에 따르면, '**아피**'의 양보적 의미는 여기서 <암묵적 반론>과 관련한다. 즉, 인식, 확정 등은 <그 자체가 '감각 없는', 지성(**붓디**), 마음(**마나스**), 감각들의 기능>이기 때문에, 어떻게 그것들(인식, 결정 등)이 그것들의 핵심적인 본성으로 '**의식**'을 가질 수 있겠는가?

스판다 카리카는 말한다.

<이 감각 군(群)>은
지각(知覺)이 없으나 있는 것처럼
<내면의 힘>을 따라
가고, 머물고, 돌아온다.

경외(敬畏)와 열심(熱心)으로
탐구(探求)되어야 한다.
그의 자유는 모든 것에 미치고
본유(本有)의 것이다.

위의 카리캬를, 프라탸비갸 흐리다얌 20절의 <마하-만트라의 힘의 근원……> 부분의 주석에서, 크세마라자는 비교적 자유로이 인용한다.

"**주**의 <**마야 샥티**> 때문에, 그녀 자신은 <다양한 알려질 수 있는 것>으로 행하여, <지식>, <생각>, <결심> 등의 이름이 있다."⌛

< 19 >

<직접 지각>의 그 순간조차도 <성찰적 자각(비마르샤)>이 있다. 그렇지 않으면, 즉 <만약 그것들이 <확정(결정)적 자각(프라티산다나)>이 없는 것으로 생각된다면>, '급히 달리는 것'과 같은 그런 행위를 어떻게 설명할 수 있겠는가?[1]

<직접 지각>이 특징인 그 인식의 시각에도, **의식**에는 미묘한 형태로[2] <대상에 대한 성찰적 자각>이 있다. 사실, 낭송, 달리기 등의 그런 빠른 행위는 반드시 <그 순간에 보이는 이런 저런 장소 등으로[3] 이르고 떠나려는 '확정적 자각(아누산다네나)'>을[4] 통해 일어난다.

✍ [1] 다른 말로 **비마르샤** 없는 **프라카샤**는 있을 수 없다. 이 절에서 '담론적(언설의) 표현'이 없는 것으로 여길 수 있는 순간에 대한 두 가지 예(例)는 - <'직접 지각'의 첫 순간>과 <빠른 행위> - 단지 그렇게 보이는 것이다.

'담론적(談論的) 표현(느낌)'은 이미 감각 경험의 배아에 포함되어 있으며, '언어적 표현' 역시 그러하여 - 아직 '수축된' 형태로 - 그것과 분리될 수 없이 연결되어 있다. 그렇지 않으면 그것은 지각

후에 일어날 수 없을 것이기 때문이다. 유사하게, <가장 빠르고, 생각이 없는 행위>조차도 성취해야 할 목표 등에 대한 명확한 인식을 대략적으로나마 포함하지 않을 수 없다.

<프라탸비갸(재인식) 철학> 중추의 하나로 여겨질 수 이 개념을 공식화하면서 **웃팔라데바**는 **바르트리하리**의 발자취를 따른다.

"**'말'이 묘사하지 않은 세상에서는 인식은 없다.**
모든 '지식'은, 말하자면, '말'로 뒤얽혀(짜여) 있다. 만약 <'지식'과 '말'의 이 영원한 동일성(정체성)>이 사라진다면, '지식'은 '지식'이기를 멈출 것이다.
  <동일시(同一視)를 - 더 광의로 '성찰적 자각' - 가능하게 하는 것>은 바로 이 정체성(동일성)이다."
(바캬파디아 1:131-132)

[**'말'이 묘사하지 않은 세상에서는 인식은 없다.**
이것이 첫 사람 아담의 첫 **인식**일 것이다.
여호와 하나님이 흙으로 각종 들짐승과 공중의 각종 새를 지으시고
아담이 어떻게 **이름을 짓나** 보시려고
그것들을 그에게로 이끌어 이르시니
아담이 각 생물을 **일컫는 바가** 곧 그 이름이라.]

그리고 또 **웃팔라데바**는 **다르마키르티**의 정반대 되는 입장을 꾸준히 인식(자각)하고 있다.

² **바르트리하리**는 <**잠재적인 언어적 표현(샤브다-바와나)**>이 모든 인식에서 다양한 정도로 있다고 말한다. 그러므로 그것은, <비록 수축되고 숨겨진 형태일 뿐이더라도>, <정신적인 노력이 없는 인식(**아-비칼파-갸나**)>에도 있다.

(이 시점에서, 사람은 - 누구보다도 불교도는 - 어떤 기준에서 **사비칼파**와 **니르비칼파**를 구별할 수 있는지, 더욱이 **니르비칼파가 정말로 무엇인지** 궁금해 할지도 모른다. 이 중요한 질문에 대해서 **아비나바굽타**는 IPVV에서 답한다.) 즉

이 상태는 <일어나는 인식>을, 어떤 의미에서, 마치 그것이 일어나지 않았던 것처럼, 남게 만든다. 왜냐하면 그것이 효과(**카라나**), 즉 <언어적 소통과 실용적 사용>의 국면(수준)을 얻을 수는 없기 때문이다.
그러나 <이런 인식이 일어났다는 것>은 **<유사한 인식이 차후에 일어나는 것 같은 그런 적절한 경우(니밋타)가 그것을 다시 깨우고 그것을 드러낼 수 있다>**는 사실에 의해 증명된다.

바르트리하리는 오로지 목적지에 도달하기 위해 **빠르게** 걷는 사람의 예를 드는데, 그는 길을 가며 마주치는 나뭇잎, 돌멩이 등 어떤 것도 알아차리지 못하다가 얼마 후 유사한 대상을 마주하게 되면, 이것은 <자신이 갖고 있었지만, 이전에는 깨닫지 못했던 인식>을 떠올리게 한다.

바르트리하리는 이것은, 오직 우리가 만약 <있던 그대로 '수축된' 뒤에, 이제는 완전히 드러나게 된 '**샤브다-바와나**(**잠재적인 언어적 표현**)에 대한 첫 번째 인식' 안의 존재>를 인정한다면 가능하다고 말한다.

그다음 <그것의 그 첫 번째 순간에 포착되었으나 더 이상 발전할 운명이 아닌> 어떤 감각의 경우를 살펴보자.
<'이것, 저것' 같은 그런 내적인 공식에 기초한, 그것에서 파생하는 불분명한 인식>조차도, 미묘한 형태이더라도, 오직 **샤브다-바와나**(**잠재적인 언어적 표현**)의 현존에 의해서만 가능하게 된다.

[이런 예는, <**거울 속에서**>에서 다룬 **프루스트**의 <잃어버린 시간을 찾아서>의 인용에서("그날 이후, **게르망트 쪽으로**…" 21-30쪽) 볼 수 있다.]

바르트리하리에서 또 중요한 예(例)가 있다.

이것은 <'한 무리의 말(단어)들의 인식'으로부터 '그것(단어)들이 형성하는 문장'의 의미를 이해하는 것으로 이끄는 과정>에 대한 분석이다. 브릿티의 본문은 어떤 곳에서는 모호한데, 브리샤바데바의 해석에 비추어 - 미심쩍지만 - 이해한다. 즉

<처음에 나타나는 것>은 <서로가 고립된(서로로부터 고립된), 일련의 '분리된' 단어-의미들의 미-확정적인 실체>이다.

그 뒤에 <**성찰적 자각(프라탸바마르샤)**> 즉 <말(단어)들에서 이해된 **의미들의 확정(確定)**>과 <**조정(調整, 아누산다나)**> 즉 <말(단어)들에서 얻은 **의미들의**, 상호 연결과 함께, **확인(確認)**>이 있다.

마지막으로 <'하나이면서 **전체적인 의미(意味)**'의 **구성(에카-아르타-카리트밤)**>이다.

[우리는 바로 위의 문단 <'처음에'부터 '전체적인 의미의 구성이다'까지>에 대한 <**'한 무리의 말들의 인식'으로부터 '그것들이 형성하는 문장'의 의미를 이해하는 것으로 이끄는 과정**>을 지금 내 안에서 경험해 볼 수 있다.]

이 모든 것은 '말(단어)'을 핵심으로 갖는 것에 달려 있다. **프라탸바마르샤**와 **아누산다나**, 이 둘은 이 **카리카**에 대한 **웃팔라데바**의 **브릿티**(自註)에서 중심 되는 용어다.

³ **아비나바굽타**에 따르면, "**데샤-아디**(이런 저런 장소 등으로)"는 두 가지로 이해될 수 있다. <다른 실체(본질) 혹은 특성> 또는 <다른 곳에 존재하는 실체 혹은 다른 성격의 실체 등>.

⁴ **아누산다나**는 '**의지**(意志)**의 행위**'에 존재하는 <어떤 것을 떠나고 다른 것을 추구하려는 분명한 **의지**들의 '**조정**(調整)'>이라는 의미로도 이해되어야 한다.

앞에서 말했듯이(I,5:10), **의지**는 성찰적 자각의 특별한 형태이다. 즉 그것은, 일반적 형태이더라도, 원하는 대상을 똑같은 방식으로 만지면서 '이것이 그것이다'라는 **비마르샤**를 포함해야 한다.

이 상태에서 '**의지**, **지식**, **행위**의 힘'은 **의식**과 **지복**으로 가득한 그 **빛**과 결합되어 있다.

(**쉬바 드리슈티** I,9:11ab도 참조하라) ⌛

< 20 >
"이것은 항아리다"는 <확정적 인식>은, <'언어적 기호(記號)'와 '기의(記意)의 사물'(즉 나마-루파)>을 넘어서, <지고의 주(主)>의 바로 그 힘이다. 그것은 똑같은 방식에서 '자아'로서 나타나며 "이것"의 면에서가 아니다.[1]

"이것"과 "항아리"라는 <확정적 인식>은, '언어적 표현'과 '그 의미의 사물'을 넘어 - 그것은 자체가 (주체로부터) 분화된 것으로 보인다. - 본질적으로 **의식의 힘**을 이룬다. 그것은, **자아**처럼,[2] 미분화의 면에서 나타난다.

✎ [1] 이 절은 IPV와 IPVV에서 **아비나바굽타**가 분명히 밝힌 반론에 대한 대답으로 이해해야 한다.
반대자는 이전 **카리카**에서 말한 <'미묘한 형태의 확정적 인식'이, 우리가 보았듯이, 주체나 '빛'으로부터 분리되지 않은 것으로 여길 수 있다>고 인정하지만, 그는 <일단 '이것은 항아리다'라는 확정적 인식(**아댜바사야**)이 명확해지고(**스푸타**), 또 말로 표현되면서, 완전히 **비칼파**의 형태를 떠맡으면>, 어떻게 사람이 이것을 계속해서 주장할 수 있는지 궁금한 것이다.

'항아리'라는 '말'은 - 그것이 기호하는(나타내는) '사물'처럼 - **의식**의 빛으로부터 분리된 <대상적 실재>로서 나타난다. 이는 <그것의 바로 그 본질이 '언어적 표현'인> '확정적 인식'에 영향을 미칠 수밖에 없다.

웃팔라데바의 대답의 의미는 다음과 같다.
(<'어떤 문장'의 의미를 파악하는 일>은 이해력의 문제다. 이해력은 실로 '**엄청난 힘**'이다.) 즉

아무도 <비마르샤를 구성하는 것>이 <일상에서 나타난 말(이는 언어의 가장 낮은 수준이다)**>이라고 하지 않았다.** 반면에 그것은 외부로 나타나는 어떤 실재와도 같은 수준에 있다.

이 '말'과 <그것(말)이 나타내는 '사물'>은 단지 <'**주**의 순수한 **의식**의 힘'에 그 뿌리를 둔 '확정적 인식'(그것은 **의식**의 현현 중의 하나이다)>에 의한 통합의 대상일 뿐이다.

'**나마**(이름)와 **루파**(형상)' 즉 '**샤브다**(소리, 말)와 **아르타**(대상)'를 통합하는 일에서, <확정적 인식>은 다른 수준에서 그것들과는 구별되어 남는데, '**나**'의 영역(내면) 내에서 그것의 바로 그 과정의 결과를 통해 그것들을 되찾는다.

² **자아**, <**인식하는 주체**>, **주** 등의 다양한 개념은 **의식**에 '**나**'로서 직접적으로 빛난다. (위의 16-17절 참조).

이 절은 스판다 카리카 2:1-2의 주석에서 **크세마라자**가 인용한다.

"'이것은 항아리다.'라는 말에서 확인(確認)할 수 있는 것은, <**이름과 형상 너머에 있는 지고한 주의 힘(力)**>이다. 그것은 항상 <(**참**)**나**>와 <**하나**>로서 빛난다. 결코 <**이것으로**>가 아니다."

또 **파라 트리쉬카**에서 **아비나바굽타**는 자유로이 인용한다. (162쪽)

"<'**이것은 항아리다**.'라는 형태의 확정적 지식>은 항아리의 **이름과 형상**의 제한을 초월하고, (진실로) 최고 주권자의 **갸나 샥티**의 한 형태이고, **참나**로서 빛나며, <'**이것**'이란 **말로써 표현되는 어떤 대상**>과 **떨어져 있지 않다**."

만약 "**이것은 항아리다!**"라는 혼잣말을 하면서, '이 한마디 속에 일어나는 현상'을 잘 관찰한다면, 우리도 **붓다**처럼 "**깨달을**" 수 있다. ⌛

< 21 >

그러나 그것들이 <분화된, 인식 가능한 실체>의 시간과 장소에 확실한 한, <(지각) 인식>, <기억>, <확정적 인식> 등은 연속적으로 나타난다.[1]

항아리 등의 <분화된 인식 가능한 실재>는, **의식**에[2] <**마야**의 힘 때문에> 이런저런 시간과 장소에 의해 분화되어 나타난다. <(지각적) 인식>, <기억> 등은, 이 분화된 실재에 밀접하여 쉬면서(밀착하여 안식하며), 다른 시간과 장소 등에서 나타난다.

✎ [1] 이 **카리카** 또한 <공식화되지 않은 반론>의 대답으로 설명할 수 있다. 그것은 논증의 맥락과 **아비나바굽타**의 주석을 통해 직감할 수 있다. 즉

만약 궁극적 분석에서 모든 형태의 인식하는 일이 - 반대자는 궁금하다 - '**나**'에서 해결된다면, 그 결과는 <'(오직 대상을 특징짓는) **시공간적 분화**'의 여지가 없는> '인식의 절대적 통합성(단일성)'이다.
그러나 **이런 분화**는 일상적 경험의 모든 순간에 분명하다……

[2] 위 18절의 주[1]을 보라. ⌛

제 6 장 <배제(排除)의 힘> (11절)

쉬바에게 절하노니
그는 자유 의지로 다양한 형태를 창조하니
그와 동일한 '단단한 한 덩어리' 같은 대상을
꿀 같은 그의 **배제의 힘**으로 현현하도다.

앞에서 <**기억과 인식의 힘**>이 설명되었다.

이제 그 둘의 조력자. <**배제(분화)의 힘**(아포하-샥티)>을 열한 절에서 설명한다.

[혹 **아포하**에 대해 더 알고 싶은 분은 <**아포하 - 불교 유명론과 인간의 인식**>을 읽어라.

그러나 자칫 <'철학적인 사유의 세계로(즉 달리 쓸모없는 말의 늪으로)' 빠지는 것을 경계하고, 또 '영적인 진보를 위해 실질적인 것'을 취(取)하려는 이들>은 이 6장 등으로 충분할 것이다.]

< 1 >

<"**나**"라는 성찰적 자각>은, 그것은 빛의 그 본질인데, 그것이 말로써 알려진다고 해도(바크-바푸), <정신적 구조물(비칼파)>은 아니다.

왜냐하면 비칼파는 어떤 이원성을 건네주는(제시하는) 확인(비니슈차야)의 행위이기 때문이다.[1]

<**자아**에 관한 반성적 자각>, <성찰적 자각 "**나**">는, 그것은 **빛**의 바로 그 본성을 구성하는데, 본질적으로 "담론"과 연관되어 있더라도[2] <그것을 알려주는 말>이 <**지고의 말씀**>이기 때문에 비칼파라고 부를 수 없다. 실제로 비칼파는[3] <그 반대인 것의 부정을 통해 얻은 확인(니슈차야)>이다.[4] 그러나 <**순수한 빛**>에 관해 말하자면, 그것은 그 반대인 어떤 것도 존재할 가능성이 (전혀) 없다.[5]

✐ [1] **아비나바굽타**는 말한다.

"<'이것'과 '이것이 아닌 것'의 이원(성)이 없이>, 어떻게 **비칼파**('정신 활동', '생각')에 고유한 기능들이 행해질 수 있겠는가? 다시 말해, 어떻게 또 무엇을 통합하고, 나누고, 상상할 수 있겠는가?"

[잘 아는 대로, 모든 '말(생각)'은 <한정하는 것> 즉 '二(多)元性을 주는 것'이다.]

² **웃팔라데바**는 여기에서 **다르마키르티**의 **냐야-빈두**(正理 一滴論) 1:5에 나오는 **칼파나**의 유명한 정의를 비판적으로 언급하는데, 이는 **디그나가**의 **프라마나-삼웃차야** 1:3을 수정한 것이다. **아비나바굽타**는 IPVV에서 이 주제를 다루며 <다르못타라의 구절>을 반복해서 인용하는데, 그것은 <냐야-빈두-티카의 구절>을 의역, 요약한 것이다.

³ "비칼파"라는 용어는 IPVV에서 <몇 가지 다르지만 양립 가능한(또는 상호 보완적인) 방식>으로 분석되는데, 각각은 이 <복잡한 개념>의 한 측면을 말한다. (우리의 '속생각들'이 이럴 것이다.) 즉

① **비비다칼파나**, 즉 <실제로 분화된 것을 함께 두는 것으로>나 <실제로는 하나인 것을 다양한 것으로 여기면서> 이해하는 것.
② <상상했던 다른 형태>를 끊는 것(**빗체다나**의 의미에서 'klp-').
③ <나눈(**비바쟈**) 후, 다른 것에서부터 제거하고 (**칼**), 그것을 인식자 마음에 들어가게 하는 것으로 보호하는(**파**) 것> 즉 **비-칼-파**.
④ **비비담 칼파남**, 즉 <다양하게 생각하는 것>. 그것이 '긍정되는 어떤 것'과 '부정되는 어떤 것'을 동시에 그 대상으로 갖는다는 의미에서.

⁴ **비칼파**의 주된 특징은 <'**대상**'을 '**나**'의 외부에 투사(投射)하고, '**이것**'이라는 분리(分離)의 면에서 그것(대상)을 아는 것>이다.

비칼파의 작용을 분석하면서 이 제6장(아니카)은 특히 '**배제(排除)**'의 측면에서 다룬다. **아-비칼파카** 상태에서 사물은 마치 **의식**처럼 '완전'하다. **그러나 그것**(그런 상태에서의 사물)은 <**인식, 의사소통 등 일상의 실제적인 사용에서는**> 대상이 될 수 **없다**.

이것을 위해 **마야**의 세계에서 **주체는 그 자체로 완전한 것을 조각내어 부수고 구별하고 부정해야 한다**. 즉 <**안다는 것**>은 <**대조하는 일**>이 된다. 또 이런 경우 **웃팔라데바**는 불교 사상의 궤도 속으로 끌어가는 것처럼 보인다. <**아포하**(배제) **이론**>의 첫 번째 공식은, 잘 알려진 대로, **프라마나-삼웃차야**와 **냐야무카**에서 발견되나, 아직 추론 과정의 범위와 말의 지시(指示)의 적용에는 분명히 제한적이다.

<**말**(단어)**은 '다른 의미들의 부정에 의해 제한된, 한정된 것**(의미)**'으로 사물**(의 의미)**을 표현한다**.> 혹은 <**말**(단어)**은 '다른 것**(의미)**들의 배제(排除)를 통해**' 그것(사물)의 의미를 표현한다.> 그다음에, <**아포하**의 적용을 '보편이 작동하는 모든 분야', 즉 넓은 의미에서 '담론적인 사고의 내용물'에 확장한 것은 **다르마키르티**였다.>

그러므로 말(또는 **비칼파**)은, 실제주의자들이 말하듯 <'단일의 특정 사물들'에 나눠지지 않고 존재하는 보편들>을 표현하지 않고, 단지 <'다른 것'인 것>의 배제를 통한, 즉 <'의도한 사물'과 관련해서 다른 효과를 갖는 그 모든 사물들>의 배제를 통한 '차이(bheda, 다름, 분화)'를 표현한다.

사물의 본질적인 성격은 <그것의 차이>, <'다른 것'인 어떤 것의 배제>, <그것의 (잠재적인) 공통 차원>을 구성한다. 결국, **안야-아포**하는 **사만야**의 모든 핵심적 성격을 공유하는 것으로 보인다. 그러므로 **말은 <'다른 것'의 배제가 '공통 구조'를 나타나게 만든 그 차이>에 적용된다**. 그러나 그것은 두 가지 구분된 작업(비쉐샤-비쉐샤나 관계와 함께)의 문제가 아니라고 **다르마키르티**는 말한다. - 그리고 몇 세기 후 **지넨드라붓디**는 **프라마나-삼웃차야**에 대한 주석에서 반복할 것이다. - 이는 '그 자체의 의미'의 표기는 저절로 '다른 것들의 배제'를 수반하기 때문인데, 정확히 '그 자체의 의미'의 성격이 그 '차이'인 한에는 말이다. 그러나 **다르마키르티**는 조금 뒤에 **프라마나-바룻티카** 1:128에서 추가한다. 그 차이는 실제의 것(바스투)이 아니다. - 배제도 아니다. 그것은 단지 상대적인 용어이다. **실제적인 것은 형상(루파)일 것이지만, 말의 대상은 루파가 아니고 베다(bheda, 아바와, 비베카)이다.**

냐야와 미망사의 비판을 고려해 아포하 이론을 재구성하려는 후기 불교사상가들의 그 모든 논쟁은 이것에 중심을 두고 있다. '부정론자', '긍정론자', '종합론자' 간의 현재 구분은 너무 단순해 보이며, 다른 공식으로 실질적 단일체로 보이는 것을 파악하지 못한다. 그것들의 간단한 설명은 다음과 같다.

부정론자로는 **디그나가**와 **다르마키르티**가 있고, 긍정론자로는 **산타라크쉬타**와 **카말라쉴라**가 있는데, 말은 첫 번째로 '긍정적인 실체'를 표현하고, 오직 두 번째로, 암묵적으로 다른 것을 배제한다.

종합론자로는 **갸나슈리미트라**와 **라트나키르티**가 있는데, 말은 다른 것을 배제하는 것으로 한정된 (제한된) '긍정적인 실체'를 표현한다.

[현대 불교 논사들의 글을 보려면, 앞에서 소개한 <아포하 - 불교 유명론과 인간의 인식>을 보라.]

프라탸비갸의 위치는 라트나키르티의 것에 아주 가깝다. 즉 '말'과 비칼파는 <'주로 긍정적이고', '그 반대의 암시적 부정(否定)으로써 제한된' 실체>에서 쉰다. 이 과정에서 세 순간을 꼽을 수 있다.

[아래의 것도 그냥 <이론적인 것(말)>으로만 듣지 말고, <(내가 잘 모르는) '어떤 말(생각)'을 접했을 때, '나에게서 일어나는 현상'>으로 경험(파악)하라.]

① 의도한 대상보다 다른 어떤 것을 상상하는 것
② 그다음 그것을 대상 위에 겹쳐놓는 것
③ 마지막으로 그것을 부정하는 것

또 다른 공식에 따르면, **모든 이해에는 <배제할 현현들의 중첩과 그것들의 부정>**이 포함된다.

⁵ <**빛**의 '역(逆)-상관관계'>, <그것(**빛**)의 반대>는 사실 **아-프라카샤마나**일 수도 없고 - 왜냐하면 이 경우에는 그것(**빛**)은 단순히 존재하지 않을 것이기 때문이다. - 또 **프라카샤마나**일 수도 없다. - 왜냐하면 그것(**빛**)은 **빛**으로서 똑같은 본성의 것(**빛**)일 것이기 때문이다. ⌛

자세히 설명하자면 :
< 2 >
사실 <반대되는 두 실재의 현현>은 "항아리"와 "비(非)-항아리"의 경우는 가능하다. 반면, <똑같은 국면에서(이바iva)[1] '다른 것'이고, 빛으로부터 분화 가능한,[2] 어떤 실재>의 현현은 가능하지 않다.

빛과 관련해 <다른 것>은 불가능한데, 왜냐하면 <"비(非)-빛(non-light)"이라고 부르는, 빛에 대해 두 번째이거나 빛으로부터 구분되는, 반대의 어떤 실재>는 나타날 수 없기 때문이다.
그런 반대의 실재가 존재하지 않기 때문에, 거기에는 배제(排除)의 가능성이 없으므로, (아함-프라탸-바마르샤와 관련하여) 정신적 구조물(비칼파)을 말할 수 없다.

✍ 아, **신비(神秘)롭다!**
<내 속의 "생각"이라는 현상>……
그리고 <"**아는 자**"라는 이 무엇>…….

[1] 두 실재가 '**프라티요긴**(상대)'이라고 부르는 데 필요한 것은 정확히 <그들이 똑같은 국면(평면)에 남아 있는 동안 서로 반대되는 것>이다.

(토렐라는 이렇게 'iva'의 가치를 명백하게 번역해서 **아비나바굽타**의 주석을 따른다.)

² <**알 수 있는**(지식 가능한) **실재**>의 **국면에서**, '푸른 것', '푸르지 않은 것'(푸른 것보다 다른 어떤 것은 실제로 존재한다)을 상상하는 것은 가능하다. 그런데 왜 <**아는 주체**>**의 국면에서** <**의식**과는 다른 어떤 실재>를 상상하는 것은 용납될 수 없는가?

위의 이 반론은 **웃팔라데바**와 **아비나바굽타**가 (스스로) 제기했으며 다음과 같이 대답할 수 있다.

마야로 창조되었고 수많은 **아바사**(양상)로 만들어진 <**프라메야**(대상)>**의 국면에서 안-에카트바**와 **바이치트랴**(다양함)는 놀라운 일이 아니나, 순수한 **빛**에서 <**프라마트리**(주체)의 본성과 다른 실재>는 존재할 수가 없다.

그러나 빛들이 시공간의 분화 때문에 본성에서 분화될 수 있다고 받아들이더라도, 그럼에도 불구하고, <마치 어떤 '푸른 것'이 확인될 때는, 다른 '푸른 것'이 아닌 '노란 것' 등만 부정되는 것처럼>, 똑같이, 어떤 빛이 확인될 때는 다른 빛들은 부정되지 않는다. 이 논증의 두 부분은 **브릿티**의 **드비티야샤 빈나샤**에 암시된 것을 전개한 것이다.

그러므로 거기에 '두 번째'(등의) 빛이 있더라도 이것은 배제에 지배되지 않을 것이다.

그러나 '두 번째' 빛은 한 실재로서 받아들일 수 없다. 정신적 구성의 산물로서의 '두 번째' 빛은, <'원인, 결과, 순간적 존재'가 '푸른 것'과 관련하여 **프라티요긴**(상대)으로 여겨질 수 없는 것>과 같은 똑같은 방식에서, **프라티요긴**을 구성할 수 없다.

위 1절 주[5]도 참조 ⧖

유사하게 :
< 3 >

우리는, <오직 '아는 주체'에 의해(마트라이바) - 그 '아는 주체' 안에는 "그것"과 "그것의 반대"가 나타나는데 - "그것의 반대"를 배제하는 것으로써 (아타드비아포하낫) 도달한 (예를 들어) **항아리라는 어떤 사물의 확인(탄-니슈차야남)**>을 "비칼파"라고 부른다.[1]

<오직 그 안에 "그것(항아리)"과 "그것의 반대"의 나타남이 있는 '자유로운 **아는 주체**'에 의해 생긴, 또 "그 반대"의 배제를 통해 일어나는, '항아리'의 확인>, 이것이 **비칼파**라는 활동이다.

✍ 점점 더 '**흥미(興味)**'**롭다!**
　'어떤 **맛(보는 일)**'이 일어난다!
　차맛카라다!

[1] 그래서 <비칼파의 작동 방식>에 대한 불교의 설명은 **샤이바**도 공유할 수 있는 것 같다. 그러나 면밀한 조사로는, <논리적으로 버티고, 비판을 피할 수 있는 것>은 단지 **샤이바**의 맥락 안에서다.

진실로 <만약 '사물은 자기-한정적이라는' 불교의 전제를 받아들인다면>, 그것은 <'어떤 사물의 인식으로부터 나타나는 것'은 오직 '그 똑같은 사물'과 '그 인식의 자각'>일 뿐이고, **<'다른 사물'과 '그것들의 부정'은 어디로부터 일어나는지>를 이해하지 못하는** 결과를 낳는다.

그러나 이런 어려움은 오직 불교도에 관련되고, <'현재의 대상'과 '그것의 인식'**에 묶여 있지 않고, 그 모든 다양한 인식들을 역동적으로 모으고, 분리하고, 융합하는 일에 자유로운**> 한 **인식자** 중심의 **샤이바**의 개념에서는 아니다.

[<**"아는 자"를 아는 일**>…… 그것을 프라탸비갸 즉 재인식(再認識)이라고 한다. 아래 6절 참조.]

<샤이바 개념을 특징짓는 "**나**"의 중심성>은 위의 **카리카**의 "**마트라-이바**"와 브릿티의 "**프라마투르 에바**"에서 소사(小辭. 불변화사) '**에바(eva)**'로 지시된다.

오, **작은 이**('소사')의 **위대(偉大)**함이여!
"작은 불꽃 하나가 큰 불을 일으키어
  곧 주위 사람들 그 불에 몸 녹이듯이"로다. ⧗

< 4 > - < 5 >

마야의 영향 때문에 <의식의 국면>을 떠난 후, <'분화된 실재들'을 - 예를 들어, 몸, 지성, 생기 혹은 '에테르와 같은 상상된 실체' - '아는 주체'로 이해하여 다루는 그 '성찰적 자각 "나"'>, <'그것의 대상' 이외의 것은 배제하는 그 '성찰적 자각'>이 하나의 비칼파다. 그것은 정확하게 <배제될 '반대 되는 실재'의 나타남(현현)>으로부터 일어난다.[1]

<'아는 주체'로서의 '성찰적 자각 "나"'>, 그것은 **주** 즉 <**의식-원리**> 그 자체의 **마야**의 힘 때문에, 몸, 지성, <내적 촉감(觸感)>[2] 혹은 <공(순야)이고, 그것들 너머 **에테르와**[3] 유사한 '상상된 실체'>와[4] 같은 그런 분리되어 나타나는 실재들을 다룬다. - 이런 형태의 <성찰적 자각 "나">는 "이것은 항아리 다" 같은 **비칼파** 외에 아무것도 아니다. 왜냐하면 그것이 몸 등의 그런 현현된 여러 반대되는 실체를 배제하기 때문이다.

✍ 이 경문은 이렇게 번역할 수도 있다.

"무한한 **나-의식**은, <마야의 영향으로 그 자신의 진정한 본성을 망각 속으로 몰아넣는데>, 데하(몸),

프라나(생명력). **순야**('텅 빈 개체 의식')와 동일한 것으로 나타나며, 그리고 그것은 아무 의심 없이 단지 **비칼파**(생각)일 뿐인 (알고 행동하는 개체인) 주체로서 취급되는데, 왜냐하면 그것이 <'그것과는 다르다고 여겨지는 모든 것'으로부터 단절된 실체>로서 빛나기 때문이다."   (판디트 역)

¹ **아비나바굽타**는 주석에서 어떤 반론과 함께 이 두 절을 소개하며, 이 두 절은 그 대답을 준다.
즉 (그 반론은)
<성찰적 자각의 "나"(**아함-프라탸바마르샤**)>는 <"나"가 아닌 것>의 배제를 통해 발생한다. 그러니 그것은 **비칼파** 그 자체가 아닌가?
(그 대답은)
아함-프라탸바마르샤(나-의식)는 두 가지 종류가 있어서, 하나는 순수한 것이고 다른 하나는 불순한 것인데, 반대자의 발언은 이 두 절의 목적인 후자에만 해당한다.

² 촉감(**스파르샤**)은 - 그러나 내적(**안타라**)인 것이다 - **프라나**의 존재를 드러내는 감각 능력으로, 마치 '내부의 기관(**안타카라나**)'이 마음의 존재와 <"나"라는 감각>을 드러내거나 시각(視覺)이 몸의 존재를 드러내는 것과 같다.

아비나바굽타는 **프라나**의 이 **안타라트밤**(육체적 호흡이 아님)>의 다른 의미, 즉 <그것이 바깥쪽으로 향하지 않음>, <그것이 본질적 요소가 되는 것>과 <그것이 모든 감각에 스며드는 것>을 파악한다.

³ 예를 들어, 그것은 '공허'와 <그것이 순수한 '비(非)-실체'가 아니라는 사실>을 **에테르**와 공유한다.

⁴ <주체성이 잘못 동일시된 다른 실재들과 같지 않게>, 그것이 내적, 외적 감각에 의해 직접적으로 알 수 없는 한에는, 상상(想像)된다.

[위 <경문이 말하는 상황>은, <우리가 밤에 꾸는 '어떤 멋진 꿈(혹은 악몽)' 속에서 '나(라는 것)'>과 비슷할 것이다. 그 '꿈속의 나'는 '비-실재'이지 '(흔히들 말하는) 실재'가 아니다. 6절을 보라.]

< 6 >

<어떤 특정한 시간에 현현된 실체의 경우에서, '이전에 나타난 어떤 것' 등과의 연결>은, 이 연결 역시 잠재된 인상 때문에 일어나는 것으로, 하나의 정신적 구성물(칼파나)이다. 왜냐하면 그것이 <분화되어 현현된 실재들>에 적용되기 때문이다.[1]

몸, 허공 등 같은 '완전히 분화되고 연속적이지 않은 여러 현현'의 영역 안에서, **<단일성 안에서의**, 이전의 현현과의, 어떤 개체성과의, 어떤 이름과의 **연결>**은 <이전 현현의 **내적인 영속성을 보장하는** 잠재된 인상에 의해 가능하게 된 것(통합)인데> - 이런 **<단일성 안에서의 연결>**, 그것은 **본질에서** **<아는 주체의 활동>**인데, 단지 <정신적 구성물>로 정확히 "재인식(再認識, **프라탸비갸**)"이라고 부르는 것이다.

✎ 이 경문은 다음과 같이 번역할 수도 있다.
"<'특정한 시간에 나타나는 (몸과 같은) 대상'을 '정신적 인상으로 일어난 과거 또는 미래의 대상'과 통합하는 것> 또한 상상(생각)으로 받아들여지는데, 그것은 <그것이 적용되는 유일한 대상들>이 명백한 다양성의 국면에서 나타나는 것들이기 때문이다."

(판디트 역)

¹ 다시 **아비나바굽타**의 주석을 따라 이 절과 앞절 사이의 연결을 이해하는 것이 좋다. 즉

<"나"라는 개념(**아함-프라탸야**)>은 '순수한 것과 불순한 것(**숫다-아숫다**)'으로 나누어질 뿐만 아니라 이 두 가지 형태는 다시 두 가지 측면을 갖는다.
즉 **<직접적인 내적 경험을 통한 즉각적 자각>**과 **<여러 요소들 사이의 연결(아누산다나)의 결과인 매개적 자각>**.

(여기서 우리와 관련된) **아숫다-아함프라탸야**의 경우에서, <직접적 형태(**아누바와-루파**)>는 - 예를 들어 '나는 몸이다', '나는 약하다', '나는 늙었다' 등 - 이미 말한 것으로, **비칼파**로 인정되었다. (위 4-5절을 보라)

그러나 <두 번째 형태는, 통합(統合)을 통해 작동하고 - '전에는 어린애였고, 그다음 확정된 이름과 성격 등을 가진 성인인 그것이 "나"이다' - (첫 번째의 경우에서 보는 것처럼) 배제가 아니기 때문에, **비칼파**의 특성을 갖지 않는다>는 반론이 있을지도 모른다.

이 절은 다음의 말로 본질적으로 이 반론에 대답한다. 즉

<바햐(외적인 것)와 빈나(다름, 분화)로 여겨지는 실재들을 대상으로 갖는 어떤 **아누산다나**(연결)>는, <그것이 **비칼파**의 기호(표징) 안에 그것들이 나타나는 것에 의해 오염되기 때문에>, 진정한 통합을 일으킬 수 없다.

반면에 <**아누산다나**(연결)가 **슛다-아함프라탸야**(순수한 "나"라는 개념)를 일으키는 것>은 '이것'이 아직 **빈나**(분화)가 아닌 **사다쉬바**의 국면에서이다.

그러나 **아비나바굽타**는 <**모든 아누산다나에서**>, 즉 <**우리가 일상의 현실에서 행하는 통합의 모든 행위에서**> **비디아-샥티의 빛은 한 순간 빛난다**고 결론을 내린다. 그러므로

이것들 각각은 <분화(分化)와 이원성을 극복하는 것으로 이끄는 과정>의 첫 번째 단계로서 '제한된 주체'가 취(取)할 수 있다. ⌛

< 7 >

그러므로 일상적 현실의 과정에서¹ 주는 몸 등에 들어가 <그의 의지로> <그의 안에 빛나는 수많은 대상>을 외부로 나타나게 한다.

매일 현실의 과정에서처럼 <원래 창조의 순간>에 **마헤슈와라**는 <**마야**의 힘 때문에>² 자아로 여겨진 몸 등에 들어가, <(제한된) 아는 자>를 창조하고 또 <**행위자**의 힘 때문에> 점차로³ <그의 안에 빛나는 여러 대상>을 밖으로 드러낸다.

<창조한다는 것>은 정확하게 말해서, **이런 방식으로** <**현현하게 만드는 것**>이다.⁴
반면에 **만약 그가 몸 등에 들어가지 않는다면**, 그때 <대상적 실재의 현현 전체>는 "**나는 이 모든 것이다!**"의 형태로 자동적으로 그리고 동시에 일어날 것이다.⁵

✎ ¹ **주**의 <다섯 행위>는 우주적 수준에서뿐만 아니라 일상의 현실에서도 여러 방식으로 끊임없이 스며들어 있고, 지원(지지)되고 있다.

(이것은 **쉬바 수트라**와 또 **프라탸비갸 흐리다얌**에서 다룬 것이다.)

² **웃팔라데바**는 경문의 **잇챠야**를 자주(自註)에서 **마야-샥탸**와 **카르트리-샥탸**로 주석한다.

아비나바굽타가 말하듯이, **마야-삭티**는 <"나"가 제한된 주체성의 여러 자리(신체 등)와 동일시하는 것>에 책임(역할)이 있고, 그리고 **카르트리-삭티**는 - **칼라**와 **비디아** 형태에서 - <실재를 외부로 현현하는 것>에 책임(기능)이 있다.

³ 즉 <여러 현현들을 특별한 주체들과 연결하고, 그다음 다른 주체들과 연결하기 위해 그들로부터 그것들을 제거하는 것 등>. 이는 신성의 다섯 가지 행위(창조, 재흡수 등)의 소우주적 수준과 관련된다.
또 다른 해석에 따르면, <창조의 순수하고, 혼합이고, 불순한 수준에 점차로 연결되며>.

⁴ 모든 문학, 예술가의 <모든 창작 활동>과 또 **아브라함 매슬로우**의 <자아실현의 욕구>와 **융**의 <자기실현> 등도 모두 이런 의미일 것이다.

⁵ 이것은 **사다쉬바-이슈와라**의 국면이다.

이 절은 **프라탸비갸 흐리다얌**의 10절 "**여기서도 쉬바처럼 <다섯 행위>를 한다.**"의 주석에서 인용한다.

"이런 위치, 즉 <주(主)가 몸 등으로 들어가는> 경험적인 상태에서도, **그 의지로** 대상들이 밖으로 나타나게 한다. 비록 그 대상들이 그 자신 안에서 나타나는 것이라고 하더라도."

또 스판다 카리카 1:1의 주석에서도 인용한다.

"실제의 생활에서, **주**는 그의 **자유 의지 때문에**, **마야 샥티**의 형태로 몸속에 들어간다.
그리고 **그의 의지로**, 그의 내면에서 빛나는 여러 대상들을 외부로 현현한다." ⧗

< 8 >

그러므로 <기억에서 혹은 비칼파에서 - 그것은 배제에 의존한다 - 혹은 '직접 지각'에서, 대상의 현현은 내적이다>는 것은 분명히 확인된다.

모든 종류의 인식에서, <모든 대상적인 현현>은 항상 <**의식-원리**> 같은 그 **인식자** 안에 흡수되어, 적절한 방식으로(**아누루페나**), 빛나고 있다.[1]

✎ [1] 예(例)로, <인식이 '이것은 항아리다'로 나타나고, 주체와의 관련을 주장할 어떤 이유도 있는 것으로 보이지 않을 때>, 그때조차도, 그 반대로, <'인식'과 '그 인식의 대상'은 궁극적으로 '인식하는 주체'에 쉰다는 사실>은 <그것들의 본성이 본질적으로 **의식**이다>는 것을 드러낸다.

크셰마라자와 또 성경의 기자는 말한다.

"그것을 <**무생물**(**무의식**)인 것>이 알 것인가?"

"내가 **주** 앞에서 어디로 피(避)하리이까?
 내가 **하늘**에 올라갈지라도 거기 계시며
 스올(죽음)에 있을지라도 거기 계시니이다!"

아누루페나라는 표현은 <'기본적인 동일성' 안의 '상대적 분화의 정도(程度)의 가능성'>을 말하는 것 같다. (위 5:10과 **브릿티**를 보라) ⧖

< 9 >

그러나 대상을 외부로 나타내는 것으로 구성되는 <직접 지각>에서는 (이 나타남이) 자동적으로(나이 사르기카) 일어나는 반면, 기억 등에서는 이것이 <이전 지각>에 의해 알려진다.

대상을 외부로 현현하게 하는 것으로 구성되는 <직접 지각>에서는,[1] **의식** 안에서의 대상의 현현은 자동적(**사하자**)이다.[2] 반면에 기억 등에서는 그것이 <이전 지각>을 그것의 핵심으로 가진다. 바로 이런 이유로 <기억은 잠재된 인상으로부터 생긴다>고 말하는 것이다.[3]

✎ [1] <그것을 '자신(자아)보다 다른 것' 즉 '이것'으로 지각한다는 의미에서>

[2] 즉 그것은 외부 요인(<이전 지각>)에 의존하지 않지만, **아비나바굽타**가 말하듯이 **주** 자신의 자유에서 비롯된다.

[3] <다양한 종류의 인식을 일반적으로 구별할 수 있는 기준>은 <대상의 '자발적' 혹은 '매개(媒介)된' 현현>에 있다.

대상은 <직접 지각>에서는 '자발적으로' 나타나고 <비칼파>에서는 - 오히려 특정 종류의 **비칼파**에서 (다음 절 참조) - '매개되어' 나타나는데, 거기에서 대상의 현현은 반드시 <'이전 지각'의 재(再)-각성>을 거쳐야 한다. 그래서 그것들과 일치하는 용어로 '**나이사르기카-아뱌바다나-스푸타타**와 **삼스카라자-뱌바다나-아스푸타타**'가 있다.

<대상을 외부로 나타나게 한다는 사실>은, 그것은 '직접 지각'의 특징으로 언급되는데, <유효하고 평등한 기준>이 되지 않는다. 사실 **아비나바굽타**가 주목하듯이, 다른 종류의 지식에서도 대상은 '**나**' 외부로, **안타-카라나**(내부의 기관, 마음 등) 속으로 투사된다. ⧗

< 10 >
그것은 또한 <정신적 영역에서 '특정한 모습'이 마음대로 나타나게 자율적으로 행동하는 비칼파>의 경우에서 자동적이다.

그러나 <독립적인 비칼파>는[1] <'새롭든', '부분의 다른 구성이 특징이든', 그것이 결코 시각(視覺) 등 그런 감각의 영역에 들어가지 않았더라도 그것을 마음의 대상으로 만들며, 이런저런 것을 나타나게 하고, 또 그것은 <그것이 이전에 지각된 것을 고려하지 않고> 마음대로 그것을 나타나게 한다.[2]

이런 형태의 비칼파 영역에서는 <대상의 현현> 또한 자동적이다.

✍ [1] 비칼파는 <이전의 직접 지각>에 의존하느냐 않느냐에 따라 두 가지 종류가 있다. 첫 번째에는 물론 '**기억**(스므리티)', '**결정**(확인, **아댜바사야**)', '**추측**(웃프레크샤나)'이 있고, 두 번째에는 - 이 절에서 말하는 <자율적(스와탄트라) 비칼파>이다. - '**공상**(환상, **마노라쟈**)'과 '**상상**(상칼파)'이 있다.

[2] 두 종류의 비칼파는 <이전의 지각>이 제공한 자료에서 작업한다.

<"'독립적'이라고 부르는 **비칼파**"의 대상을 특징 짓는 "새로움(참신함, **나바타, 아푸르바트밤**)">은, 그러므로 <개별 **아바사**(양상)의 불가능한 '새로움'>에서 발견되는 것이 아닌, ① <**특별한 시공간에서** 대상의 '이전 현현'을 고려하지 않는 것>에서와 - 반면, 그것은 '기억', '확정'이라는 두 가지 주된 '의존적' **비칼파**에 필수적이다. - ② <개별 **아바사**들의 '**다른 연결(요자나)**'>**에서** - 이전 경험과 비교하여 다르다. - <새로운 배열(**산니베샤**)의 결과적인 산물(창조)>과 함께 발견되는 것이다.

이것에 대한 **아비나바굽타**의 예(例)는 <두 개의 몸통과 수백 개의 엄니를 가진 흰 코끼리>를 상상하는 것이다.

<자율적(독립적) **비칼파**>의 다른 특징은, 그것이, <마음의 자유로운 방황처럼>, 그 주체의 의지와는 독립적으로 생겨나고 그친다는 것이다.

[우리가 잘 아는 <분석 심리학>에서는

어떤 단어를 제시하고, 그 단어로 연상(聯想)되는 다른 단어를 말하라고 한다(<단어 연상 검사>).

그러면서 멈칫하거나 늦어지는 등의 환자의 반응(감정 변화)에서 **무의식**(내면)**의** 무언가(콤플렉스)를 찾으려고(**의식화**하려고) 한다.

좋은 방법이다.

굳이 심리학의 연구 결과를 들먹이지 않더라도, <사람이 (무심코 흔히) 사용하는 단어>는 <**그들의 정신 상태를 나타내는** - 더 나아가 **영적 상태를 나타내는** - 아주 중요한 단서(端緒)>다.

그래서 <우리에게 전(傳)하려는 무의식으로부터의 소식>, <무의식의 언어> 즉 "꿈"이 중요한 것이다.
그것(꿈)이 또한 <자율적인(독립적인) **비칼파**>의 특징이든 아니든 말이다. 각설하고,]

여기서 우리가 할 수 있는 일(수행)은,
공상이든, 상상이든, 망상이든 - 그 모든 생각이 내 속에서 활발하거든 그 끝까지 가라.

그래서 **"상상할 수 없는 것"을 상상하라.**

아니면 **<인식> 너머, <파악> 너머, <존재 않는 것> 너머의 어떤 것을 상상해보라. "그대가"** ⏳

< 11 >

그러므로 마음대로 나타나게 한다는 사실 때문에 <정신적으로 인식된 것>, <지식>과 <행위>는 모든 존재에서 완전히 명백한 것으로 증명되었다.

<비칼파에서 발견되는, 이전에 경험하지 않았던 대상들을 **창조하고, 아는 능력**> 때문에, <모든 것을 **알고, 창조하는 힘의 현존**>은 모든 사람에게 명백하다.

제 7 장 <유일한 기초(基礎)> (14절)

쉬바에게 절하노니
유일한 안식처인 그에게서 쉬고
보석들이 다채롭게 빛을 내듯이
무수한 힘이 다양한 결과를 냄이라.

   지금까지 <기억의 힘 등의 진정한 성격>에 대해 설명했다.

   주체의 본질 또한 <그것들(기억 등)이 힘>이라는 것을 증명하기 위해 기술되었다.

   힘은 독립적으로 존재할 수 없으므로 이제 <그들 힘의 기층(안식처, 기초)은 하나>임을 열네 절에서 증명하려고 한다.

< 1 >

그리고 <모든 다양한 대상들의 연속으로 영향을 받는 이 '직관적(直觀的) 빛(프라티바)'>이[1] '아는 주체'이고, 그것은 <연속과 제한이 없는 의식>,[2] 즉 마헤슈와라다.

그리고 <모든 다양한 대상의 연속으로 채색되는 이 빛>은, 그것이 내적으로 쉬는(안식하는) 한에는, "자아"라고 부르는 **<아는 주체>**이다. 그것은 모든 인식 행위의 시간에 편만하고, 연속과 제한이 없는 **의식**으로 구성된다. 또 그것이 **마헤슈와라**인데, 그 안에서 그것은 <그것의 '몸'을 이루는 "인식 가능한 실체"와 관련하여 창조자>다.

✎ [1] 여기서 '직관적 빛'으로 번역한 **프라티바**는 <계시>, <**의식**에 대한 대상의 제시>, <**주체의 빛(프라티-바)**에 의한 (대상의) 조명>으로, 최종 분석에서 그것은 그 안에서 쉰다.

<'대상이 그것(**의식**) 안에서 빛날 때[혹은 오히려 그것이 대상으로 빛날 때]' 그 빛에 투사된 것처럼 보이는 **연속**>은 <대상을 외적인 실체 "이것"으로 인식하는 일이 내향화되고 용해되어 그것의 뿌리를

"**나**"에서 찾는 순간> - '**나는 이것을 지각한다**'는 순간 - 사라진다.

(이 문단의 의미는 스판다 카리카 등에서 다룬 **크라마** 학파의 "**12 칼리**"를 참고하라.)

여기서 **프라티바**는, '직감(통찰)'이라는 무거운(?) 의미, <초인간적인, 특별한 종류의 직시(直視)>가 아니라, '**프라카샤, 아바사**'와 동의어로 이해해야 한다(I,8:9 주[2] 참조).

[2] **아비나바굽타**는 두 주석에서 세 번째 문장을 '(프라티바와 관련하는) **아-크라마**(연속이 없는)'와 '(프라마타와 관련하는) **아난타칫루파**(제한이 없는 의식)'로 나눈다. 반면에 **브릿티**는 **프라마타**(주체, 아는 자)와 관련하여 단일 복합어로 다룬다.

이 카리카는 프라탸비갸 흐리다얌 20절 <**마하-만트라의 힘의 근원**……> 주석에서 다루었다.

"<다양한 대상들의 연속(連續)>으로 채색(彩色)된 그 **의식**(意識)은 <위대한 **주**(主)> 외에 다른 것이 아니다.

그는 <최고의 **아는 자**>이고, <연속(連續)이 없는, 무한의 **의식**>이다."

또 <**삼위일체경 파라 트리쉬카**>에서도(314쪽) 다루었다.

"이 <**직관적 빛(프라티바)**>은, 여러 가지 모든 대상의 연속으로 영향을 받는데(덮여있는데), <아는 주체>이다. 그것은 연속과 제한이 없는 **의식**으로, **마헤슈와라다**." ⌛

< 2 >

관계(關係)는 <만약 사물들이, 다양하고 분명한 인식 행위의 길을 통해서, "하나인 아는 주체"에서 쉬게(의존하게) 된다면> 가능하다.

일단 그것들이 <(그의 속으로 흘러드는) 수많은 인식의 행위의 흐름을 통해[1] **"하나인 아는 주체"**의 바다로 융합되고 흡수되면>, 다른 대상들은, 예를 들면 <'인과 관계' 등과 같은 실용적 실재에 있는 연결망(連結網)> 안에 설정된다.

✍ 이 경문을 이렇게 번역할 수도 있다.

"대상들의 상호 연결은, 만약 그것들이 '다양하고 명확한 인식(의 통로)을 통해' **주체** 안에서 (서로 마주보고) 존재한다면, 가능하다." (판데이 역)

[1] **아비나바굽타**에 따르면, '많은 인식적 행위의 흐름에 의해 나타난 수단으로'. 대상을 외부로부터 내적인 국면으로, 의식 속으로 강제하는 흐름. ⧗

< 3 >

<시공간적 연속성을 가지며, 자기-한정적인 대상들> 사이의 연결은 <통합(統合)의 면에서 그것들의 현현에 의해(사크리트-아바사)>[1] 확립된다. 그렇지 않으면 어떤 연결도 전혀 가능하지 않다.

사물들은 '그 자신의 본성'과 '현현' 모두에서,[2] 자족적(自足的)이다. 그들 사이의 연결은 <그들의 동시적이고 또 단일한(통합된) 현현에 달려 있다.

이 <나누어지지 않은 것(현현, 즉 연결)>은 오직 **<아는 주체>**에 흡수된다면 가능하다.

✎ 이 경문은 이렇게 번역할 수도 있다.

"그렇지 않으면, 어떻게 <다른 시공간적 질서와 관련되고, 자기-제한적인 대상들>의 상호 연결이 가능할 수 있겠는가? 왜냐하면 그 연결은 대상들이 '동시에 빛나는 것'에 달려 있기 때문이다."
(판데이 역)

아비나바굽타는 주석에서 "조류(潮流)에 밀려와 다른 곳(모래 속)에 흩어진(스스로를 잃은) 지푸라기와 풀잎들은 결코 만나지 못하는 것"을 예로 든다.

¹ 다음의 II,1:6 주² 참조

² 즉 <'그것 자체로(본질에서)'와 '그것들을 대상으로 갖는 인식에 관련하여' 모두>, 혹은 **아비나바굽타**가 말하듯이 <'지각'과 '확인'에서 모두> ⌛

< 4 >

지각과 비(非)-지각은, 그것들은 본래가 이런저런 분리된 부분과 관련하는데, 오직 <그것들이 하나인 아는 주체에 쉴(기초할) 때> 인과 관계를 성립시킬 수 있다.

지각과 비-지각은, <일단 그것들이 "**하나인 아는 주체**"를 통해 서로 연결되기만 하면> 인과 관계와 그것의 성립(확립)을 결정한다.[1] 만약 그것들이 상호 연결이 되지 않는다면, 지각과 비-지각은 각각의 대상을 하나하나 알게 하는 순간에 사라지고, 어떤 상호 의존도 나타낼 수 없다.[2]

✐ [1] **웃팔라데바**는 여기서 <인과 관계의 존재>를 확인하기 위해 불교 논리학자들이 채택한 기준을 언급한다.
이 기준은 <일정 수(數)의 '지각'과 '비-지각'의 조합 및 상호 관계>에 기초한다.

예를 들어, '불'은 '연기'의 원인으로 여겨질 수 있는데, 왜냐하면 불이 지각되었을 때, <처음에는 지각되지 않은 연기>가 나중에 지각되기 때문이다.

다르마키르티는 이런 지각과 비-지각의 수(數)를 명시하지 않지만, 많은 주석가가 다섯으로 나누고, 일부는 세 가지만 필수적인 것으로 본다.

(**아비나바굽타**는 불교의 <불과 연기 사이의 인과 관계>를 IPV에서 다룬다.)

² 여기서 말하는 것은(암시된 것은) **<불교(佛敎)의 '인과 관계' 개념에 내재된 난처(難處)함>**에 관한 것이다.

이 책 <제2편> **크리야-아디카라**의 <제4장> 전체가 이에 대해 논의한다. ⧖

< 5 >
기억에서 '자아-의식'은 <'기억'이라는 바로 그 존재>의 증거이고, <'자아-의식'과는 다른 그 어떤 것>도 <이전의 직접 지각>의 그 존속을 확립하지 못한다.

(기억의 시각에) <이전의 직접 지각>을 한 자아-의식은 더 이상 존재하지 않기 때문에, **<이 '이전의 지각'의 존재를 확립하는 것(무엇)>은**, 그것이 기억 그 자체를 위해 하는 것처럼, **<기억을 하는 자아-의식>**이지 다른 어떤 것이 아니다. 이 자아-의식은 <'하나인 동일한 대상'이 나타나는 것이 특징인> (기억에서) "**아는 주체**"를 이룬다.[1]

<결과의 상태>는 - 논리적인 이유로 작동하는데 - 기억에 기인(起因)한다고 할 수 없는데, 왜냐하면 이전 지각의 현현이 더 이상 있지 않을 때, **인과관계가 확립되었다고 할 수 없기 때문이다.**[2]

✎ [1] <기억이, '이미 앞서 광범위하게 다룬, **아는 주체**의 존재와 연속성의 현현과 증거'라는 주장>이 여기서 자연스레 다시 한 번 다루어진다.

<주체가 '인과 관계의 존재'를 증명할 수 있는 '지각'과 '비-지각' 사이의 연결을 확립할 수 있는 것>은 기억을 통한 결과에 있다. 앞의 **카리카**에서 볼 수 있었듯이, 이 연결은 실제로 인식 그 자체에 있지 않고, **주체에 의해 인식에 투사된다. 그러므로 자아-의식의 연속성은 기억에서 자신을 드러낸다.**

　사실, 그것은 <(지금은 더 이상 존재하지 않는) '이전 지각'을 밝히고 나타나게 만드는> 그 기억을 조명하는 바로 그 똑같은 **스와삼베다나**(개인적인 경험 지식)이다. - 그것에 그 기억이 기초한다.

　아비나바굽타는 <[그것이 **자아-의식의 단일성**을 드러내는 한(限)] 기억에 기초한, '**자아의 존재**'를 지지하는 이런 유형의 논증>을 <앞에서 다루었던, 또한 기억에 기초한 논증>과는 명료하게 구별한다.

　² 여기에서 **웃팔라데바**의 목표는 '가능한 반론'을 거부하는 것이다. 즉
　<거기에는 연속적인 **스와삼베다나**(개인적인 경험 지식)의 작업에 의지할 필요가 없다. 그러나 기억은 본질에서 '이전 지각'과 연결하는 것이 충분한데, 일반적인 합의에 의하면, 결과는 원인의 지식으로 이끌 수 있기 때문이다.>

웃팔라데바가 인정하지 않는 것은 정확히 <그런 추론의 허용 가능성>으로, 그 논리적 이유(**링가**)는 기억에 기인한 결과(**카라나**)의 성격으로 나타난다. 즉 **<과거에 일어난 지각>과 <현재 기억> 사이에는 연속성을 전제로 하는 인과 관계가 전혀 없다.**

그러므로 <'기억'을 '(그 자체로 분리된) 인식들의 통합자'라고 들먹이는 사람들>은, 우리가 보았듯이, 정확히 <기억의 기초가 되는 **자아-의식**의 연속성과 동일시되며, 또 **그들이** (한사코) **피하고 싶은**, 그 **'아는 주체'**>를 (오히려) **암시하며 끝을 맺는다.**

'진실한' 불교도들은 **붓다**가 '무아(無我)'를 설한 그 참된 이유를 생각하고 또 생각하라!
 소위 '부처님의 말씀'이라며 그냥 맹종(盲從)하려 들지 말고……. 그런 짓은 이미 불교(도)가 아니다.
 그들은 '**붓디즘**(불교)'이라는 '**붓디**(지성)'에서는 멀리멀리 벗어났다.
 (필자는 **프라탸비갸 흐리다얌** '불교편(篇)'에서 그것을 다루었다.) ⌛

< 6 >
<그 자체에 국한되어 있고, 서로 모순되지 않는 인식들> 사이의 <무효화하고-무효화되는 관계>는 <그것들이 "하나인 아는 주체"에서 쉬기에(기반을 두기에)> 존재할 수 있다.

그들 자신의 것인 그 단일한 현현들로만 향하는¹ 인식들 사이에 어떤 모순이 있겠으며, 결과적으로 어떻게 그것들과 관련하여 <무효화하고-무효화되는 관계>를 말할 수 있겠는가?² 반면, 이 관계는 만약 그것들이 <**단일한 아는 주체**>에 쉰다면 인정될 수 있다.

✎ ¹ 또는 <'그들 자신(**스와**)'만 - 그들 자신의 자각만 - 또 '그들의 대상인 현현(**아바사**)'에 대해서만 주장하는>.

이것은 **브릿티** 본문과 기본적으로 다르지 않지만 분명히 **티카**의 지시를 따르는, 거기에 암시된 것의 발전을 구성하는 해석이다.
아비나바굽타는 오로지 **아바사**(인식의 내용)만 이런 표현에서 언급된 것으로 여길 수 있다고 하는데, 왜냐하면 무효화는 '자기-자각' 요소가 아닌,

오직 그것에만 관련할 수 있기 때문이다. 이 경우 **카리카의 스와트마**는 **아바사**의 의미로 이해되어야 한다.

아비나바굽타는 이 **카리카** 전체에 대해, 가능한 다른 해석을 주는데, 이는 다소 인위적이지만, 결국 **스와아바사**라는 표현이 불교의 논리학파에서 사용하는 의미와 관련하여, 지금까지 고려된 일반적인 의미에서 크게 벗어나지 않는다.

² (<무효화하고-무효화되는 관계>의 설명은 다음 절에서 더 설명된다.)

<무효화하고-무효화되는 관계>는 <그것(인식)들 자체는 서로 관련이 없어, 그래서 쓸모없는 일반적 방식 외에는, 서로 반대가 될 수 없는> 인식들에 행하는 **주체의 자유** 덕분에만 가능하다.

샤이바의 견해에 따르면, <무효화하는 조건>은 정확히 <'아는 주체의 연속성과 단일성을 전제로' 다른 결과가 연속되는 것을 방해하는 것>이다.
쉬바 드리슈티 4:15 참조. ⧗

< 7 >

(이런 반론이 있을 수도 있다.) 마치 <빈 지면에 대한 인식>은 같은 시간에 <항아리의 부재에 대한 인식>을 수반하는 것처럼, <진주층(眞珠層, 자개)에 대한 인식>은 <은(銀)에 대한 인식>의 비-타당성을 수반한다.[1]

<항아리의 부재에 대한 인식>은 - "이 지면에는 항아리가 없다." - 정확히 말해서 <빈 지면에 대한 인식>이다. 왜냐하면 <빈 지면>은 <항아리의 부재>로서 나타나기 때문이다.

유사하게 <진주층에 대한 인식>은 같은 시간에 <은의 부재에 대한 인식>이라고 말할 수 있는데, 그것은 진주층과 은(銀) 사이에 상호 동일시가 없기 때문이다.

그러므로 그것은 <스스로 "무효화하는 인식"을 구성하는 바로 그 지각>이다.

✎ [1] 이 카리카는 <불교 논리학자들의 관점>에서 나온 반론의 목소리로, 그들에 따르면 <무효화하고-무효화되는 인식 관계>는 그 자체가 기반이 되는 "어떤 단일한 주체"가 필요하지 않지만, 그것은

<스스로 홀로 암암리에 '그것의 대상에 대한 다른 모든 인식'의 무효를 수반하는 바른 인식>이라는 것이다.

그 원리는 똑같은데 - 카리카에서 지적한 것처럼 - 냐야빈두-티카에서 다르못타라가 제시한 비(非)-존재(아-바와)와 비(非)-지각(안-우팔랍디)의 개념에 대한 설명에 깔려 있는 것이다.

<항아리의 부재의 인식>은, 본래는 <빈 지면의 인식>과 구별되더라도, 필히 그것과 연결되어 있다. 그것은 마치 <확정된 인식>이 <지각>과 연결되어 <지각의 후속 단계>를 나타내는 것과 같다. 즉 <똑같은 인식의 행위>가 둘 모두를 감싼다.

여기서 다르못타라는 다르마키르티에게 직접적으로 의존하는데, 다르마키르티는 여러 곳에서 - 프라마나-바룻티카, 프라마나-바룻티카-스와브릿티(自註), 헤투-빈두(因一滴論), 냐야-빈두 - 이것에 대해 광범위하게 논의한다.

다르마키르티가 그의 스승인 이슈와라세나의 아다르샤나-마트라와 확연히 구별한 개념의 요점은 다음과 같이 요약될 수 있다.

비(非)-지각은, 예를 들어 **쿠마릴라**가 주장하는 것처럼, <그것 자신의 특별한 **프라메야**(대상, 여기서는 **아-바와**)와 연결된, 별개의 **프라마나**(지각의 수단)>가 아니다. 그것은 <존재하는 어떤 것에 대한 긍정적인 지각>과 <그러나 인식자의 기대와 다른 지각과 대상>으로 구성되며, 이런 방식으로 부재를 드러낸다. <'다른' 사물에 대한 긍정적인 지각>으로부터 사람은 <오직 확정된 조건에 의도된 사물의 부재의 인식>으로 넘어갈 수 있다. 즉

우선 첫째로 <두 사물은 특정한 인식을 활성화할 수 있는 동등한 역량을 가져야 하고>, 그러므로 <그것들은 반드시 '단일한 인식 행위'와 연관되어야 하며>, 더군다나 <'부정의 대상인 사물'을 위하여, 거기에는 '그것의 지각에 필요한 모든 조건'이 지속되어야 한다.>

부재에 대한 인식은 즉각적이다. 즉 한 사물만의 지각은 다른 것의 부재에 대한 확정을 수반한다. 지면이 비어 있는 것을 보는 것은 - 고전적 예에서 - 항아리가 거기에 있지 않다는 것을 아는 것이다. 만약 이것이 가능하다면, 그것은 모든 인식의 바로 그 본질(본성)이 <다른 인식을 배제하는 것으로, 그 대상을 맥락적(脈絡的)으로 정의하는 것>이기 때문이다.

다르마키르티가 다른 논증들로 여러 번 말했듯이, 여기에서 우리는 <추론 과정>을 다루고 있지 않다. 그것(추론 과정)에 의해 <'다른 것의 거기에 있음'으로부터> 우리는 (중재를 통해) <'목표하는 것의 거기에 있지 않음'에 도달하는데>, 왜냐하면 **그 둘 사이에는** <링가-링긴의 관계>가 쉴 수 있는 **진정한 삼반다(관계)가 있지 않기** 때문이다.

그러므로 비-지각(안-우팔랍디)은 사물의 부재(비-존재, **아-바와**)를 직접적으로 드러내고, 또 실제로 이 개념의 사용(언어화 등)을 촉진한다.

비-지각(안-우팔랍디)은 **아-바와-뱌바하라**(즉, 비-존재의 거래)를 확립하기 위하여 헤투로 사용될 수 있지만, 그 반면에 정상인에게 그것은 <**'즉각적인' 개념에 '점차로' 도달해야 하는** 데 필요한, **미련한 지성(知性)을 조명하고 안내하는** 문제>일 때뿐이다.

'미련한 지성(知性, 붓디)'이라…

"빠른 길"이 있는데 '먼 길(?)'로 가겠다?
눈 있는 자는 보라!
"내 안의 신성을 되찾는 빠른 길" ⌛

< 8 >

그것은 용납할 수 없다.

<'빈 지면의 인식'으로부터 증명되는 모든 것>은 단지 <이 지면은 어떤 항아리가 아니라는 것>이고, <'지각 가능한 어떤 항아리'의, 지면 위의 부재>는 아니다.[1]

<빈 지면에 대한 인식>으로부터 <이 지면은 어떤 항아리가 아니다>는 것은 증명되지만, <이 기층 위에 (만약 그것이 거기에 있었다면) 그 부분에 대한, 시각의 대상이 될 수 있는 별도의 어떤 항아리가 있지 않다>는 것이 증명되는 것은 아니다.

✎ [1] 웃팔라데바의 대답은 <두 가지 유형의 아-바와(비-존재, 있지 않은 것)> 사이의 구별에 기초하고 있다. 즉

① '타다트먀' 즉 <그 지면은 항아리가 아니다>
② '비아티레카' 즉 <그 지면에는 항아리가 있지 않다>

전자에서는 지각이 아무 역할도 하지 않고, 후자에서는 그것이 필수적이다.

불교도들이 제안한 예는 오직 첫 번째 경우에서 유효할 것이고, 여기서 그것들에 관심을 갖는 경우에는 유효하지 않을 것이다. 즉 **그 안에서는 부정(否定)이 일반화되지 않고**, 불교도 자신들의 공식에 따르면, <'가상(假想)의 시계(視界)(드리샤트바)'를 특징으로 하는 어떤 대상>에 관련한다.

그것을 **비아티레카-아-바와**(부정적인 비-존재)에 적용하는 것은 <귀류법(간접증명)의 오류(**아티-프라상가**)>다. **쿠마릴라**는 **슐로카-바룻티카**에서 똑같은 것을 이미 지적하였다. **다르마키르티** 또한 자신의 이론에 대한 이런 가능한 반론을 예견했다. 즉

만약 <'동시에 그것의 대상을 정의하고, 또 **다른** 것을 배제하는 인식'에 대한 언급>이 <'부재(즉, 비-존재)의 인식'의 직접성을 설명하는 데> 기여할 수 있다면, 그 결과는 <효과적으로 지각된 대상 외의 모든 것에 관한 '일반화된 부정'>으로, 따라서 <위에서 언급한 그런 구별의 적용>이 불가능해진다.

다르마키르티는, 처음에 분명히 기술한 것처럼, <'**다른**'이라는 용어가 **안-우팔랍디**(비-지각)의 맥락에서 이해해야 하는> 협의(狹義)를 언급하는 것으로 대답한다.

결론으로, <비-지각>으로부터는, 그것이 정의된 것처럼, <한정된 시간과 장소에서(의) 한정된 어떤 것의 부재의 결정(확정)>이 따른다. ⌛

< 9 >
지면은 항상 <분리된 별도의 실체>인데, 그것은 사물들은 자족적이기 때문이다. 그러므로 어떻게 <그것(지면)에 대한 인식>이 때로는 <그것과 구별되는 사물이 거기에 있지 않는 것>을 확립하도록 이끌 수 있겠는가?

지면은 <그 자체보다 다른 것>으로부터는 항상 분리되어 있는데, 그러므로 어떻게 <그것(지면)에 대한 인식>이 어떤 경우에 오직 항아리 같은 그런 <별개 실체의, 그것(지면) 위의, 부재>를 확립할 수 있겠는가?[1]

<(그 지면의) 별개의 항아리와의 분리>는, 오로지 <'그 항아리와의 연관성(가타-사히타타) 또한 그것(지면) 자체의 모습(형태)를 구성한다'는 전제(前提, 경우)에서만>, 가끔 나타나는 지면의 측면(형태)일 수도 있다.

그러나 이것은 사실이 아닌데, 거기에는 각각이 자족적인 두 사물이 항상 존재하며, '그것들 사이의 연관(사히탸)'은 <그것들로부터 구별되더라도, 그 둘 다를 이루는 '(또 다른) 개별 실체'>는 아니다.[2]

반론 : 그렇지만 <두 가지 현현이 관련되어 나타나는 단일한 인식 행위>는 그 자체가 <둘 중 하나만이 나타나는 다른 인식의 부재>를 구성한다.³

대답 : (인식 행위는) 그럼에도 불구하고 대상을 <자족적인 것>으로 제한한다. 즉 '항아리의 부재의 확정'은 <자료(資料)의 직접적 결과>로서 일어나지 않고, 그 반면에 '장소의 존재의 확정'은, 그것은 '장소의 지각'에 의존한다,

반론 : 그러나 그것은 <결과의 부재>를 통해, 즉 <두 사물이 나타난 '단일한 인식'의 부재>를 통해 도달할 수 있다.⁴

대답 : 이것 또한 용납할 수 없다. 그것은 <중재(mediation)를 통해 도달한 인식>인 반면에, <(빈)장소의 확립>은 즉시(im-mediately, 중재가 없이) 그것을 보는 것에서 나온다.⁵

✍ ¹ **웃팔라데바**의 대답(반론)은 <상대방이 가진 마지막 **카드**, 어떤 의미에서 가장 중요한 **카드**>를 사용하도록 유도한다.

그것에 불교의 <**안-우팔랍디**(비-지각)의 개념>이 기초하고, 그것에 그 독창성이 있는 것이다.

<'사물 A에 대한 비-지각'이 그것(A)의 부재를 정의할 수 있으려면>, <(사물과 주체 모두에 관한) **지각-가능성의 모든 조건**>이 존재해야만 하고, 또 (이것이 그 핵심 포인트인데) **<단일한 인식 행위가 그것 모두(A, B)를 반드시 파악(관통)하여**, A와의 그런 관계 속으로 들어갈 수 있는 - A의 부재를 말할 수 있는 - **사물 B에 대한 긍정적인 지각**>이 **있어야 한다!**

만약 이 인식 행위가 일어나고 B만 지각되었다면 이것은 A가 부재하다는 것을 의미한다. 이런 의미에서 불교의 등식(等式)을 - 즉 "'B의 인식'은 'A의 부재'와 동등하다." - 이해해야 한다.

이것은 앞의 7절에서 보는 <무효화(바다)에 대한 불교의 설명>과 완벽하게 일치한다. - 즉 "'진주층(자개)의 인식'은 '은(銀)의 인식의 무효화'와 동등하다."

² 다른 곳에서처럼, 여기 <웃팔라데바의 비판이 의도하는 것>은 <모든 수준의 실용적 실재에 존재하며, 그것을 가능하게 하는, **그 역동성(力動性)의 유일한 근원**으로서의 "**나**"의 확인(긍정)을 필요하게 만들기 위해>, <현상적 실재('**대상**', '그 자체로 취한 **인식**' 등)**의 부동성(不動性)**을 강조하는 것>이다.

이렇게 하여 그는 반대의 길을 가는 불교도들과 계속해서 논쟁을 벌일 수밖에 없다. 여기에서 그는 <**사히탸**(그것들 사이의 연관성), **가타-사히타타**(그 항아리와의 연관성)가, '공간(빈 지면)이 지각될 때, 그것의 본성으로 지각될 수 있는' 어떤 것>이라는 것을 부정한다. 그것은 주어진 목표(실체)가 아니라 단지 정신적인 구성물일 뿐이다.

이 주제는 **티카**(즉 **비브리티**)를 따르는 **아비나바굽타**가 광범위하게 다룬다.

[3] 상대방은 **사히탸**(연관성)가 사물의 영역이 아닌 인식의 영역에 속한다는 것을 - **프라마나-바룻티카** 1:87을 보라. - 그 자신이 완전히 자각하고 있다는 것을 보여주며 - 누가 불교도(知性人)보다 더 그럴 수 있겠는가? - 자신의 입장을 덜 미심쩍은 용어로 재구성한다.

웃팔라데바의 대답은 IPVV에서 **아비나바굽타**가 발전시켰다. **다르마키르티**로서는 만약 그런 '연관(**사히타타**, **삼사르가**)'이 '주어진 사실(**바스투**)'은 아닐지라도, 그것은 인식에 존재하고, 또 '**그것을 일으킨 사물에 대한 인식**'에 의해 **반향**(反響)된 것이라고 말할 수 있다. (그 배경에는 **프라마나-바룻티카** 1:109에서 설명된 원리가 있다).

⁴ 그래서 그 지점에 놓인 불교도 상대방은 **냐야-빈두**에 기술된 11 가지 유형의 - **헤투-빈두**에서는 3 가지로 축소 - 첫 번째와 실질적으로 일치하는 한 추론으로 "지면에는 항아리가 없다."는 부정적 판단을 내림으로써 끝을 맺는다.

스와바와-안-우팔랍디(본성의 비-지각)는 **카말라쉴라**가 **탓트와-상그라하-판지카**에서 지적한 것처럼 그리고 정확히 **브릿티**에서의 그것의 공식화로부터 귀착(歸着)되는 것처럼 **카랴-안-우팔랍디**(원인의 비-지각)에서 해결된다.

그러므로 불교의 논리학자는, 불법(佛法)이 아닌, 불법(不法)으로 국면을 변경하였고, **웃팔라데바**는 즉시 이것을 지적한다. 불교의 논리학은 <부정적인 판단>의 이중적 수준을 완전히 자각하고 있고, 위 7절의 주석에서 보았듯이, 특정한 경우에 **아-바와-뱌바하라**(비-존재의 거래)를 설명하기 위해 추론의 관점에서 <부정의 표현(제시)>을 인정한다. 따라서 조망(眺望)에서 **<이 마지막 전환>은 항복(降服)과 동일하다.**

[초기 불교의 **미덕**(美德, **아름다움**)은 논쟁에서 지면, 이긴 쪽으로 **귀의**(歸依)하는 것이었다!]

⁵ 이것 또한 자주 재-진술된 <불교의 입장>으로, <불교 대화자(상대방)>도 모순되는 것으로 결론을 내린 것이다.

< 10 >

그러나 문제의 지면에 한 줄기의 빛이 있거나, 아니면 - 맹인에게 - 부드럽고 따뜻한 등의 감촉이 있다. 이 지면에서 그들 대상과 항아리와의 비(非)-동일시를 확립하는 것은 이들 지각이다.[1]

"이 지면에는 항아리의 부재가 있다, 항아리는 없다"라는 언어적 표현과 상대적인 행동은, 일단 문제의 장소에서 한 줄기의 **빛**을 직접 지각하거나, 어둠 속에서 따뜻하고 부드러운 등의 촉감을 가질 때만 - 첫 번째 경우에는 항아리의 형태의 부재를, 두 번째 경우에는 항아리의 만질 수 있는 형태의 부재를 구성하는데 - **시각**(視覺) 혹은 다른 감각에 의해(**알로카-아디**)[2] 정당하게 일어날 수 있다.

🕮 [1] 반대되는 논지를 비판한 후 **웃팔라데바**는 이제 그 자신의 주장을 내세운다.

이것은 <그들의 개념이 여기에서 **웃팔라데바**의 비판의 대상이었던, 불교 논리학의 스승들과 관련되는> "옛사람들에게는 알려지지 않은" 것이다. 즉

<항아리의 부재를 확립하는 것>은 <**빈 지면** 그 자체에 대한 인식>이 아니라, <어떤 감각을 통해,

반드시 그 장소에 있어야만 하는 '**다른 어떤 것**'에 대한 지각>이다. (**이 원리는 IPV에서 범주적으로 설명된다.**) 이 방식으로 <지각이 일어나는 데(**우팔랍디-락샤나**)> 필수적인 모든 요소가 있는 것이 그 **주체**에서는 확인된다. - 이는 불교도들 또한 요구한다(드리샤 = **우팔랍디-락샤나-프랍타**). - 시각적 혹은 청각적 등의 지각은 실제로 일어나고, 특정한 대상을 지각하는 것으로써, '다른 것(그것의 부재를 확립하고 싶은 대상)'에 대한 비-지각을 합법적으로 (이치에 맞게) 암시할(나타낼) 수 있다.

<**아다라**(위치하는 장소)와 **아데야**(위치해야 하는 그것)의 지나친 혼동 없이 모두> - 그 둘은 서로 뗄 수 없이 연결되어 있다(파라 트리쉬카에서 다룬 것이다). - <**부재를 확립하는 데 필요한 지각**>은 <지면(**아다라**)의 지각>이 아닌, 그 위의 공간(空間)으로, 그것은 '항아리 등(**아데야**)'으로 점유될 수도 있고 그렇지 않을 수도 있다.

[2] 여기서 **알로카**라는 단어는 같은 문장에서 먼저 "빛"의 의미로, 또 "시각"의 의미로 사용되었다.

그래서 덧붙이면, **탄트라 알로카**를 '탄트라의 빛'으로 읽지만, '탄트라의 시각(視覺)'으로 읽을 수 있다는 것이렷다. 그러면 다른 시각(視角)이… ⧗

< 11 >

피샤차는 빛과는 다른 것이다(안-알로카). (그럼에도) 볼 수 없기 때문에, 그는, 마치 그가 문제의 지면 안에 있는 것처럼, 빛 안에 거(居)할 수 있다. 모든 관점에서 그의 존재는 부정될 수 없다.

(지금까지) 설명한 것에 기초해서, <'빛이 **피샤차**와는 다른 것이라는 사실>이 곧 <빛 안에서 그것의 존재의 부정을 수반한다>는 것은 아니다. **피샤차**는 사실 볼 수 없으며, 그것이 빛과는 다르다고 하더라도 그것은 빛 속에 거할 수 있다. 똑같은 식으로 그것은 별 어려움 없이 진흙 덩어리 속에도 거할 수 있다.

그러므로 **피샤차**의 부재는, 그것이 가시적이지 않기 때문에, 반대되는 교설의 관점과 우리의 관점 모두에서 증명되지 않는다.[1]

✍ [1] **피샤차**는 <영적인 존재>로, 즉 신성, 천사, 악마, **사탄**, 유령 등을 가리킨다.

현대인들에게 위의 것들은 존재가 증명되지 않는 것이거나, 심지어 미신적(迷信的)인 것일 수 있다.

필자는 그런 <정신없는 사람들>에게 묻는다.

"그대(에게)는 (지금) 정신이 있는가? 없는가?"

그러면 그들은 자신에게 정신이 있다고, 자신이 정신 차린 말을 한다고 한다.

그들에게도 '정신(情神)'이라는 神, 신성, 악마는 있다는 것이다. 그러니

우리는 적어도 그 **<정신적(精神的)인 존재>**다.

각설하고,

상대방 불교도의 눈에, **샤이바**의 개념은 실용적인(즉, 실제의) 이 현실에서 필수적인 **비아티레카-아-바와**(부정적인 비-존재)를 '분화하지 않은 **타댜트먀-아-바와**(동일성의 비-존재)'로 만들어, 결과적으로 '**본질적으로(본성에서) 지각할 수 없는 것'의 부정조차도 포함하는 위험이 있다**. 사실, 이 절은 이 점에서는 **샤이바**와 불교가 완전히 동의하는 것이다. ⧖

< 12 >

따라서 <진주층의 인식>은 <은(銀) 인식이 존재하지 않는 것>으로 나타날 수 있다. 그러나 그것이 <이전의 은(銀)의 인식의 타당하지 않음>을 드러낼 수는 없다.[1]

<진주층의 인식>은 그 자체가 <은(銀)의 인식의 부재>로 나타난다. 그러나 특정 순간에 일어나는 진주층의 직접 인식을 통해 <과거에 일어났던 은에 대한 뚜렷이 다른(분명한) 인식>의 비(非)-타당성을 얻지는 못한다.

✎ [1] 이제 논의는 <무효화하고-무효화되는 인식 **관계**>로 돌아가는데, <부정의 개념에 대한 이 긴 흐름>이 이 **관계**의 요점과 그 함의(含意)를 명확히 하기 위해 필요한 요소를 제공한 뒤에다. ⧖

< 13 >

추론조차도, "속성-소유자(소명사)"가[1] 확립되지 않았기 때문에(다르먀싯데), 인식(認識)의 무효화를 설명할 수 없다.[2]

반면에 <모든 사람의 내적인 경험에 기초해 확립된(스와-삼베다나-싯다) 무효화>는[3] <하나인 아는 주체>로부터 파생된 것으로 일관성 있게 설명된다.

<진주층을 인식하는 그 순간>에, <은(銀)에 대한 이전의 인식>은 더 이상 존속하지 않는다. 따라서 속성-소유자가 확립되지 않았기 때문에 무효화는 추론의 관점에서는 설명할 수 없다.[4]

반면 그것은 <'단일한 대상에 관한 두 가지 인식으로 구성된 관계가 나타나는 것'은 "**단일한 아는 주체**"를 이루는 **자아-자각**(스와-삼베다나) 안에서이다>는 것을 유지함으로써 설명된다.

<차후에 확인된, 한 가지 인식은 유효하고 다른 인식은 아니라고 말하게 하는 실재>와의 일치는 <이전 인식이 또한 '현재의 직접 지각'에 대한 **자아-자각**에서 나타나는 한> 일어날 수 있다.

<일치의 결정> 또한 <**단일한 아는 주체**>에 의존한다(달려 있다).[5]

✑ 이 경문은 이렇게 번역할 수도 있다.

"어떤 논리적 반박은 추론을 통해서도 이루어질 수 없는데, 왜냐하면 (그런 무지의 시간에는) 반박하는 **인식의 존재(주체)**가 없기 때문이다.
그러나 그것(반박 혹은 무효화)은 <아는 주체의 단일성에 기초한> 자아-지식의 바탕 위에서는 정확하게 확립될 수 있다." (판디트 역)

[1] '속성(屬性)-소유자' 즉 여기서는 <인식하(려)는 **어떤** 주체>를 가리키는 이것은 '소명사(小名辭)'를 말한다. 그것의 국어사전적 의미는 이렇다.

"삼단 논법에서 결론의 주사(主辭)가 되는 말로,
 '포유류는 새끼를 낳는다.'라는 대전제와
 '**고래**는 새끼를 낳는다.'라는 소전제(小前提),
 '그러므로 **고래**는 포유류이다.'라는 결론에서
 '**고래**'와 같은 명사 따위를 말한다."

[2] 앞의 **카리카**는, 불교적인 개념의 영역에 남아있으면, 지각 홀로는 인식의 무효화(바다)를 설명할 수 없음을 보여주었다. 이 **카리카**는 추론에 대한 불교의 가능한 의지가 이런 목표를 달성하지 못할 것이라고 덧붙인다.

아비나바굽타가 말하는 것처럼, '**아피**(또한)'는 또한 **다르먀-싯데르**를 가리킬 수 있다. 이 경우에 속성-소유자(소명사)의 **아-싯디**(불완전) 뿐만 아니라 제시된 이유(헤투)의 **아-싯디**에 대한 암시가 있을 것이다. (비마르쉬니에서 자세히 다룬다.)

다르먀-싯디는 **다르마키르티**가 **아-싯다** 유형에 포함시킨 논리적 오류의 한 형태다.

[3] **토렐라**는, **브릿티**가 **바다**(무효화)의 분석적인 설명을 포함하는 소위 '동심원적 의미'를 그 자리에 나타나게 하더라도, 여전히 유효하게 남는 것으로 믿는다며, '즉각적인 의미에 기초하여' 이런 식으로 번역한다고 한다.

[4] 사실, 그 추론은 다음과 같을 것이다. 즉 <은의 인식(**다르민**)>은 <진주층의 인식 때문에>, 혹은 <'그것은 은이 아니다'라는 인식 때문에>, 아니면 <문제의 사물이 '두 가지 모순되는 인식'의 대상이 되기 때문에> - 세 가지 가능한 **헤투**(이유) - 결함 (잘못, **다르마**)이 있다.

브릿티가 명확하게 하는 것처럼, 잘못은 <추론의 순간에, 불교도에 따르면 '과거에 순간(찰나)적으로 생성된' 은의 인식은 더 이상 존재하지 않는다>는 사실에 있다. **아-싯디**의 결함(잘못)은 또한 가능한 **헤투**에 기인할 수 있다.

⁵ <무효화하는 과정>에는 두 가지 단계가 구별될 수 있다.

첫 번째 단계는 <두 인식 사이의 ① 갈등(葛藤) 즉 **비로다**)>이고,

그다음은 <예상되는 결과 등을 산출하는 그들의 능력에 기초한, '현실과의 ② 일치의 확인(**삼바다**)>이 있다. **비로다**(갈등)는 가능하다,

티카에 기초하여 **아비나바굽타**는 계속한다. 오직 거기에 <두 인식에 대한, **하나인 단일한 주체**>가 있다면, 유사하게, <오직 인식 '뒤에(**파라타**)' 일어나는 **삼바다**(일치의 확인)>는 '**그 주체**의 통합하는 행동(행위)'을 요구한다.

그러므로 무효화는 **비로다**와 **삼바다**에 의존하고, 이것들은 다시 **단일한 인식자**에 의존하기 때문에, 무효화 또한 이것(그 **주체**)에 의존한다. ⌛

< 14 >

따라서 순수하든 불순하든 일상적 세속 활동은[1] <엄청나게 분화된 대상적 실재의 나타남과 관련된, 주(主) 안에 쉬는(의존하는) 것>으로 경험된다.

마야의 힘 때문인 그 분화에 기초한 모든 실용적 활동은 <그런 지식을 가진 자>에게는 순수하고, <무지 때문에 눈먼 자>에게는 불순하다.[2]
<이 모든 일상의 실용적 활동은, 분화된 다양한 실재들의 현현에 종사하는 '**복 있는 자**(즉 主)'에게 기초한다는 것>을, **직접적 경험을 통해**,[3] 파악하는 일은 가능하다.

✍ 이 경문은 다음과 같이 번역될 수도 있다.

"그래서 세속적인 활동 전체는, 그것이 순수하든 불순하든, <다양한 현상들의 (반영적인) 현현으로 꾸며져 빛나는> **주** 안에서 경험된다." (판디트 역)

[1] <일상적인 활동(뱌바하라)>에는 <판매, 구입, 말다툼 등으로 구성되는 불순한 면>이 있어 속인이 몰두하고, 또 <자유의 길에 들어선 이>에 **관련된** <가르침, 명상, 입문, 의식(儀式) 등으로 구성되는

순수한 면>이 있다. 그러나 이 구분은 절대적이지 않고, **의식(意識)의 점진적 고양(高揚)과 함께 감소한다.**

² 즉 사칼라, 프랄라야칼라, 비갸나칼라

³ 실용적(실제의) 실재는, 그것이 **지고의 의식**에 뿌리를 두고 있고, 또 이것은 **'직접적 경험' 자체를 통해**(즉, 추론을 통해서가 아니라) 알려질 수 있는 것에서 가능하다.

이 경험은 <명상과 이 가르침의 반복적인 수행을 통해>, '그것에 즉시로 도달할 수 없는 둔한 영혼'에게도 **접근 가능하다.** (이것이 이 책을 읽으라는 이유다.) ⧗

제 8 장 주의 특성(特性) (11절)

쉬바에게 절하노니, 그는
실생활을 통해 **궁극**을 깨달은 이들에게
항상 **위대한 주**로 자신을 드러내누나.
이는 **경험의 일**이지, 논쟁거리가 아니라.

지금까지 '지식, 기억, 배제의 힘'을 설명한 후, <'이 모든 것의 **한(유일한) 기초**'가 없으면 우리의 실생활은 불가능하다>는 것을 보여주었다.

이제 <"**자유**"에 지나지 않는 그의 **전능**(全能)>이 설명될 것인데 - **전능**은 **행위**를 말한다. - **자유**가 **지식**에 속하기 때문에 여기(**지식**편)에서 열한 절로 다룬다.

< 1 >

그러나[1] 현현(들)은 가끔은 <바로 그 순간에 일어나는 '직접적인 감각 경험'>에 의존하고, 따른 때는 맹인, 어둠 등의 경우처럼, 의존하지 않는다.[2]

때로는 현현들이 <현재의 직접적 경험>으로 전달되어 "이것은 항아리다."라고 표현되는 인식을 결정한다. 반면, 어두움 등의 경우에 그것들은 <이전의 지각>에서 파생된다.

✎ [1] "그러나(케발람)"는 앞의 장(章)을 결론짓는 일반적 진술의 제한을 말한다. 즉 현상적 존재계의 구조 전체는 **주** 안에서 자신의 실체를 갖는다.

[2] 이것은 **아바사**(현현)가 선명도 혹은 생생함에서 어떻게 다른지를 설명한다. 한 **아바사**의 생생함은 '직접적인 경험' **아바사**와의 연관성에 달려 있다.

그러므로 이것은 주체가 어둠 속에 있거나 맹인(선천적 맹인이 아님)일 때는 놓치고, <이전의 직접적인 경험>에 기초한 재구성으로 대체된다. 반면에 맹인으로 태어난 경우에 이것은, <그것이 전생에 의해 남은 잠재된 흔적을 통해 일어나는 것을 인정하지 않는 한>, 전혀 없다. ⧗

< 2 >

반면에 <미래, 현재, 과거의 대상들과 관련하는 정신적 구성물의 영역 안>에서 그 대상의 현현의 본질적인 존재에는 차이가 없다.

기억(記憶)과 추측(推測) 같은 그런 직접 지각을 따르는 정신적 구성체에서, 혹은 그것에 의존하지 않는 것들에서, 세 가지 시간과 관련하여, 대상의 현현은 내적으로는 똑같은 것으로 남는다.[1]

✍ 이 경문은 이렇게 번역할 수도 있다.

"그러나 어떤 실체의 존재에서는 어디에서도 - 그것이 현재, 과거, (심지어) 미래의 대상들에 대한 생각들 사이에서는 - 어떤 차이도 없다."

(판디트 역)

[1] <'푸른색'의 **아바사**>는, 그것이 <'나는 본다', '나는 기억한다', '나는 상상한다'라는 **아바사**>와 연관되어 나타나더라도, 본질로는 똑같은 것이다.

유사하게 <'보는 일'이라는 그 **아바사**>는, 그것이 차례대로 <'푸른색', '항아리' 등의 **아바사**>와 연관되더라도 본질로는 똑같은 것으로 남는다.

마지막에 모든 것은, 구별 없이, <'**나**'의 형태>를 취한다. (즉 **나는** 지각한다, **나는** 기억한다, **나는** 푸른색을 상상한다).

모든 것이 "**나**"에게로 수렴(收斂)된다는 것이다. 모든 것이 "**나**"에게서 취합(聚合)되고, "**나**"안으로 용해(溶解)되고, 융해(融解)되고, 융합(融合)된다.
<그런 "나">를 깊이 아는 일, 깊이 느끼고, 깊이 인식(認識)하려는 것이 이 책의 목적이다.

비갸나 바이라바는 말한다.

사랑하는 자여!
모든 것을 포함하라.

이 방편은 **나**의 **의식**(意識)을 확장(擴張)한다. ⌛

< 3 >

 <즐거움 등>과 <즐거움 등의 상태의 원인들>이 진실하고 또 그 현현이 존재한다고 하더라도, 그것들이 과거에 속하기 때문에, <그 즐거움과 유사한[1] 효과적인 조건>은 생성되지 않는다.

 <즐거움, 고통 등의 현현>과 <그것들을 일으키는 요인들의 그것들>은, 항상 내적으로[2] 존재하더라도, 기쁨 등의 상태를 일으키지 않는데, 왜냐하면 그것들이 (문제의 경우에서는) 과거에 속하기 때문에, 그것들은 <현재의 순간>에서는 외적인 존재를 가질 수 없고, 오직 <현재의 순간에 존재하는 현현>만이 위에 언급한 상태를 생성할 수 있기 때문이다.

✎ 이 경문은 브릿티와 더불어 다음(4절) 경문과 연속해서 읽어야 이해하기 쉽다.

[1] <과거에, 그 특별한 즐거움 등과 그것의 원인이 존재했을 때, 경험한 것과 유사한>

[2] <'나'와 연합하여> ⌛

< 4 >
그러나 만약 즐거움 등이 <정신적 표현(표상)>을 통해 강렬하게 재현된다면, 그때 그 똑같은 상태는, 그가 그 즐거움을 생생하게 경험하기 때문에, 주체에서 똑같은 방식으로[1] 생겨난다.

특별히 강렬한 노력과 더불어 <**자율적인 정신적 표현(표상)**>을[2] 통해 재현되면, 즐거움 등은 완전히 생생하게 되고, 또 똑같은 방식으로 기쁨(비카사)[3] 등을 유발한다.

✎ [1] 즉 <'외적인' 즐거움에서 비롯된 것처럼>

[2] **웃팔라데바**는, <확정적 지식이나 판단과 같이, '직접 지각'에 엄격하게 의존하는, 기억을 배제하기 위해> 비칼파를 '**자율적인**'이라고 명시한다.

(그런) 기억(記憶)의 역할은 <정신적 환기(喚起)를 위해 대상을 제공하는 것>에 한정되는데, 대상을 특정한 과거의 시간, 장소와 주체와의 관계(묶임)로부터 해방시키고 **의식에 아주 생생하게 가져와서, 마치 그것이 전혀 새로운 것처럼 나타나게** 한다.
(I,4:2 참조).

마르셀 프루스트의 <잃어버린 시간을 찾아서>의 <"마들렌 과자가 일으킨 기적"과 "돌부리(鋪石)에 걸렸을 때"의 일>은 그런 것("**자율적인**")을 말한다. <**돌과 즈슴 이야기**>에서 더 자세히 다룰 것이다.

[3] 비카사('확장', 기쁨)는 **파라 트리쉬카** 138쪽 참조 ⌛

< 5 >

'외부성(바햐타)'은, 존재와 비존재의 현현의 바로 그 핵심(아트마)이 아닌, '부수적 조건(우파디)'으로 여겨야 한다. 그러므로 이것들은, 그것들이 내적인 현현인 한, 항상 존재한다.

존재와 비존재에 관한 모든 다양한 현현은, 비록 그것들이 외부로 나타나지는 않더라도, 예를 들어, 기억 등에서 어떤 존재를 가진다. <그것들이 외적으로 존재한다는 사실>은 단지 부수적인 조건이지, 그 자체의 형태가 아니다.
"비존재"의 현현에서도 똑같은데, 비록 이것이 내적인 존재만을 가지더라도, 그것이 외적으로는 존재하지 않기 때문이다.[1]

✎ [1] **쉬바-드리슈티**는 말한다(3:78ab).

"**그의 본성은 실재(實在)(의 것)**임을 알라.
 일상의 세계는 전혀 아무것도 아닌데,
 <**주(主)의 상태**>는 오로지 그러하여
 비-실재(의 것들)의 형상이기 때문이라."

< 6 >

내적인 이 현현은, <그것이 '아는 주체'와 하나인 한>, 분화를 상정하는 인과적 효율을 가질 수 없다. (아는 주체에 관련한 현현의) 외부성의 조건이 존재할 때라도, 인과적 효율은 현현의 분화에 기초하여 분화된다.

'푸른색', '즐거움' 등 같은 모든 다양한 현현이 내면에 영구히 존재하더라도, 정확하게 그것들은 <**아는 주체**>에만 구성되기 때문에 그것들은 <인과 관계 등의 전형적 분화에 기초하는> 인과적 효율을 가질 수 없다.

비록 거기에 <**아는 주체**>로부터 분화의 조건이 있더라도, 현현과 연결되는 인과적 효율은, 그것이 형태 등에 있는지에 따라 (예로, 그것의 정신적인, 감각적인 것 등의) 현현의 다양성과 부합하여 분화되는 것으로 보인다.[1]

✎ [1] 다른 말로, 이것은 필요조건이지 충분조건은 아니다. 어떤 현현(**아바사**)이 확정적인 효과를 내기 위해서는 <일련의 상세(詳細)>와 <다른 **아바사**와의 관계>도 필요하다. 인과적 효율성(**아르타-크리야**)에 대해서는 II,3:6 주[1] 참조 ⌛

< 7 >

그것들이 본질적으로 의식으로 구성되는 한, 그 현현들은 영원히 내적으로 있고, 마야의 힘 때문에 외부로 현현되는 한, 또한 외적으로 존재한다.

그것들 자체의 형태가 **의식**이기 때문에, 그 현현들은 **영구히 내적으로** 거(居)한다.

사람은, <사물이, (그것은) 빛과 분리되지 않고 남아 있는데, **마야**의 힘에 의해 '직접 지각'의 대상으로[1] 외부로 나타**나게 될(만들어질) 때**>,[2] 외적인 현현이라고 말한다.

그러나 그것들이 직접적으로 지각될 수 있을 때라도 그것들은, 이런 이유로, 최종 분석에서 **내적인 것**을 그치지(중단하지) 않는다.

반면에 창조하려(고 의도하)는 등의 경우는 사물조차도 **내적인 것**이 된다.

✍ 이 경문은 이렇게 번역될 수도 있다.

"**아바사**는 본질에서 **의식**의 성격이므로 그것들은 항상 내면으로 존재한다. 그러나 그것들이 **마야**에 의해 외부적으로 현현할 때, 그것들은 또한 외부적으로 존재한다." (판데이 역)

¹ **아비나바굽타**는 **티카**의 맥락을 따라서 "'직접 지각'의 대상으로" 즉 '직접적으로 지각될 수 있는 것으로(프라티악샤트베나)'라는 표현 안에 포함된 다양한 의미를 자세히 다루며, 이 문맥에서 언급된 **비칼파**(특히 '**독립적인**'이라고 하는 **비칼파**)들 또한 '(이후) 보게 될 것으로 예상되는 사람들'의 놀람을 상상하는 것으로 시작한다.

웃팔라데바는 여기에서 일반적으로 받아들여지는 것과는 대조되는 것을 강조하는 데 우선은 관심을 두고 - 이 경우에는 <탁월하게 외적으로 여겨지는 것[**프라티악샤**(지각)의 대상]의 궁극적인 내면성>을 주장하고 - 반면에 <**비칼파**(정신적인 구성물)들의 내면성>은 일반적으로 당연한 것으로 여겨지므로 구태여 말할 가치를 느끼지 않는다.

반대로 <논증되어야 하는 것>은 - 이것은 다시 한 번 일반적인 견해와 충돌한다. - 정확하게 바로 이 <**비칼파**의 그 진짜 외부성>이며 이것은 다음 절에서 다룬다. 나중 이 외부성은 궁극적으로 <모든 실재에 공통인> 어떤 '**근본적 내면성(內面性)**' 위에 놓이게 된다.

[오래 전 필자는, 분석 심리학의 **융**이 어딘가에서

이렇게 말한 것을, 기억한다.

<'생각'은 외부(어딘가)로부터 (나에게) 들어오는 것>이라고 말이다.

그리고 성경은 말한다.

"지혜(智慧, 좋은 생각)는 **어디서 오며**,
명철(明哲, 理解, 悟)의 곳은 **어디인고?**"]

브릿티의 **프라티악샤트베나**(직접적으로 지각될 수 있는 것으로)는 또한 다른 기능을 가질 수 있는데, 이 표현은 감각적이든 정신적이든 **의식**에 직접 존재하는 모든 유형의 **아바사**를 가리킬 수 있으며, 따라서 그것들의 차별 없는 **사탸타**(진실성)를 나타낸다.

[위 **프라티악샤**(직접 지각)와 앞에서 나온 **아누마나**(추론)……

이것은 **냐야** 부분에서 설명한 것으로, 썩 내키지 않지만. 불교 인식논리학을 들먹이므로, 한자어로 된 것을 몇 개……. (사라져야 할 한자어다.)

삼량(三量)은 현량(現量), 비량(比量), 비량(非量)이다. 여기서 '헤아릴' 량(量)은 **프라마나**(인식)를 말하는데, **카시미르 쉐이비즘**에서는 <인식의 방법(도구, 수단)>을 의미한다.

① **현량**(現量, **프라티악샤-프라마나**)은 <**(지금)** 직접 지각한 인식>, 간단히 <내, 외적 감각기관으로 아는 것>으로 직접지(直接知)(?)라고 할 수 있다.

② **비량**(比量, **아누마나-프라마나**)은 <추론적인 인식>으로, **비교**하여 아는 분별지(分別知)(?)이다.

③ **비량**(非量, **아-프라마나**)은 <잘못된 인식>으로 <잘 헤아리지 못한 인식>, <지식도 **아닌**(非) 것>(?) 이다.]

² 브릿티는 사역형(使役形)을 사용하여, <'마야의 힘에 의해 지배되는 일상적 경험'이 **의식**(意識)과는 무관하고 또 독립적인 것으로 여기는 경향이 있는 **'대상적 실체의 현현'**>에 대한 타율성(他律性, **파라 탄트리야**)을 강조하려고 한다.

반면에 '문법적인 사색(思索)'은 이 같은 진술에 정확한 한계를 설정할 수 있고, 그것은, 만약 문자 그대로 취한다면, 그것(진술)이 나아간 만큼 사람을 진리에서 멀어지게 할 위험이 있다.

만약 <현현하게 되는, 빛나는(**프라카슈-**) 행위>에 대한 책임이 오로지 <사역형의 일차적 주체(**헤투**)>, 다른 말로 **의식**에 있다면, 이것은 그 주체가 **빛의 실재**와 완전히 무관하다는 것을 의미할 것이다. - 그리고 그 경우는 정말로 "**바햐**(외부의 것)"이거나,

샤이바의 관점에서는 그냥 아무것도 아닌 것이다.

그러나 바르트리하리가 <바캬-파디야>에서 말하듯이(III,7:122-128), **<사역형으로 유도된, 행위의 주체>만이 <"그것의 자유로운 행위자로서" 행동할 수 있는 요건(要件)을 갖춘 자>**일 수 있다.

[사역형(과 명령형)에 관한 것 등은 **삼위일체경 <파라 트리쉬카>**에서 다루었다. 326-329쪽 참조]

사역(使役)의 의미는 <헤투(일차적 주체, **의식**)의 다소간의 '하게 하는' 자극(명령)을 넘어가지 않고 **카르트리**(행위자)가 어떤 행동을 수행하(게 하)는 것>이다. 즉 오직 <**그 자체로 빛날 수 있는 무엇**>, 다른 말로, <**본질적으로 빛인 그것**>만이 나타나게 하거나 빛나게 할 수 있다.

그래서 그 '아바사(현현)의 상태'는 **스와탄트리야(자율성** 곧 '**절대 자유**')와 파라탄트리야(타율성) 사이의 이 미묘한 균형에서 발견된다. ⌛

< 8 >

<'담론적(談論的) 사고(비칼파)'의 영역에서 일어나는 '정신적 표상(울레카)'>조차도 외적인데, 왜냐하면 그것이 분리의 관점에서 나타나기 때문이다.

실제로 **내면성**은 <'아는 주체'와의 **단일성**>이고, 외부성은 <그와의 분리>이다.[1]

담론적 사고의 영역에서 항아리 등의 그 정신적 표상은, 시각(視覺) 같은 감각의 대상은 아니라도, 그럼에도 그것이 (**주체**로부터) 분리된 것으로 현현하는 한, 외적이다. 진실로 **내면성**은 <성찰적 자각 "**나**"(아함-비마르샤)>이고, 외부성은 <성찰적 자각 "이것">이다.[2]

그래서 항아리 등과 같은 그런 사물에는 두 가지 종류의 외부성이 있다. 즉, 그것들은 <외적 감각>과 <내적 감각> 둘을 통한 인식의 대상이다. 즐거움 등에는 하나가 있는데, 그것 안에서 그것들은 오직 <내적 감각>에 의해서만 인식된다.

✎ 이 경문은 이렇게 번역될 수도 있다.

"상상 속에서 그려진 것, 이것 역시 외부적인 것인데, 왜냐하면 그것이 ('나'로가 아닌, '이것'으로 주체로부터) 분리된 것으로 빛나기 때문이다.

내면성은 주체와 '하나인 것'으로 구성된다. 그것(주체)과의 분리가 외부성이다." (판데이 역)

¹ 우리는 <'직접 지각'과 또 '**비칼파**'에서 **아바사**(현현)의 외부성에 대한 이런 논의가 일어나는 그 배경>에 주의해야 한다.

실제로 외부성은 인과적 효율성의 존재가 그것에 의존하는 필수조건인 것으로 선언되었다. (그리고 **비칼파** 또한 결과를 낳을 수 있다는 것은 부인할 수 없다). 또 이 의존은 불교도가 지지하는 **사탸타-아르타-크리야-카리트밤**(실체의 인과적인 효율성)의 동일시를 논박하기 위해 제기된다(II,3:12 참조).

브릿티는 이 <일반적 외부성의 두 가지 형태>를, **아바사**가 <외적 감각, 내적 감각 모두>의 대상인지 아니면 오직 <내적 감각>의 대상인지에 따라, 구별한다.

² <대상을 '**나**'(**단일성, 내면성**) 혹은 '이것'(분리, 외부성)의 관점에서 의식하게 되는 것>.

이 절은 **파라 트리쉬카**에서 이렇게 인용한다.
"<'이것'이라며 명확한 대상을 확정하는 일>은 <그 언급 대상>을 **참나**의 본성에 이르게 한다. 이 언급은 **나-의식**(아함-비마르샤)을 구성한다." ⌛

< 9 >

주의 의지 때문에 <정신적 표상>과 즐거움 등은 의식에 외적인 것으로 현현된다.

똑같은 식으로 <(또한 주의 의지 때문에) 눈 등으로 지각할 수 있는 실체들의 국면에 있는 것의 - 직접 지각의 형태로 - 현현>은 외적이다.

마음을(바웃다)[1] 통해 일어나는 즐거움과 고통, 부끄러움 등의 <정신적 표상>의 현현(프라카샤)은,[2] <**주의 힘 때문에**[3] '직접 지각'의 형태를 갖고, 모양 등과 같은, 눈으로 지각 가능한 그 실체들과 관련하는 현현>과 다르지 않다.

✎ [1] 만약 이 <아는 일(앎)>을 '바웃다'라고 부른다면 - 가상의 반대자가 말하는 <이 경우 실제적인 **그라하카**(주체)는 **마나스**(**마음**)이다>라는 사실에도 불구하고 - 그것은 그것이 <**붓디**(지성)에 적절한 **니슈차야**(확인)의 행위>에 의해 결정(결론)되었기 때문이다.

[브릿티의 '바웃다'라는 말은 **붓디**(지성, 知性)의 형용사이고, 불교도(지성인, 知性人)를 가리키기도 한다. 좌뇌(左腦)가 더 뛰어나다는 말이다. 잘 아는 대로 **좌우뇌의 동시 활성이 영성의 목표다**.]

² 다시 한 번 '**프라카샤**'를, 그 의미 밀도를 유지하면서 - '빛', '현현', '의식에 대한 현존'과 그에 따른 '빛', '지각', '지식' 등 - 어떻게 번역할지의 문제가 일어난다.

(말은, 정말이지, 어렵다. 그렇지만 이 책의 독자 수준에서는, 어려운 문장일수록, 찬찬히 음미할수록 **프라티바**가 순간마다 번뜩일 것이다. 또 그런 것이 이런 책을 읽는, '어떤 **깨달음의 맛**'일 것이다.)

³ **이슈와라는 <모든 현현의 궁극적인 근원>이다.** 이것은 <제한된 주체로부터 '보다 독립적인 것으로 보이는', '외부적 대상으로' 지각의 대상인 것들의 경우에서>뿐만 아니라 <'정신적 표상' '환상' 등과 같은, 오직 개인의 의지로 결정되는 것으로 보이는 것들의 경우에서>도 그러하다.

유사하게, **소마난다**가 **쉬바 드리슈티** 1:44에서 말하듯이, 항아리는 토기장이에 의해 만들어지지만 <그의 창조성이 **주의 편재(遍在)하는 창조성** 안에 포함되는 한>에서만 가능하다. (I,5:7 주¹ 참조) ⌛

< 10 >

지금까지의 말한 것에 따르면, <인식들의 통합> 없이는 일상적인 세속의 활동은 불가능할 것이다. <다양한 인식들의 그 통합>이 기초하는 것은 <빛의 단일성> 위이며 이 <단일한 빛>이 정확히 <하나인 아는 주체>다.[1]

이것은 분명하게 확립되었다.

진실로 실용적인 활동은 <자체가 서로 분리되어 있는 다양한 인식의 통합>에 기반을 두고 있으며, 인식의 통합은 <본질에서 **단일한, 빛-원리**>로 구성된다. 이 **단일한 빛**이 정확하게 <**아는 주체**>이고, <**하나**>이며, <**지고의 자아(나)**>라고 부른다.

✍ [1] 이 **이슈와라 프라탸비갸**보다 약 천 년 후 서양의 **임마누엘 칸트**는 유명한 "synthetic unity of apperception" 즉 "통각(統覺)"이란 개념으로 이 중요한 진리를 표현한다. (스판다 카리카에서 다루었다.) ⌛

< 11 >

그리고 정확히 이 <아는 주체>가, 그가 '흠 없는 성찰적 자각'이 특징인 한, 마헤슈와라이다. 사실, **하나님 안에서** 이런 자각(알아채는 일)은 <순수한 **지식과 행위**>이다.

마헤슈와라는 **지고의 자아**이고, 그 본성은 **의식**이며, <성찰(반성)적 자각으로 구성되는 그 자신의 기본적인 **온전성**(穩全性)>을 지닌다.

쉬바라고 하는 이 **의식-원리**에는, 그의 핵심은 모든 것이며, <성찰적 자각 "**나**"와 다른 것이 아닌, 절대적으로 순수한 **지식**과 **행위**>가 있다.

반면 이슈와라 안에는 <'부분적으로 분화된(빈냐-아빈냐) 것을 떠맡은 대상'과 있는 그대로 연결된 **지식**과 **행위**>는 부분적으로 순수한(슛다-아슛다) 것으로 여겨진다.

개별적 주체의 국면에서 일어나는 것처럼, 그때 분화를 떠맡은 대상적 실재를 언급하자면, <각각 **삿트와**와 **라자스**에 의해, 다른 말로 **빛**과 **활동**에 의해 알려진> **지식**과 **행위**는 타마스로 수축되어 불순하다고 부른다.

✎ 이 카리카는 스판다 카리카 <들어가며>에서 다루었다.

"신성은 항존(恒存)하고, 불변하는 <**참나 자각**(즉 **비마르샤**)> 때문에 <**위대한 주**(마헤슈와라)>라고 한다.

그 절대적 자유 안에서, <**자신을 알아채는 일**>은 신성의 <**지식**(**재인식**)과 **활동**>을 이룬다." ⌛

제 2 편

행위(行爲)편
크리야-아디카라

제 1 장 <행위(行爲)의 힘> (8절)
제 2 장 <다양성 안의 단일성> (7절)
제 3 장 <올바른 '지식의 수단'> (17절)
제 4 장 인과 관계의 본질 (21절)

영광스러운 가우리의 부군(夫君)이
우리에게 최고의 진리를 드러내기를!
그는 그의 자유 의지를 통해
<주체와 대상이라는 두 강둑 사이에서
(시간 등의) 무수한 물결의 기초인
행위의 힘이라는 **출렁이는 강(江)**>을
그 자신의 맑고 확장된 거울 위에 현현하누나.

가우리는 파르바티의 별명이다.

위에서 특별히 <가우리의 부군>이라고 한 것은 **행위의 힘**을 강조하려는 것이다.

가우리는 대지, 언설 등을 의미하며 특히 위의 축원시에 나오는 **강**(江, **끊임없이 출렁이며 흐르는 것**)을 말한다.

다른 말로, 성경의 저 **성령**(聖靈)이라는 무엇의, (우리 안에서) '**끊임없이 출렁거리며**' (나를 광야로, 세상으로 **몰아내는**) 그 **역동성**(力動性, δύναμις, 뒤나미스) 말이다.

제 1 장 <행위(行爲)의 힘> (8절)

쉬바에게 절하노니
행위의 힘이라는 그의 연인(戀人)은
그에게 쉬면서, 여러 종류의
경이롭고 **장난스런** 움직임을 보여주노라.

 이제 그 모든 세부 사항을 완전히 확립하기 위해 <**행위(行爲)의 힘**>이라는 여덟 절을 다루는 것으로 시작한다.

< 1 >

그러므로 앞서 제기된 "<단일한 주체에 속하는, 단일하고 또 연속적인 행위>는 용납될 수 없다"는 반론[1] 또한 <단일한 (의식의) 존재의 실증을 통해> 거부되었다.

단일한 **의식-원리**의 실증을 통해 단일한 **주체**와 관련된 활동은 단일한 것으로 증명되었다. 그래서 행위에 대한 반론조차 논박된 것으로 판명된다.

✎ [1] 앞 I,2:9에 나온 불교도의 반론이다. ⌛

< 2 >
연속은 <시간의 힘에 의존하는 일상의 행위>에 존재한다. 그러나 그것이 주에게서는 아닌 것처럼, 신성의 영원한 행위에서는 용납될 수 없다.

마야의 힘 때문에 분화된 것처럼 보이는 실체의 행위는 시간의 힘에 의존하며 연속적이다.[1] 그러나 <주의 바로 그 핵심이며, 시작도 끝도 없이, 자아의 자각에 의해 알려지는 **행위**>는 그렇지 않다.

✍ [1] '하나'로부터 '다자(多者, 여럿)'로 넘어가는 원인으로서의 시간의 힘에 대한 '고전 문구'는 **바캬파디아** I,3과 그 **브릿티**이다.

마야-샥티의 작업(사물 사이의 분화, 사물과 주체 사이의 분화)과 **카알라-샥티**의 작업(활동 속으로의 연속의 도입) 사이의 구분은 **바캬-파디아** III,3:83에 대한 **헬라라자**의 주석에서 거의 똑같은 말로 발견된다.

이제, 잘 아는 대로, **행위**(行爲)를 다루려면 먼저 **시간**(時間)을 다루어야 한다.

하이데거는 <존재와 시간>에서 "**시간성**(時間性, Zeitlichkeit, temporality)"을 말하고 있다.

시간성은 <(통상적인 의미의) **시간의 근원**>으로, 그는 "**참으로 의미 있는 시간**은 바로 **시간성**이다. 인간은 **시간성**을 만들어가야 한다."고 한다.

이 **시간성**을 어떻게 이해할 것인가? (물론 <하이데거의 용어>를 반복하지 않는 범위에서 말이다.)

서양 철학에서의 시간 개념에 대해서는 소광희의 <시간의 철학적 성찰>을, **시간이 있으면**, 한번 읽어보라. (잘 아는 대로, **<시간 개념>을 조금 넓힌다고 해서 시간을 정복하거나 초월할 수는 없다**. 그것이 우리의 상황이다.)

어쩔 것인가? 무엇이 문제인가?

오래 전 <시간을 지배(支配)한 사나이>라는 책을 읽은 적이 있다. 최근 <시간을 정복(征服)한 남자 **류비셰프**>로 나와 있다.

소위 "시간 통계"로 자신의 시간을 아껴 썼다는 것은 참 드물고(놀랍고) 본받을 만한 일이다.

그러나 우리말 번역의 책 제목은 - 필자는 그때 책 제목 때문에 구입했다. - 책의 내용과는 거리가 멀었다. '지배'나 '정복'이라는 말이 그런 것도 포함할 수 있는 것인지는 잘 모르겠다.

러시아어 제목이 <Эта странная жизнь>이면 <This strange life(이 놀라운 삶)>도 좋은데….

하여튼 <무의미한 많은 시간>을 사는 것보다는 - 예를 들어, 무의식 상태에서, 소위 '식물인간'으로 몇 년을 사는 것 등등 - **<의미 있는 시간>**을 사는 것이 - 예를 들어, 나 자신을 찾는 삶 - 더 진짜의 (진정한) 삶일 것이다.

그런 의미에서 하이데거의 **시간성**(時間性)이라는 **<참으로 의미 있는 시간>**은 음미(吟味)해 볼만한 말이다.

<시간의 근원>이라……

이 절을 **아비나바굽타**는 **파라 트리쉬카**의 해석에서 이렇게 말(인용)한다.

"**주**의 <시간의 힘(**카알라 샥티**)> 때문에, 세속적 활동에만 연속이 있다. 그러나 **주**의 <영원한 활동(**크리야 샥티**, **무위지위**(無爲之爲))>에는 연속이란 있을 수 없다. (그것은 **비마르샤**의 본성이다.) 마치 **주** 자신에게는 연속이 없듯이." ⌛

< 3 >
시간은 <태양 등의 통과>, 혹은 <이런저런 꽃의 개화 등>, 혹은 <더위와 추위(의 순환)>이다. 혹은 시간은 실제로 이런 요소가 특징인 "연속(크라마)" 외에 아무것도 아니다.

시간은 <일상의 경험에서 공통되는 지식인 여러 행위>로,[1] 혹은 추위 등으로 구성된다. 혹은 오히려 시간은 **연속(連續)** 그 자체이며, 이런 특성이 있다. 즉 그것은 <분화된 것으로 나타나는 그들 존재에서 **모든 다양한 실체들의 부수적인 특질**(우파디)>이다. 시간은 이 **연속** 외에 아무것도 아닌데, 왜냐하면 그것을 통해 시간적 분화가 확립되기 때문이다.

✎ [1] 똑같은 개념이 **바캬-파디아** III,9:77에 표현되어 있다. <'시간'이라는 이름이 실체들에 주어져, 다른 것들을 위한 '기준점' 혹은 "측정"으로 작용할 수 있는 개념> 말이다.

"<어떤 활동의 (시간적) 측정이 잘 알려져 있고, 이제 다른 활동과 관련해 그 활동(의 지속)을 측정하는 데 사용되는 것>을 시간이라고 한다."

참고로, 국어사전에 의하면

심리학에서는 <전후, 동시, 계속의 장단에 관한 의식(意識)>을 말하고,

철학에서는 <과거로부터 현재와 미래로 무한히 연속되는 것>, 곧 <사물의 현상이나 운동, 발전의 계기성(契機性)과 지속성을 규정하는 객관적인 존재 형식>을 말한다고 한다.

시간(카알라) 등에 대한 것은 **파라 트리쉬카**와 **탄트라 사라** 등을 참고하라.

그리고 우리말 '시간', '공간', '인간'이란 말에서 '사이 간(間)'에 대해서는 <**돌과 즈슴 이야기**>에서 더 다룬다. ⌛

< 4 >

연속은 분화에 기초하고, 이는 또 <어떤 현현의 존재 혹은 비-존재>에서 유래된다. <현현들의 존재 혹은 비-존재>는 그것들의 다양한 모습을 결정하는 주(主)에 의존한다.

<사물에서 연속의 원인>은 주(主)의 그 **행위**인데, 그는 <본질에서 분화되고 상호 배제하는 현현>의[1] 다양한 형태를 감독(지향)한다.

✎ [1] 이것은 '**안욘야-아바사-순야**'라는 표현에 대한 IPV와 IPVV를 참고한 **토렐라**의 번역이다.

다른 현현들은 '붉은', '항아리' 등과 같이 단일한 기층을 참조하여 서로를 암시할 수도 있고, 아니면 '항아리', '천'처럼 서로로부터 완전히 구분될 수도 있다. 분명히 첫 번째 경우에는 아니지만, 두 번째 경우에조차도 - 두 사물이 관련되지는 않았더라도 단일한 인식 행위에서 공존할 수는 있다. - 거기에 연속은 없다.

그 반면에 연속은, 가을과 겨울의 경우에서처럼, 하나의 존재가 반드시 다른 것의 존재를 배제(排除)하는 그런 현현일 경우에만 가능하다. ⧗

< 5 >

주(主)는 <다양한 물리적 형태를 통해> 공간적 연속을 나타나게 하고, 또 <다양한 행위의 현현을 통해> 시간적 연속을 나타나게 한다.

많은 실체의 경우에서, <상호 다양성의 현현을 통해> 공간적 연속과 <행위를 통해> 시간적 연속이 있다. 그러나 한 실체와 관련하면 출생, 존재, 변화 등의[1] 그런 다른 행위 때문에 시간적 연속만 있다.

✍ [1] 성장, 쇠퇴, 소멸과 더불어 존재계의 여섯 가지 변형(變形)을 구성한다. ⌛

< 6 >

모든 사물에서 현현의 다양성은 <그 빛이 계속적이지 않은, 공(空) 같은 그런 '아는 주체들'>에게는 '시간적 연속의 근원'이지만, <한 번 그리고 영원히 (사크리트) 빛나는 '아는 주체'>에게는 아니다.

모든 대상에서의 다양한 현현은 <자신을 공(空), 몸 등으로 동일시하는 '아는 주체'>에게는 (배타적으로, 오직) 시간적 연속이 나타나게 결정짓는다. 사실 기억을 떠나서, <과거에 나타난 것>이 현재의 순간에 똑같은 방식으로 빛나지 않으며,[1] **<주체가 일상의 경험에서, 과거와 미래의 개념을 사용할 수 있는 것>은 그 자신의 현재와 관련(참조)해서이다.**

반면에 <한 번 그리고 영원히,[2] 방해받지 않고서 빛나는, **진정한 '아는 주체'**>에게는 그 자신에게나 대상들에 관해서나 시간적 분화가 없다. 왜냐하면 그 '빛나는 것(일)'은 결코 방해받지(중단되지) 않아 반복을 말할 수 없기 때문이다.

✎ [1] 즉 <제한된 주체에서 선행하는 현현과 연결되어 나타나지 않으며>.

오직 기억을 통해서 대상의 이전의 빛남을 어떤 식으로든 되살릴 수 있다. 그러나 이것은 완전히 다른 문제로, 위 지식편 3-4장에서 길게 다루었다.

² **의식**은 '단 한 번' 빛나지만(이것이 **사크리트**의 우선적인 의미다), 이 '빛나는 일'은 결코 방해받지 (중단되지) 않기 때문에 이 말은 '끊임없이, 항상, 한번 그리고 영원히'라는 이차적인 의미로 사용될 수 있다. 즉
'한 번(하나)'은 곧 '늘(모두, 전체)'이다.

이 **카리카** 등은 **하이데거**의 <**존재**와 시간(Sein und Zeit)> 등과 깊이 비교해야 할 것이다.

참고로, **하이데거**의 '**존재**(Sein)'는……

[어렵게 - 이 필자처럼 무식한 사람 헷갈리게 - "현(現, Da)"을 붙여가며 '현-존재(Da-sein)'라는 둥 하지 말고….]

아마도, 한마디로, **의식**(意識, Consciousness, **das Bewusstsein**) 쪽으로 향해야 하리라.

독일어 Bewusst-sein('의식적인 존재')에는 이미 Sein(존재)도 들어 있다. (얼마나 좋은 말인가!)

das Bewusstsein에는 <**의식**, **인식**(認識), **지각**, **통찰**, **자각**(自覺)>의 뜻이 있다. (그러니 모든 것이 이미 다 준비되고, 갖추어져 있다.)

인도에서는 천 년도 전에 <이런 결론>을 내렸다.

"결국 **<인식론**(認識論)**>이 <존재론**(存在論)**>이요, 존재론이 인식론인 것이다!**"

인도, 특히 **카시미르**에서는 그 전에 **바수굽타**가 그것을 간단히 그리고 **바로 나 자신에게 적용시켜** - **경험**(체험)에서 나온 말이다! - 이렇게 말했다.

"차이탄얌 아트마!"
- **의식**(意識)**이 나다**! -

의식(意識) 곧 **인식**(認識)이 **나** 곧 <존재(하는 이 무엇>이)라는 것이다.

이보다 더 명확하고 정확한 **진리**가 있는가?

하이데거 등을 따르며 공부하고 연구하는 이들은 (학위나 직장을 얻을 목적이 아니라) **참된**, **진정한** '**철학자(진리를 찾는 이)**'라면…… (위에서 말한 것처럼) 이 **카리카** 등을 하이데거의 <**존재**와 시간> 등과 깊이 비교해야 할 것이다.

이제 **슈바르츠-발트**(검은 숲)에서 나와라. 그래서 **히말라야** 설산(雪山)의 **눈부신** 웅장함도 보라. ⧗

< 7 >

또 사물에서 공간적 연속은 <제한된 아는 주체>에게만 나타나지만, <제한되지 않은 주체>에게는 사물들이 자기 자신으로 가득하고, 자기 자신처럼 보인다.

<제한된 주체>에 관련해서만 사물들은 주체에서 또 서로로부터 분화되어 나타나고, 그것들은 멀리 떨어져 있는 것 등이라고 한다. 반면에 **주(主)**는 - 그의 핵심은 오로지 **빛**이다. - 어떤 것에 대해서도, 원자(原子)에 대해서도 **빛**이 아닐 수 없다.

<**빛이며 오직 빛인**[1] 그>에게는 <그 자신으로부터 혹은 사물들 사이에> 멀거나 분리된 것은 나타나지 않는다.

✎ [1] 문자적으로 <**빛**의 조밀한 덩어리>이며, 곧 **의식(意識)**을 가리킨다. 아주 중요한 말이다!

'**빛**'이라는 말은 '**의식**'을 가리키는 비유(譬喩)의 말이다. 밤에 잠잘 때 우리는 '**캄캄한 무의식**'속에 있지만 아침에 잠을 깰 때는 우리에게 '**빛과 같은 의식**'이 들어온다.

그런데 **의식**이 (정말로) 무엇인가?

제발 부탁이다. **의식**이라는 것이 <어떤 것이라는 (어디에서 읽은) 그런 말>을 속으로 말하기 전에, 그것을 **알아채라**. 그냥 그것을 **깊이 느껴라**.

예를 들면, 이런 것이다.

우리는 그 **의식**을 **의식하려는** 순간에는 - 그것을 **알아채려는** 순간에는 - '생각' 즉 '속으로 재잘대는 일'이 중단되는 것을 알 수 있다.
'그런 일', '그런 상태'를 더 자주 **깊이 느끼라**는 말이다.

'**의식**'을 국어사전적으로(개념적으로) 아는 일은 영성의 길에서는 아무 도움도 되지 않는다. 바로 이 나에게서 **실존으로, 현존으로 느껴야** 한다는 말이다. ⏳

< 8 >

그럼에도 불구하고, <(지식의) 주체>와 <지식의 대상> 사이의 그런 분화의 현현은 <그렇게 아는, 주의 바로 그 창조적 능력>이다.

<지식의 주체와 대상으로 존재하는 다양한 실체들이 서로로부터와 **파라메슈와라**(혹은 **자아**)로부터 분화된 것으로 결정된다는 사실>은 **파라메슈와라**의 창조적 능력 (때문)이다. 그러나 그렇게 절대적 완전성(자족성)으로 빛나며, 그는 어떤 방식에서도 <그 자신의 영원한 형태>가 이 결정의 결과로 존재하는 것이 중단되지(그치지) 않는다.

✍ 이 경문을 **판데이**는 이렇게 번역한다.

"<'주체와 대상의 다양성'을 그 특징적인 제한과 함께 현현하는 것>은 '그것들을 그렇게 아는' **주**의 창조적인 능력이다." ⌛

제 2 장 <다양성 안의 단일성> (7절)

쉬바에게 절하노니
그는 그 자신의 **자유 의지**를 통해
모순과 조화, **단일성**과 **다양성**을 창조하고
그 참된 본성 안에서 **자아-의식**을 경험하누나

 앞 장에서 주의 창조적인 힘은 그 작용에서 어떤 제한이나 방해가 없다고 진술했다.
 이제 **"행위, 관계, 보편"**으로 시작하여 **"그러므로 관계 등의 관념은 잘못된 것이 아니다."**로 끝나는 일곱 절의 다음 장이 시작된다.

< 1 >

단일성과 다양성에 기초하는 <행위, 관계, 보편, 실체, 공간과 시간>의 개념은,[1] **그것들의 영원성과 효과성 때문에(스타이랴-우파요가비얌), '실제적인 것(사탸)'으로 여겨야 한다.**

관계 등에 대한 개념 또한, 마치 **행위**처럼,[2] 그것들이 (똑같은 시간에) 단일성과 다양성 모두에 관련하더라도,[3] 실제적인 현현이다. 그것들은 사실 확정적이고 실용적 결과로써 영구히 사용될 수 있으며, 그래서 부정할 수 없다.[4]

🖎 [1] 이 장(章)은 <**바햐-바딘**(특히 **냐야와 바이셰쉬카**)이 인정하는 범주가, 오직 **샤이바**의 관점에서 보는 경우만, 확립될 수 있다>는 것을 목표로 한다.
그렇지 않으면 그것들은 비판에 견디지 못한다. (불교 논리학자들의 비판은 탁월하다).

[2] <행위의 실재성>에 대한 실증은 앞에서 논의한 <행위의 힘>의 실증에 함축되어 있다.
웃팔라데바는 티카에서 복합어 **사탸-아바사**(실제적인 현현)에 대한 세 가지 다른 해석을 언급한다. 즉 **카르마다라야, 샤슈티탓푸루샤, 바후브리히.**

³ 불교도들이 <상대적 진리의 영역에 두는, 이런 범주에 대한 주된 반론>은 정확하게 **비룻다-다르마-댜사**의 반론이다.

⁴ <인식의 진리>는 <'차후의 인식(**스타이랴**)'에 의해 모순되지 않고, 그리고 '예상되는 실제의 결과(**우파요가**)'로 이끄는 것>에 의해 정확히 여기에서 확립된다. 키워드 **삼바다**는 **스타이랴**와 **우파요가** 모두에 적용될 수 있다. 이것은 **다르못타라**의 이 용어에 대한 - **다르마키르티**의 **프라마나-바룻티카** 2:1의 "**아르타-크리야스티티 아비삼바다남**" 구절 - 고전적 설명의 하나와 비교할 수 있다. ⧗

< 2 >
행위 등에서는(타트라)¹ <하나인 내적인 실체(안타람 탓트밤)>가 있다. 이것은, 일단 그것이 감각적 지식의 대상이 되면, <장소, 시간, 그리고 '그것이 떠맡는 특정한 모습'에 따라> 다양하게 된다.

그 핵심적 실체는 - 그것은 본질에서 절대적으로 나누어지지 않는다. - 내적 현현과 외현 현현으로 구분되기 때문에 하나가 되고 다양하게 된다.²
그것은 <장소, 시간, 모양과 같은 외적 현현들의 상이한 조합으로, '있는 그대로' 구성된 <개별 실체들의 현현(스와락샤나)>의 다양성 때문에 (다양하게 된다).

✑ 이 경문을 판디트는 이렇게 번역한다.
"거기서 **내적인 실재(實在)는** 오직 **하나**이며, 또 그 **하나** 홀로, 감각을 통해 <알 수 있는 대상들의 영역에 닿는, 시간과 공간의 영향 때문에> 그것의 성격에서 다양성을 발전시킨다."

¹ 브릿티는 '타트라'라는 말에 대한 해석을 지시하지 않는다. 아비나바굽타는 동등하게 가능한 것으로 여기는 세 가지 해석을 제안한다.

즉 '행위 등에서는', **'행위 등의 실체를 고려해볼 때'**, '행위 등의 단일성과 다양성에 관하여'.

[2] 어떤 실체는, 그것이 완전히 **의식**과 동일시될 때, 다른 말로, 그것이 오직 **의식**일 때, 엄격하게 말해서 **'하나'라고 언급할 수조차도 없다**. 왜냐하면 <단일성-다양성의 대립>은 이후의 단계에서만 일어나기 때문이다.

일단 '안타람'의 여러 수준의 의미를 알게 되면 **카리카와 브릿티**는 더 명확해진다. 일차적 의미는 <**'나'와 동일시된 절대적 실재**>이다. 그것은 IPVV에서 말한 두 가지 **안타람** 중 첫 번째와 일치하며, 나중에는 원칙의 눈금을 따라 연결되고 탈구된다 (지고의 **안타라트밤**은 파라메슈와라 국면에 해당한다). 그것을 **브릿티**에서는 **아빈남**이라고 한다.

이 절대적 **안타라트밤**은 궁극적 기초를 구성하는데, 그것으로부터 단일성과 다양성이 현상적 수준으로 생겨난다. 단일성은 한 가지 이상의 방식으로 취해질 수 있는 상대적 **안타라트밤**으로 이해되며, 다양성은 외부 감각, 시간성, 공간성 등의 편에서 인지-가능성이다. 따라서 그것은 <일(一)-다(多)> 즉 '에카-안-에카'가 된다. ⌛

< 3 >

마음(마나스)은, (<직접 지각>을) 따라 <확정하는 기능>을 수행하며(아누뱌바사이),¹ 행위 등의 그런 개념적 정교화들을 낳는데, 그것들은 이 둘에 기초하고,² <'아는 주체'의 활동>으로 입증된다.³

행위 등의 그런 개념적 정교화들은, 마음에 의해 수행(遂行)되고, 외적인 국면, 내적인 국면 둘 다에 관여하는 것은 - 마음은 그 사이에 있다. - 본질적으로 <'아는 주체'의 활동>이다.

✎ ¹ 이는 분명히 IPV가 말하는 의미다. IPVV에 따르면 아누뱌바사야는 <직접 경험에 대한 확정적 자각 뒤에 일어나는 정신적 작동>이다. 하여튼 이 용어는 냐야에 나오는 특별한 의미는 아니다.

² (브릿티에 따르면) <외적인 국면, 내적인 국면 둘 다에>이고 (아비나바굽타에 따르면) <단일성과 다양성에>이다. 앞 카리카를 볼 때 같은 것이다.

³ 아비나바굽타가 이 절에 대한 주석의 서두에서 아주 명확하게 했듯이, 지금 웃팔라데바의 의도는 <불교도가 제기할 수 있는 반론>에 답하는 것이다.

즉 <이 개념적 정교화들>은, 그것은 그들이 있는 그대로인데, '직접 지각의 시간'에 일어나지 않고, <그 뒤 실재(實在)와의 어떤 접촉도 배제되었을 때> 일어난다. 그러므로 그것들은 절대적 의미에서 비(非)-실재적이다.

대답에서 <시간에서 그 두 순간 사이의 접촉을 보증(保證)하고, 그래서 마음의 작용을 정당화하는 것>은 이 "**나**"의 **연속성**(連續性, **지속성**)과 **역동성**(力動性)이라고 웃팔라데바는 말한다.

약 천 년 후 <생(生)의 철학>을 말한 베르그송의 주장을 보라. 그는 『**지속과 동시성**(Durée et Simultanéité)』이라는 말로 "이 '**나**'의 **연속성**과 **역동성**"을 나타내고 있다. ⧗

< 4 >

<자족적(自足的)이고(스와트마니슈타),[1] 분리되어 현현된 사물들>은 <'단일한 아는 주체' 안의 상호연결>의 의미에서 어떤 통합성을 갖는다. 이것이 <관계의 개념>의 기초다.

"왕의 신하"라는 그런 표현처럼, 다양한 <관계(삼반다)의 개념>은 <'내적인 국면에서의 연결'과 외부적으로 '두 가지 관련된 용어의 분화'>로부터 유래되는 통합성(통일성)에서 쉰다.[2]

✎ [1] <사물들의 '절대적 차이'와 '자기만족'>은, 불교 특히 **디그나가**의 중추 교설의 하나인데, 가장 잘 알려진 표현은 **프라마나-바룻티카** 1:40a이다.

[2] <주(主)-종(從) 관계>의 두 가지 용어는 외적 차원에서 자동적인 실체를 갖지만, 그것들은, 일단 그것들이 **아는 주체**의 **의식**에서 연결되면, 분리를 멈춘다. 이는 그들이 하나가 된다는 것을 의미하지 않는다. 왜냐하면 그 경우에 그것은 더 이상 어떤 관계(關係)가 아닐 것이기 때문이다. 즉 거기에는 <분리 안의 통합("베다-아베다")> 곧 <**다양성 안의 단일성**>이 있다. ⧗

< 5 >

"보편"과 "개별적 실체"의 현현에 대한 개념적 정교화 또한 <'개별적 실체들'과 '부분들'의 분화> 뿐만 아니라 외적으로 <통합성(**단일성**)>에서 쉰다.

<"소(牛)"와 "**차이트라**('아무개')"의 개념> 역시, 외부적으로 <'소의 일반적 모습'과 '전체(全體)로서 보이는 특정 인물(아무개)의 모습'으로 각각 나타난 현현의 통합성(**단일성**)>과 <개별적 실체들의 전형적인 현현들(스와락샤나)과 여러 부분들의 **다양성**> 둘 다 대상으로 갖는다.[1]

✎ [1] <단일성-다양성의 긴장>은, 이는 이 장에서 검정한 일련의 개념을 특징짓는데, 지금까지 생각했던(보았던) 것처럼, <내적-외적의 긴장>으로 축소되지는 않는다.

사실, '**자티**(보편)의 개념'과 '(부분들의 복합체로 구성된, 개별적 **실체**로 이해되는) **드라비아**의 개념'에서, 단일성-다양성의 이중적 극(極)은, **카리카**와 **브릿티**가 가리키는 것처럼, 또한 **외부적인 실체의 수준에서 찾아야** 한다.

IVP에서 더 자세히⋯ ⌛

< 6 >

<행위의 요소들(카라카남) 사이에 존재하는 그 연결>은 <행위(크리야)의 각성(覺醒)>에 기초하고, <공간 등의 개념>은 <'제한하는 것'과 '제한된 것' 사이의 연결>에 의존한다.

<행위의 개념>은, <그 행위를 하는데 기여하는 다양한 요소가 - 땔감, 냄비, 데바닷타, 쌀 - 내적으로 "그가 요리한다"라는 동사로 서로 연결되고, 외적으로 분화되어 있는 한>, **<단일성-다양성>에 기초한다.**

또 <공간적, 시간적 연속>은 - '제한하고' '제한된' 요소로 작용하는 대상들의 상호 관련(개입)을 고려할 때 - <똑같은 방식에서, **단일성과 다양성**이 특징인, 그저 '특별한 경우의 관계(關係)'>이다.

'보편', '개별적 실체', '행위', 수(數) 등의 개념 모두는 <특별한 유형의 관계(關係)>인 내속(內屬, 內在, **사마바야**)에 의존한다.

✍ 이 경문을 **판디트**와 **판데이**는 각각 이렇게 번역한다.

"카라카(어떤 행위에 관련된 행위 요소)의 상호 (협력적인) 관계는 행위에서 그들이 행하는 부분에 대한 고려에 기초를 둔다.

예를 들어 방향에 대한 개념은 <공간에서 행하는 실체의 범위와 한계에 대한 개념>에 의존한다."

"<'카라카'의 관계>는 술어(크리야)의 확정적인 의식에 기인하고, 공간(딕) 등과 같은 그런 개념은 <'제한된 것'과 '제한하는 것' 사이의 관계>에 의존한다."

< 7 >
따라서 <확정적 결과들의 산출을 열망하는 **아는 주체**>는 <동시에 분화되고 또 분화되지 않은 어떤 실체>와 함께 그것들을 얻을지도 모른다. 그러니 그것들에 관해 잘못이라고 말할 수도 없다.

지금까지 논의된 개념, 즉 **행위** 등은 하나이면서 다수 둘 다인데, "**아는 주체**"는 <자신이 바라는 (실체와 그것들의 일치를 보여주는), 그 현현들의 연속성과 동질성이 동반된> 확정적 결과(느낌)들을 얻을 수 있는 역량을 갖고 있다.
그러므로 그런 개념은 잘못된 것이 아니다.[1]

✍ 이 경문을 판데이는 이렇게 번역했다.

"<**단일성과 다양성** 둘 모두를 갖는 어떤 대상을 통해 목표를 달성하는 것>은, <오직 위에 언급한 견해를 따라 인과적 효율성을 추구하는 주체>에서 가능하다. 그러므로 관계 등의 관념은 잘못된 것이 아니다."

[1] **행위** 등의 개념은 차후에 '다른 인식들'에 의해 모순이 되지 않는다. 따라서 사람은 <(이미 언급한)

아르타-크리야-삼바다(인과적 효율성 논의)와 함께, 어떤 인식의 경험적 타당성을 결정하는> **스타이랴** (차후 인식)의 필요한 요소를 갖는다. ⧗

제 3 장 <올바른 '지식의 수단'> (17절)

쉬바에게 절하노니
**그에게 <올바른 '지식의 수단'>이 의존하누나.
자아(쉬바)의 힘**에 의존하는 것을 통해
<대상에 대한 지식>을 얻도다.

앞에서는 **행위의 힘**의 특별한 현현을 다루면서 '보편' 등의 본질을 - 그 중에서는 '관계(關係)'가 지배적이다 - 곁들여 설명했다.

이제 **<올바른 '지식의 수단'>** 즉 (다르마키르티 책 제목으로 유명한 그) '프라마나'를 열일곱 절로 된 장에서 다룬다.

[앞에서도 지적했듯이, **다르마키르티**의 <양-평석(量-評釋, 프라마나-바룻티카)>에서 양은 "헤아릴" 양으로 **인식(지식)** 등을 가리키나, **카시미르 쉐이비즘**에서는 **<올바른 '지식의 수단'>**을 가리킨다.

참고로, <'**올바른 (지식의) 수단**이 아닌 것'으로 얻은 지식>은 당연히 올바르지 않을 것이다.]

< 1 > - < 2 >
<지식의 수단(프라마나)>은 대상이 그 자신 안에 위치하는 것 때문에, "이것은, 이런 특성을 갖고"로 한정한다(뱌바티슈타테).[1]

이 <지식의 수단>은 <어떤 주체(主體)와 관련된 '항상 신선하게 떠오르는 빛'(스와-아바사 아비나바-우다야)>이다.[2]

이 빛은, 그 핵심이 <그렇게 나타난 것에 대한 내적인 성찰적 자각>인데, - <시공간적 분화 등이 없고 또 하나의 이름으로 표현되는 대상>에 관해서 - (그것이) 무효화되지 않는(다면,) <지식>이 된다.

<지식의 수단>은 <'대상이 단순히 있는 것'과 또 '영속성 등의 가능한 여러 요건' 둘 다와 관련하여, '대상을 그 범위 안에 설정하는 일'을 그것(수단)에 의존하는 것>이다. 그것은 정확하게 **아는 주체**에게 <'새로운 대상'을 그와 관련되게 현현하는 것>으로 이루어진다.

그리고 <그 **주체**에게 '분리되고 새로운 것으로 나타나는', 바로 이 "이것"과 "영속적"이라는 현현(아바사)>은[3] <성찰적 자각의 대상>이 되고 마침내 <타당한(올바른) 지식(프라미티)>이 되고, 그것의

안정성은 <다른 지식의 수단>으로 약화(弱化)되지 않는다.[4]

그런 <지식의 대상>은, 그것은 **주체**의 활동인데, <**'특정한 성찰적 자각과 일치하는 한 단어로 나타나고' '나름(그 자신)의 인과적 효율성을 부여받고'**, '공간적 분화 등이 없는 보편적인 것으로'[5] 분리하여 취(取)한',[6] '**의식**에 나타난' 그 실체>이다.

✎ 위 경문을 판데이는 이렇게 번역한다.

"**올바른 '지식의 수단**'(프라마나)이란 <그의 힘 때문에, 그 대상이 '이것'과 '이런저런 성격이다'로 확정적으로 빛나는 것>이다. 그것은 또한 **스스로 빛나고**, 모든 순간 **신선**(新鮮)**하게** 떠오른다.

<'한 표현이 의미하는 것이고, 시, 공간적인 제한에서 자유로운 한 대상'을 그 자체 안에서 확정적으로 인식하는 것>으로서의 그것(프라마나, **올바른 '지식의 수단**'), 그것이 모순되지 않는다면, **지식**(미티. **인식**)이다."

[1] <'**뱌바스타-, 뱌바스탑-**'의 개념>은 그 의미가 너무 많아, 한 마디로는 번역할 수 없으므로 **아비나바굽타**의 주석을 참고해야 한다. 그것은 <어떤

것의 '본질적인 성격'과 '그것이 위치한 맥락 안의 다른 실체' 둘 다와 관련한 명확한 확립>을 말한다. 즉 '분리하여 확립하다'

² 스와-아바사('스스로 빛나고')는 **비샤야-아바사**(대상의 모습)와 함께 **디그나가**와 그 학파의 견해에서도 **프라마나**를 특징짓는다.

그러나 **디그나가**와 유식학파의 관점에서 일반적으로 **스와는** <'주체'로 보이는 '지식 그 자체'>와 관련되는 반면에, **IPK에서는** <**'아는 주체'와 그것의 중심성**>에 **관련된다**.

그리고 <'알려지지 않은 이전 대상'을 드러내는 **프라마나**>에 관해서는, **프라마나-바룻티카** 2:5c의 두 번째(아마도, 보완적인) 정의를 보라.

³ **아비나바굽타**에 따르면, **웃팔라데바**는 이 두 용어를 남성(카리카에는 중성)으로 만들어, '지식의 수단'과 '그 대상'(둘 다 **아바사**임)의 단일한 성격을 암시하여 그것들을 **아바사**로 동의하게 한다.

⁴ 그러므로 **프라탸비갸**에 따르면, 또한 불교도도 주장하는 대로(불교만은 아니다), '지식의 수단'과 '그 결과'(**프라마나-프라마**) 사이에는 차이가 없다. 이 점에 대한 불교의 입장은, '외부 대상의 실재'를

인정하느냐 않느냐에 따른 경량부와 유식학파 사이의 구별과 함께, 대체로 일치한다.

경량부에 따르면, **프라메야**는 '외부 대상'이고, **프라마나**는 '대상의 형태의 지식에 의한 가정'이고, **프라마**는 '대상에 대해 얻은 지식'이다.

유식학파에 따르면, **프라메야**는 <대상의 형태로 의식 그 자체의 모습으로 이해되는, 의식에 대한 대상의 모습(**비샤야-아바사**, **비샤야카라타**)>이고, 또 **프라마나**는 <'주체 형태의 지식(**스와-아바사**)', 다른 말로, '그 자체를 아는 지식의 역량(**요갸타**)'>이고, 마지막의 **프라마**는 <지식의 자기 자각(**스와-삼빗티**)>이다.

마지막 결과로서의 **스와-삼빗티**에 대해서는 두 교설이 동의한다.

불교도들은 **프라마나**와 **프라마**의 구별은 단지 <'그 자체가 하나'인 어떤 실체, 즉 인식>에 대한 분석적 고찰의 결과일 뿐이라고 말한다. 그러므로 전경(前景)에 있는 두 용어는 어떤 경우에도 원인과 결과의 관계를 나타낼 수 없고 - 왜냐하면 이것은 두 용어의 실제의 타자성(他者性)을 요구할 것이기 때문이다. - 기껏해야 동일 실체 안의 역할 분담만 가지는 **뱌바스타퍄-뱌바스타파카**의 관계이다.

이 지점까지는 **샤이바**와 불교도들은, **샤이바**가 '**헤투-팔라**(원인-결과) 유형의 관계'를 인정한다는 것을 제외하고는, 대체로 동의한다. 이것의 증거는 **아비나바굽타**가 위에 언급한 **웃팔라데바**의 입장을 발전시킨 그의 논증을 결론지을 때 **다르마키르티**의 한 절(**프라마나-바룻티카** 3:308c)을 인용했다는 것이다.

반대로, <인식에서 발생하는 요소들에 의해 수행(遂行)된 '기능, 활동'(**뱌파라**)의 개념>에 대해서는 두 입장이 완전히 다르다. 불교도들은 그 **뱌파라를 부정하고**, 이것에 기초한 모든 구별을 **완전히 상상으로 여긴다**.

예를 들어, 우리에게 잘 알려진 것으로, <화살을 쏘는 행위(혹 화살에 맞은 경우)>는 여러 가지 방식으로 분석될 수 있는데, 그들은 **카르트리**(행위자), **카라나**(행위의 수단), **아파다나**(순수 행위)의 기능(**뱌파라**)을 오직 **활의 탓으로**(**활에 기인한 것으로**), 모든 것을 동등하게 인정한다.

그러나 무엇보다 **뱌파라**의 불가능성은 <**순간성의 교리**> 수용의 직접적인 결과이다. 그러므로 지식은 단지 어떤 기능을 부여받은 것으로 "보일"뿐이다 (**프라마나-바룻티카** 3:308a). 우리가 보았듯이, 똑같은 절의 세 번째 부분을 받아들여서 인용한 **아비나바굽타**의 대답은 **다르마키르티**의 이 말을 암시한다. [그리고 **다르마키르티**는 또 디그나가의 **프라마나-삼웃차야**(지식론 집성) 1:8cd에 의존한다.]

뱌파라는 존재할 뿐만 아니라 프라마의 바로 그 핵심을 구성하며, 또 샤이바에 따르면, 프라마나와 프라마의 비-분화는 이에 달려 있다. 즉 **뱌파라**는 <'행동하는 주체'와 '행위 안에 놓인 도구'와 다른, 어떤 실체>가 아니다. 이 모든 것은 브릿티 안에 <**프라미티**를 따르는, 간결한 **프라마트리-뱌파라**>에 이미 핵심적으로 포함되어 있다. 그러나 **아비나바굽타**는 이것이 프라마나와 프라마가 단순히 같은 것을 말하는 두 가지 방법이라는 것을 의미하지는 않는다고 말한다. 둘 다의 핵심적 본성인 <인식의 빛(보다트마-아바사)>은 프라마나에서는 외부 대상 쪽으로 향하는 반면, 프라마에서는 그것은 그것의 핵심으로서 **말을 가지고**, 그 안에서 떠맡은 대상의 영향 때문에 수축되어, **'순수한 확정(결정)적 자각'으로서 내부로 향한다**. [미묘(微妙)한 것으로, 아주 중요하다!]

⁵ **비마르샤**와 **샤브다나** 사이의 상호 연결에 기초하여 - 그리고 동일성의 최종 분석에서 - **웃팔라**

데바는 <프라마나의 대상의 **사만야**(보편적) 성격>을 진술하도록 이끌리는데, 그것 안에서 (**샤이바**의 견해에서) <**말로 표현된 것**>이 정확하게 **사만야**(즉 '보편적인 것')이다.

[6] '분리하여 취한(**프리탁 프리탁**)', <**프라마나**는 (**사만야**의 형태에서) 오직 단일한 **아바사**에서 작동한다는 의미에서>.
<'특별'의 지식>은 단일한 **아바사** 무리의 차후 통합의 결과이다. 그 중에서 시간과 공간의 것들은 개별화되는 특별한 힘을 가지고 있다.
아비나바굽타가 말했듯이, **프라카샤-프라마나**인 똑같은 **비마르샤**가 가끔 단일 **아바사**에 의존하고 - 그리고 우리는 **사만야**를 갖는다. - 때로는 여러 **아바사**를 결합한다. - 그리고 우리는 **스와락샤나**(개별적 실체)를 갖는다. 후자의 경우에서 그것은 **아누산다나**(연결, 통합)의 이름을 취한다. ⧖

< 3 >

한 대상에서, 그것의 단일성이 <마음의 통합하는 힘(아누산다나)>으로 확립되더라도, 다양한 현현이 (주체의) 성향, 실용적 요구, 특정한 경험에 따라 구별될 수 있다.

그 대상에서, 그것이 <하나의 (통합하는) 성찰적 자각(에카-프라탸바마르샤)> 때문에[1] 그렇게 떠맡은 것인 단일성이더라도, <주체의 의지, 실천적 요구, 경험에 따라> 다른 현현이 있다.[2]

✐ 이 경문을 판데이는 이렇게 번역한다.

"통합의 산물인 '한 대상'의 경우에도, <'취미', '목적' 혹은 '지적인 역량' 즉 '그 대상에 대해 갖는 전통적인 지식'에 따라, 다양한 종류의 **아바사**들에 대한 인식이 있다."

[1] <그 자체가 서로로부터 완전하게 다른 특별한 실체들>은 <그들의 본성 때문에, 그들이 확정할 수 있는 똑같은 판단의 힘으로> 명백한 단일성을 형성한다. 이 개념은, 그것의 공식화에서도 다시 **다르마키르티**를 참조한다. (예를 들면, 이미 인용한 **프라**

마나-바룻티카 1:109와 그 브릿티를 보라.)

 이것은 <(다르마키르티의 논증의 문맥에서처럼) '그 자체 외에는 어떤 것으로도 엄격하게 축소될 수 없는' 복수(複數)의 별개 실체를 포괄하는 등급 혹은 보편의 개념의 형성을 설명하기 위해서>, 또 <(웃팔라데바의 논증의 문맥에서처럼) '실용적 현실에서 우리와 마주하는' 대상의 명백한 단일성에서, 일군(一群)의 분명한 **아바사**의 종합화를 설명하기 위해서>, 둘 다, 필요한 부분을 약간 수정할 수도 있다.

 "에카-프라탸바마르샤"라는 표현은 **<서로 다른 사물들에 관한 '단일한, 동일한 성찰적 자각'으로>**, - 이 때문에 그것은 하나가 되는 것으로 상정된다. - 또 **<하나가 되는 것으로서의 '사물들의 성찰적 자각'>**으로 이해될 수 있다. 그 의미는 기본적으로 똑같다. **웃팔라데바**와 **아비나바굽타**는 이 표현을 두 가지 의미 모두로 사용한다.

 [2] 여기서도 **다르마키르티**가 한 말에 대한 명백한 언급이 있는데(프라마나-바룻티카 1:58과 브릿티), 그에 따르면 <미분화된 한 실체로 지각되는 것처럼 보이는 어떤 사물>이, 사실 <주체가 전경(前景)으로

기울어져 있는 그것의 구성요소에 따라>, '확정적인 지식의 순간'에 파악된다.

(예를 들어, '여성의 몸'은 '욕망의 대상, 시체, 먹을 것'으로 보일 수 있고, 그리고 사람은 때로는 아버지로, 때로는 스승으로 보일 수 있다).

유사한 말은 **바르트리하리**도 한 바 있다. ⌛

자세히 설명하자면 :
< 4 > - < 5 >
마치 여러 현현이, 시공간적 분화의 수반 없이, "긴" "둥근" "키 큰" "사람" "연기" "백단향으로 만든" 등으로 분화되는 것처럼, 그렇게 또한 그는 "존재" "항아리" "개체적 실체" "금으로 만든" "빛 나는" 등의 여러 구별되는 현현을 가진다. 각각은 그 자체의 별도의 효율성을 가진다. 그것들은 말의 대상이다.

항아리 같은, <그 자체가 단일한, 어떤 대상>이 있으면,[1] <주체가 그것을 어떻게 여기느냐에 따라> 그에게 나타나는 것은 길이나 삼각형, 원형 등의 모양일 수 있다.

한 남자의 나타나는 모습은, 만약 그 주체가 한 기준점이나 피난처, 그늘만을 찾고 있다면, 오로지 그의 "직립한 것"일 수 있다. 그러나 <그 자체로의 "사람">은 <그를 전체적으로 여기고 그에게 특유한 것을 찾는 이들>에게 나타난다.

어떤 이들에게 (연기는) 일반적인 형태의 연기로 나타나지만, 그것에 익숙한 이들은 그것의 특별한 면을 파악하는데, 마치 전문가들이 돌, 은(銀) 등의 특징들을 잘 파악할 수 있듯이,[2] 예를 들어 그것은 나뭇잎을 태울 때 나오는 연기이다. 그러나 <이런 구분으로 나타나는 대상>은 시공간과 관련해서는 분화되지 않는다.

따라서 "항아리"라는 대상에서 "존재"의 현현이 있는데 - 그것은 본질에서 ("항아리" 등의 특정한 현현과는) 다른 것이다. - <천 등의 무수한, 다른 모든 대상>에 공통적이며, 또 <존재한다는 단순한 사실>로 생성되는 "있다, 존재한다"는 확정적 자각 같은 그런 특정한 효과의 원인이 된다.

그럼에도 그 항아리와 관련해서 거기에는 <내적, 외적 감각으로 알려진, 넓은 바닥과 불룩한 모양을 가진 모든 대상에 공통적인>, <다른 현현과는 다른, 즉 천 등에는 없는> "항아리"라는 현현이 있을 수 있다. 아니면 또 진흙 항아리 등에는 없는 "금으로 만든"의 다른 현현도 있다.

이 현현은 주체의 실용적 요구 등에 따라 감각적 경험의 대상이 된다.[3] 이 현현의 각각은, 이런저런 확정적인 결과를 얻으려는 이들에게는 의사소통의 실용적인 목적을 위해 **한 마디 말로** 언급된다. 즉 "항아리"라는 그 말은 "항아리"의 현현을 언급하지, "존재"나 "금으로 만든"의 현현이 아니다.[4]

어린 시절 등의 여러 단계에 공통인 "**차이트라 (아무개)**"라는 현현은 장소 등이 없고, 위에서 말한 것은 이것에도 적용된다. 그러니 인과적 효율성은 (모든 **아바사**를 위해) 분화된다.

✍ ¹ 즉 **스와락샤나**(앞의 **카리카**들 참조).
현현의 다양성은 '대상의 개성(個性)'의 상실을 수반하지 않는데, 대상은 <시, 공간 안에서 특별한 배치와 특정한 형태(**아카라**)로 구별되는 '**아바사의 집합체**'>이(기 때문이)다.

² 이것은 **바르트리하리**의 공식(**바캬-파디아** I:35)에서 "**아뱌시카 프라티악샤**"의 명시적 참조이다.

³ 예를 들어, **아비나바굽타**는 <항아리를 보면서 그것의 가격을 생각하는 사람은 "금으로 만든" 그 현현을 알아채게 될 것>이라고 설명한다. 이것은 정신적 정교화의 결과로 나중 단계에서 일어나는 것이 아니라, <직접 지각>의 그 순간에 일어난다.

⁴ **바르트리하리**에 따르면 <사물은, 그것의 본질적인 단일성에서, **한 단어로 표현될 수 없다**(대명사 제외)>. **그것은 많은 단어의 대상이 될 수 있으며**,

그 단어 각각은 <그 사물을 구성하는 많은 것들 중 한 측면 또는 힘(샥티)>을 나타낸다.

이 주제는 불교의 **디그나가**와 **다르마키르티**가 다시 취하여 발전시켰다. 즉

사물은, 그것의 여러 측면 때문에, 한 단어(말)로 완전히 표현할 수 없다. <말의 기능>은 오로지 <'사물의 어떤 부분'을, '그 부분 이외의 것을 배제하는 것을 통해', 나타내는 것>이다.

이것은, **다르마키르티**가 다음 구절에서 지적하는 것처럼, 사물에 '부분들'이 있다는 것을 의미하는 것이 아니라, **그것이 <사물의 본질에 관한 다양한 오류의 원인과 관련되어 나타난다>**는 것을 의미할 뿐이다. 즉 말은 이런 원인들 중 하나를 제거하는 역할을 한다.

위에서 인용된 **디그나가**의 진술은, 또한 그것의 공식화에서도, **프라마나-삼웃차야** 1:5ab에 보이는 것과 밀접한 관련이 있다. 그것들은 동전의 양면과 같다. 유사하게 **다르마키르티**는 <이 가정(假定)된, 측면과 속성의 다양성을 이해하는> 올바른 방법을 설명한다(**프라마나-바룻티카** 3:231). ⧗

< 6 >

사물들은, 그것이 구성된 현현의 다양성에 따라, <확정적인 인과적 효율성(니얏-아르타-크리야)>을 가지며, 또 반면에(푸나), 공통의 기층(基層) 때문에 <그것들이 단일한 실체로서 나타나는 것>에 기초한 (다른) 것(효율성)을 갖는다.[1]

<단일한 특별한 실체 안에는 '운명의 힘(니야티-샥티)'으로 결정된, 모든 단일한 현현을 위한 특정 효과가 있고>, 그리고 <(동등하게 운명으로 결정된) 다양한 현현들의 '하나의 기층'이 있는데, 그것은 우리가 말했듯이, 다양한 효과를 낳는다.> 구체적인 실체는, 이 <기층의 동일성>의 현현 때문에 그렇다. 사실, 이 기층의 동일성은 <다양한 것의 단일성>을 구성한다.[2]

✑ 이 경문을 판데이는 이렇게 번역한다.

"<공통의 아바사에서 쉬면서 대상적으로 빛나는 '아바사들'의 인과적 효율성>은 집합적이다.
그러나 <분리되어 빛나는 것(아바사)들의 그것(즉 인과적 효율성)>은 개별적으로 고정되어 있다."

¹ 이 **카리카**는 <의미의 방향이 다른, 문장의 두 부분에 동시에 속하는 **니얏-아르타-크리야**(확정적인 인과적 효율성)>라는 표현의 모호성(模糊性)에 의존한다. 적어도 이것은 **아비나바굽타**가 IPV와 IPVV에서 말하는 해석이다. 즉

사물은 **아르타-크리야**들의 **다양성을 갖고 있고**, 각각은 그것을 구성하는 모든 **아바사**에 내재되어 있다. 그러나(푸나) 또한 사물은 <하나의 **아바사**가 다른 **아바사**보다 우세하고, 그것들이 기층(基層)의 동일성에 따라 나타나기 때문에> **단일성을** (그리고 또한 단일한 **아르타-크리야**를) **갖는다**.

(I,8:6 참조)

² 그러므로 이 절의 궁극적 의도는 <이전 절에서 수행된 분석이, 어떤 의미에서, 부정했던> 사물의 단일성의 실체를 다시 진술하는 것 같다.

이 문장의 의미는 이 절에 대한 **아비나바굽타**의 **아바타르-아니카**(서론)의 의미와 일치하는 것으로 보인다. ⌛

< 7 >

등불의 뚜렷한 빛과 바다의 조류의 경우와 같이, 서로 대립되지 않는 현현에서 <단일성의 개념(아이캬디)>은 <그것들이 '단일한 실체(에카-카르야)'로 나타나는 것>으로 생성된다.

등불에서 개개의 광선은 <분화되지 않은 전체>로 나타나며, <바다의 개념에서 강의 흐름>과 <파나카에서 다양한 향기>에 대해서도 동일하다.

유사하게, "흰" "큰" "천"과 같은 현현들은, 상호 침투가 가능하여, <직접적인 경험 그 자체에서>, <하나의, 단일한 효과를 갖는, 여러 단일한 사물의 현현>에 그들 자신을 빌려준다.[1]

똑같은 일이 "푸른" "노란" 등 그런 다른 현현의 경우에는 일어나지 않는다. 이것이 우리가 "동일한 기층을 갖는"이라고 부르는 것이다.

✎ 이 경문을 **판데이**는 이렇게 번역한다.

"<등불의 여러 광선이 하나라는 개념이나 바다의 여러 해류가 하나라는 개념이 하나의 기능을 발휘하는 데 달려 있는 것처럼>, 서로 모순되지 않는 **아바사**의 개념도 그렇다."

¹ 카리카의 아주 생략적인 표현을 - **에카-카르야** ('하나에 의해 생성된') - **아비나바굽타**는 그것의 가능한 다양한 함축에서 분석하는데, 실질적으로 **브릿티**에서 간결하게 표시된 것과 유사하다.

우리가 <'주어진 어떤 집합체'의 개별 구성요소로 역(逆)-추적을 할 수 없는 단일한 결과>를 볼 때, 이는 그것이 <새로운 복합의 단일성(**에캄 바스투, 스와락샤나**)>을 형성하는 것을 증명한다.
브릿티는 공존 가능성이 특징인 어떤 현현들이 '**에카-카르야**(=**에카-크리야**)' 즉 <단일한 결과>와 또 '**에카-드라비아**(=**에카바스투, 스와락샤나**)' 즉 <그것들의 '단일하고 개별적인 실체'로서 나타남>을 일으킬 수 있다고 말한다. 그것들의 단일성에 대한 개념은 이것에 의해 생성된다.

그러나 개별 **아바사**는 자신의 특정한 정체성과 인과적 효율성을 온전히 계속해서 유지하고, **아는 주체**의 태도에 따라 다시 전면에 나올 준비가 되어 있다는 것을 기억해야 한다. **에카-카르야**는 또한 **에카-드라비아** 즉 <단일 효과를 갖는 단일 실체>를 말하는 내적인 **바후브리히**로 이해될 수 있다. 이런 식으로 표현은 유사한 맥락에서 불교 논리학자들이 이해하는 것과 똑같은 의미로 사용될 것이다. (그것들이 똑같은 단일한 효과를 낸다는 근거에서 다른 실체들에게 단일성을 부여하기 위해서).

다르마키르티 역시 - 우리가 보았듯 - <확정적 실체들의 (환영적인) 차이가 없는 것>을 <그것들의 단일한 효과를 산출하는 일>에서 파생하게 만든다. - 따라서 <**사만야의 개념**>이다. [<**다르마키르티**가 공통의 **스와바와**를 인정하지 않는, 다른 많은 원인으로 구성되어 있더라도>, 단일한 결과를 산출하는 어떤 '인과(因果) 복합체'의 역량에서는 다소 병행하는 질문이 발견된다.]

<**탓트와-상그라하-판지카**>에 대한 언급이 훨씬 더 적절해 보인다. 여기서 **카말라쉴라**는 <일반적인 경험이 '**단일한 기능**(물을 담는 그것)'을 수행하는 것에 대한 동의에 기초하여, 특정 모양, 색상 등과 같은 그런 '완전히 이질적이고 분리된 자료'를 함께 **그룹**화하여, - 무리(同類)로 구분해 - 이런 식으로 '**사물**(항아리)'**의 단일성**을 구성한다고 말한다.

이제 본문으로 돌아가, **브릿티**의 **에카-카르야**는 **카리카**의 **에카-카르야**와는 확실히 다른 의미라는 것을 추가할 수 있다. 그 표현은 '**에카**'만에 대한 부분 주석으로 이해해야 한다. ⧗

< 8 >

"불" 등의 특정되지 않은 어떤 현현에 직면하면, <단일한 지식의 수단>은, 그것(불)의 결과나 원인이 무엇인지, <그것의 뜨거움>, <이런저런 말로 나타낼 수 있는 그것의 존재> 등을 안다.¹

특별한 경우에,² <특별한 공간 등의 연관에 의해 제한된 '단일한 개별성(스와락샤나)'으로 구성되는 그것의 특별한 모습이 없이>, 오직 보편적인 "불"만이 존재하는 <"불"의 벌거벗은 현현>을 직면할 때,³ 거기에는 <그 순간에 작동하는 지식의 수단을 통해> - <오직 그 수단만을 통해> - 그리고 <세 가지 세계와 세 가지 시간을 포함하는 방식에서>, 그것의 효과, 그것의 원인, 그것의 열(熱), '그것은 위로 올라가고, "불"이라는 말로 나타낸다는 사실' 등, 그 자체의 본성의 다양한 특정 모습의 확립이 있다.⁴

✍ 이 경문을 판데이는 이렇게 번역한다.

"특정되지 않은(단순한) 불 등의 경우에서조차도, 인과 관계, 열(熱)과 '관습적인 표현 등의 의미'를 '하나의 지식의 수단'을 통해 알 수 있다."

¹ 다른 맥락에서 **다르마키르티**의 유사한 진술을 보라(**프라마나-바룻티카** 1:43, 45ab).

² 즉 <알려는 욕망이 나타나는 순간에>

³ **프라마나**는 사실 <(우리가 보았듯이, **사만야**인) 개별 **아바사**>에 작용한다.

⁴ <'지식의 수단(**프라마나**)'이 – 그것은 여기서 일반적으로 '인식 행위'로 이해될 수 있다. – 개별 현현에 작용한다는 진술>은 몇 가지 난제를 일으킬 수 있다. 예를 들어, 그것은 이런 근거에서 인과의 관계를 결정하는 것이 불가능하게 되고, <구별되는 **프라마나**의 대상인> 그 요소들은 지식에서 서로로부터 격리되어 남을 것이다.

이 절과 **브릿티**는 이 반론에 대해 다음과 같이 대답한다. 개별 **아바사**를 – 예를 들어, 불의 밝은 형태 – 아는, 이 똑같은 **프라마나**(이 경우, 시각적 지각)는 동시에 '제한하는 힘(**니야티-샥티**)'에 의해 그것과 변함없이 수반하여 설정된, 다른 모든 그들 **아바사**를 암묵적으로 안다. 그래서 모든 시, 공간의 유효와 열 등 밝은 형태의 수반을 확인하기 위해 다른 **프라마나**가 필요하지 않다.

이런 암묵적인 지식은 <'열', '그 원인으로 나무(땔감), 그 결과로 연기 등을 갖는다는 사실' 같은 그런 고유한 속성>뿐만 아니라 <어떤 단어(말)와의 연결 등 같은, 관습에서 파생된 그런 속성>도 관련한다. ⧗

☯

<이런 암묵적인 지식>이라…

'이런 암묵적인 지식'은 저 **<무의식의 지식>**을 말할 것이다. 지금까지의 **인간 존재(인류)의 지식의 총합(總合)이**… **<'동, 부동의 모든 존재'가 경험한 모든 지식(인식)>이**…
그것이 '지금의 나의 지식'을 이룬다는 말이다.
실로 무서운 말이고, 또 복음이기도 하다.
[그것이 유식론이 **말라야-비갸나** 즉 장식(藏識, 저장된 지식)을 말하는 이유인지도 모른다.]

나에게서 기억, 지식, 배제가 나가노라!

바가바드 기타가 말하려는 것이 이것이다.
그런 것이 곧 **신성(神性)**이라는 말이다.

< 9 >

 반면에[1] 그것은 <장소 등 다양하고 특정한 감각으로 분화된(데샤-아디-카디약샨타르-아빈네),[2] 특별하고 개별적인 대상에 관해 어떤 효과를 일으키는 것을 겨냥하는 주체에서 그 순간[3] 시작하는 활동의 경우>와 또한 <추론(으로 촉진되는 활동의 경우)>에는 다르게 일어난다.

반면에 <(장소, 시간 등의) 다양한 지각 전체와 연관되어 오직 특별한 대상에 관련하는, 그 안에서 그가 특정한 효과를 생성하는 것을 목표로 하는> 사람의 신체 활동은(카야-프라브릿티)[4] 반드시 여러 인지적 행위의 합류(合流)(프라마나-사무핫 에바)에 의존한다. 이 활동 또한 적격(適格)한 **추론**으로, 또 물론, 속성-소유자(소명사)의 **직접 지각**으로 촉진될 수 있다.

✍ 이 경문을 판데이는 이렇게 번역한다. (요약)

"목적을 가진 사람의 활동은, <그것이 시간 등의 그런 인식으로 확정될 때>, 그것의 지각의 시간에, 어떤 특정한 대상과 관련하여 가능하다.
 추론(推論)에 기인한 그것도."

[1] 앞에서 말한 것과의 차이점은 <'확정된 특별한 대상'에 대한 지각으로, 주체에서 움직이는 활동은 '여러 가지 지식의 수단의 결합된 작동을(**프라마나-사무하**) 요구하고>, 반면에 <똑같은 **스와락샤나**에 대한 지식을 위해서는 (**스와삼베다나**와 함께) 단일 수단으로 충분하다>는 사실에 있다.

이 구별은 '단순한 지식'과 '**뱌바하라**(일상적인 활동)' 사이의 구별에 해당한다.

(위에서 말했듯이, **프라마나**는 여기에서 '인지적 행위'로 번역될 수 있다. '앎의 다양한 수단'이라고 하는 것은 오도될 것인데, 모든 **프라마나**가 본질적으로 새로운 것이라고 해도, 그것들은 또한 똑같은 수단들의 다양한 작동일 수 있기 때문이다.)

명백한 모순은 IPV에서 지적되는데, 거기에서는 그것을 설명하는 세 가지 다른 방법이 제안된다.

특히 추론과 관련하여, **아비나바굽타**는 <대상의 차이>는, 시간적 분화를 도입하면, 필연적으로 또한 **프라마나**의 본성에도 차이가 발생한다고 지적한다. 참으로, **다르민**(인식, 속성-소유자, 소명사)이 알려지는 **직접 지각**이 불을 아는 **추론** 자체와 하나라고 말하는 것은 가능하지 않으며, 고전적인 예에서는 **링가**(표지)를 통해 간접적일 뿐이다.

² **아비나바굽타**는 이 복합어에 세 가지의 뚜렷한 다른 해석을 한다. (IPVV의 순서에 따라)

첫 번째로, '빈네'를 '중성 명사로 바꾼 형용사(=베데)'로 취하면 "거기에는 다양한 지각이 있음"이 되고, 거기서 처소격은 원인으로 여겨진다. 주석에 진술된 복수의 **프라마나**의 필요성은 이것에 달려있다.

아비나바굽타가 지적하듯이, 두 번째 "시간 등의 지각에 의한 분화된 **스와락샤나**"는 기본적으로 첫 번째와 일치하며, 이것은 또한 **브릿티**에서 부여한 의미이기도 하다.

세 번째 해석인 "(공간 등의 **지각**과 결합되어도) <**아는 주체** 안에서 어떤 미분화된 실재(**아디악샤-안타르-아빈네**)>를 구성하는 **스와락샤나**"에 관한 한, 이것은 오로지 **아비나바굽타**에게만 추적될 수 있는 것으로 보인다.

³ <**스와락샤나**의 인식이 일어나는 그 순간에>

⁴ 그리고 사람은 다른 두 가지 유형의 활동, 즉 마음과 말의 활동도 이해한다. ⌛

< 10 > - < 11 >

<대상의 현현의 특별한 형태>가 분화되더라도 - 그 안에서 그것들은 멀거나 가깝고, 감각으로 직접적으로 간접적으로 지각되고, 외적이거나 내적이고, 그것들을 알리는 데 필요한 것에서 결함이 있거나 다른 이유로 - 그들의 단일성은, <'단일한 성찰적 자각(에카-프라탸바마르샤-아캬트)'으로 이루어지는 주된 현현(顯現) 때문에>, 그런 것으로 영향을 받지 않는다.[1]

특별한 형태의 현현에서 분화가 있더라도 (예를 들어, 그 대상이 가까운지 먼지, 분명한지 아닌지, 외적인지 내적인지 등에 관하여), 대상의 단일성은 모순되지 않는데, 왜냐하면 거기에는 여러 특별한 현현들의 일차적 본성을 형성하는 <**단일한 성찰적 자각**>이 있기 때문이다.[2]

✎ [1] 다르마키르티의 프라마나-바룻티카 1:109을 참조하라. 아비나바굽타는 복합어 에카-프라탸바마르샤-아캬트(**단일한 성찰적 자각**)에서 '아캬'를 프라타나로 해석하나, 일반적 의미는 크게 변하지 않는다.

² **아와바삿차야**, <다양한 **직접 지각**>, 불교도의 **프라티바사** - 그것은 그것들이 동일 대상에 관한 것이더라도 서로 다를 수밖에 없으며, 그것이 멀고 가까운 것인지에 따라 정면 혹은 측면 등은 **무캬-아와바사**와 대조된다. - 혹은 <나누어지지 않고 또 연속적이지 않은 현현>, 말하자면 더 높은 좋은 곳에서 보이는, 그리고 더 많은 '일반적 성격(**사만야-루파**)'을 그것의 핵심으로 **에카-프라탸바마르샤**를 갖는, 즉 '**단일한 성찰적 자각**'이다. 그것은 그것의 현현을 통해 사물의 기본적인 단일성을 인식하고 승인한다.

에카-프라탸바마르샤는, 자신의 편에서는, 개별 **프라티바사**(혹은 **아와바삿차야**)에 해당하는 개별 **비마르샤**와 대조된다. 이 점은 **아비나바굽타**가 두 주석에서 다루었다. ⧗

< 12 >

인과적 효율성 자체는 사물에 내재하지 않는데, 그것은 주(主)의 의지로 결정되기 때문이다. 따라서 사물은, 특정한 효율성을 가지고 있지 않기 때문에, 다르다고 할 수 없다.

항아리 등의 대상은, 상상했을 때 비록 그것들이 외적인 효과를 내는 능력이 부족하더라도 항아리 등으로서의 본성을 잃지 않는데, 이 역량은 그들 존재에 내재하지 않고 <모든 단일한 현현>을 **주**가 결정하기 때문이다.[1]

✎ [1] **웃팔라데바**는 이전의 **카리카**가 불교도들의 반대를 불러올 것이라는 것을 알고 있다.

불교도들이 특히 용납할 수 없는 것은 <대상의 외적인 현현과 내적인 현현의 성격이 기본적으로 동일하다는 것>이다. 불교도들은 '대상의 실체'가 그것의 효율성을 구성하며, 오직 '외적인 현현'이 효율적이라고 말할 것이다. 그러므로 그 둘은 같은 국면에 둘 수 없다.

웃팔라데바는, 이전에 했듯이, 효율성이 실체(즉 대상)의 핵심적 본성을 이룬다는 것을 부정한다. 즉 그것(효율성)은 오직 어떤 조건 아래에서 실체에 있다. - 주로 외부성으로 - 오직 <**주**의 제한하는 힘(**니야티-샥티**)에 의존하는> 조건(상황)에서만 말이다. (I,8:8 주[1] 참조)

[이쯤에서 여기서 말하는 '**주**'라는 것이 무엇인지 다시 한 번 '**내 속에서**' 느껴보도록 하자.

우리는 눈을 <통해> 본다. 눈이 볼 수는 없다. - 만약 '눈'이 본다면, 시체(屍體)도 눈이 있으므로 볼 것이다. 그러므로 - <내>가 눈을 통해 본다. <**보는 자**>는 '눈' 뒤 어딘가에 있다.

모든 감각은 **내면**으로, **중심**으로 간다. 감각들은 보고(報告)한다. 그것이 내가 <누군가를 보고 듣고 있을 때>, 눈을 통해 보고 귀를 통해 듣고 있을 때, 내가 <보고 있는 그 사람을 또 듣고 있다는 것>을 아는 이유다.

그는 하나다. 그러나 나의 감각은 그를 나눈다. 나의 귀는 그가 어떤 것을 말하면 보고하고, 나의 눈은 그가 보일 수 있다면 보고한다. 나의 감각은 그를 여러 부분으로 나누고, 그는 내 안 어디에서 다시 하나가 된다. 나의 내부(**내면**), <그가 하나가 되는 곳>이 바로 **내 존재의 중심**이다.

'**보는 자**' '**내면**' '**내 존재의 중심**' 등이 '**주**'라는 것(에, 최소한이더라도, 가까울 것)이다.

혹여(或如) 만약 <필자가 말하는 이런 것들>이 아닌 것 같다고 생각한다면, 그대 독자에게 엄중히 묻노니,

그러면 그대 속에서 '**보는 자**'는 그 어떤 것이고, 그대의 '**내면**'이 있다면 어떻게 증명할 것이며, 또 '그대'라는 존재가 있다면 '**그 존재의 중심**'을 일단 부정(否定)한다?

(어디에서 주워들은 말로 앵무새처럼 반복하려 들지 말고) 그대가 <직접 경험한 것>으로 대답하라. … 각설하고]

IPVV에서 **아비나바굽타**는 **티카**의 단계를 따라 <**아르타-크리야**가 실제의 사물의 **스와루파**, **락샤나** 또는 **우팔락샤나**일 수 있다>는 것을 부정했다.

<**아르타-크리야**의 개념>은 **냐야바샤**에는 보이고, **디그나가**에는 분명히 없으며, **다르마키르티**는 수용했다. ⧖

< 13 >

<은(銀)에 대한 성찰적 자각>이 하나라고 해도, 진주층과 관련하는 이 <"은" 자각>은, (인식에서) 제한하는 기능을 갖는 '장소'에 대한 부조화가 있기 때문에[1] 타당하지 않다. 또한 '이중 달'의 경우에도 에테르(공간)는 다르게 나타난다.

<'실제의 은'과 '진주층'의 "은"이라는 인식>이 그 자체가 동등하게 실제적이더라도, 그것들에서 <"은"의 성찰적 자각>이 (그것에 그것의 타당성이 근거한다) 똑같은 한, 그러나 진주층에 관련하는 "이것이 (여기 있고) 은이 (있)다"는 인식은 그것의 비-영구성 때문에 잘못된 것으로 여겨야 하는데, 그것은, <진주층으로 점유된 장소와 그것의 연결이 나중 모순으로 밝혀지듯이>, 부수적 성질에 – 장소 – 관련하여 적절하지 않기 때문이다.

또한 이중 달을 보는 경우에도 장소와 관련하여 합치가 없는데, 이 경우 **에테르**로 점유되어 있다.[2]

✎ [1] **아비나바굽타**는 이전 카리카에서 '아캬'에 대해 했던 것처럼 **삼바다**를 어근 <vad-("빛나다")>에서 파생시킨다. 따라서 **삼바다**는 <정확하고 완전하게(**삼약**) 나타내다> 또는 <지속적이고 확정적인

각성과 결합하여 나타내다(비마르샤-아누브릿티)>
를 의미하는 것으로 여겨진다. 그러나 **브릿티**에서
삼바다를 번역할 때 현재의 의미를 유지했다.

[2] **브릿티**의 극도의 간결한 문체는 몇 가지 추가
적인 주석이 필요하다.

첫째로, 위에서 이미 다룬 '오류의 주제'가 다시
오는 것은 이전 절과의 관계 때문이다.

아비나바굽타는 이것이 <''잘못된 지식의 개념'이
그렇게 부정되는 것으로 끝나는 것을 반대하면서,
실재의 확립에서 **비마르샤**의 역할에 이견을 말하는
사람들에 대한 대답>이라고 말한다.

만약 어떤 사물이 그러하여서 그 안에서 그것이
<확정적인 성찰적 자각(**비마르샤**)의 행위>에 의해
그렇게 인식된다면 - **아비나바굽타**가 그렇게 자주
인용한 격언을 기억하라. "**바와라쉬르 야타 빔리샤
테 타타 아스티**" - 그것은 의식에서 그것이 나타
나는 것(**아와바사, 프라카샤**)을 따르는데, 그때,
<**은**으로 오인된 진주층>은 <진짜 **은**>보다 더 못한
'**은**'이 아니다.

웃팔라데바의 답변이 포함된 문제의 절(節)이 이
지점에서 삽입된다. **비마르샤**가 그 자체로 타당한

것은 사실이지만, 그것은 순간적인 어떤 것이라는 의미가 아니다. 그것은, 지속하는 경향이 '뒤따르는 (앞으로의) **비마르샤**'로 막히지 않으면, 지속하는 경향이 있다. 그리고 이것이 정확히 여기 "이것은 **은**이고, 여기에 **은**이 있다."라는 검정된 인식에서 일어난 무엇이다.

나중의 **비마르샤**는, <이전의 **비마르샤**의 대상을 한정한 장소("여기")가 (자신이) 알았던 것과 다른 것>을 확인한다. <은을 포함해야 하는 그 장소>는 진주층이 점유하고 있고, 두 개의 달을 보는 경우에서 <두 번째 달의 그 장소>는 **에테르**가 점유하고 있다.

이 추론은 <'모든 구체적인 대상의 지식(**스와락샤나**)'은 시간, 공간과 혼합되어 있어서 **비마르샤**는 그것들 또한 포용해야 한다>는 가정에 기초한다. ⧖

< 14 >

따라서 <소리 등의 성질로 인한 사물의 분화>와 <보편 등으로 인한 사물의 미-분화>[1] 둘 다 <아는 주체의 단일성>에 기초하여 가능하다.

<소리, 형태, 배치 등의 특성이 사물의 분화를, 보편성 등이 사물의 단일성을 암시한다>는[2] 것은 직접적인 경험의 사실이다. 이는 **주체의 단일성**이 가정될 때만 인정될 수 있다. <상호 분화의 확정> 또한 (**아는 주체**의) <통합하는 기능>에 의존한다.

✎ [1] <분화와 미-분화의 교리>가 다시 진술된다. 대상은 두 가지 조건을 공유한다. 즉 만약 그것들 각각의 분명한 특성을 본다면 분화되어 있고, **만약 보편, 유사성 등을 본다면 미-분화로 있다**.

(이것이 주위의 사람과 사물을 자꾸 나누지 말고, 공통의 기반을 찾아 통합하라는 이유다.)

이 두 가지 측면은 <**의식의 단일성**>의 기초 위에서만 서로를 배제하는 것 없이 공존할 수 있다.

[2] IPVV는 **티카**의 단계를 따라 **악쉐파** 즉 "암시, 시사"라는 말이 사용된 이유를 길게 다룬다. ⌛

< 15 > - < 16 >

<지식의 수단>이 - 기껏해야, 어떤 '새로운 빛'인 것이 - <"아는 주체", "절대적 의미에서 존재하는 그", "주(主)" - 그는 다양한 우주를 그리기 위한 기층(基層, 밑바탕)인 부드러운 벽(캔버스)과 같다. - '그와 비-존재와의 연관'은 용어에서 (이미) 모순이고, 그의 본성이 모든 인식에 영원히 현현하고, 내재하는 그 "태초(太初)로부터의 존재">와[1] 관련할 때, 어떤 기능을 수행할 수 있겠는가?

<지식의 수단>은 - 이는 <대상의 '아직 확립되지 않은 실재'>를 확립하(려)는 <항상 새로운 빛>이기 때문에 - <(방해받지 않고) 끊임없이 빛나는 '**아는 주체**'>와 관련해서는 아무것도 할 수 없다.

다양한 <지식의 수단>을 구성하는 것은 <다양한, 항상 새로운 현현들>이기 때문에, 이 빛(현현)은, 물론, <'항상 확립되어 있는 **자아**'가 아니라, '다른 어떤 것'>을 위한 <지식의 수단>일 것이다.

반면에 **주**는, <지식>과 관련하여 자유롭게 행동하기 때문에, <**아는 주체**>이다.

모든 여러 다양한 현현은, **주체**가 안정되어 있는 한, 그들의 다양성 안에서 가능하다. 그의 **의지**는 <'그가 **궁극적 핵심**인' 자신들의 본성을 소멸하지 않고, 실제로 현현되는 다양한 대상들을> **마야**의 힘으로 나타나고 사라지게 한다.

어떤 형태의 비-존재도 - 이전의 비-존재, 파괴 등으로 인한 비-존재 등 - **그**와 연관시키는 것은 모순일 것이기 때문에, 사실 **그 홀로** 독립적으로 <다른 모든 것의 영구적 존재(삿타)>를 소유한다.

설령 그가 존재와 비-존재의 견지에서 가르침을 받는다고 하더라도, **<주체로서의 그의 본성>은 변하지 않고 남는데, 왜냐하면 거기에 <가르치고자 하는 그>가 있지 않으면**[2] **그 <가르침>은 불가능할 것이기 때문이다.**

✎ 이 경문을 판디트는 이렇게 번역한다.
(토렐라의 번역은 정확하지만, 복잡하다.)

"<모든 것에 대한 정확한(올바른) 지식을 가지고, 항상 빛나며 영원히 **아는 자**이고>, <그는 존재하지 않는다는 어떤 생각에도 결코 닿지 않으며>, <그는 현상적인 존재계의 경이로운 변화의 그림이 그려진 캔버스 같은> '**참으로 존재하는 하나님**'**의 현존**을 증명하는 데, <새로 나타난 세속적 지식의 수단>이 무슨 소용이 있겠는가?"

¹ 푸라나(문자적 의미는 "**태고(太古)의 존재**")는 여기에서는 "전부터(**푸라**) 존재했던 **그**"의 의미로 받아들여야 하며, <다른 모든 사물 전에>, <시간을 초월하여>, <영원한 것> 등을 가리킨다.

이는 또한 **아비나바굽타**가 '어떤 형태의 비(非)-존재'도 **주체**에게 귀속시키는 것은 불가능하다는 것과 관련하여, 그 용어를 설명하는 방법이다. 그것(비-존재)은 사실상 '시간의 영혼'이다.

² 즉 거기에 <그 **주체**가 있지 않으면> ⏳

< 17 >

(<실제 일어나는 일>은) 이 실용적인 현실에서 **"주" 등에 대한 '개념과 표현의 사용(뱌바하라)'이, 그것은 <혼미(昏迷, 마야)의 상황 때문에 더 일찍 일어나지 않았는데, 오직 <힘들을 빛으로 가져오는 것을 통해> 촉진된다는 것이다.**[1]

<실용적 현실에서 그 '**아는 주체**'인 우리 자신을 **지칭하는 "쉬바", "주"** 등과 같은 개념과 표현을 사용하는 것> - 그것은 마야로 인한 그 총체적 혼미 때문에 생기지 않았다. - 그것 즉 <'**나**' 안의 **자유 등의 순수한 힘의 현존**을 정당화하는 이유를 밝히는 것>을 통해, 가르침, 명상 등의 목적을 위해 확립되었다.

✍ [1] [이 절은 <**하나님 증명**(이슈와라-싯디)>의 <9> **증명과 인식의 차이** 부분을 참조하라. 분명히 여기서는 '증명'이 아닌 '인식'을 다루고 있다.]

웃팔라데바는 여기서 다시 한 번 '**진정한 실재**', '**의식의 주권**'은 증명되고 밝혀져야 하는 어떤 것이 아니라고 한다. 그것은 끝임없이 빛나고, 사실 '**빛**' 그 **자체**로, (결코) 쇠퇴하지 않는다.

만약 어떤 것이라면, 그것은 <'제한된 주체' 그가 주(主)와 기본적으로 하나이고 동일한 것임을 인식하지 못하게 하는 혼미한 상태를 제거하는 문제>일 것이다. 다른 말로, <**의식을 '실명(實名)'으로 불러 '일상생활'의 영역에 들어가게 하는 것**>이다.

<담론(談論)>과 <일상의 실재> 둘 다 "**뱌바하라**"라는 용어의 의미론적 영역에 포함된다.

[이 의미의 확장은 서로 다른 두 단어 "**뱌하라**" 즉 "명사, 구두(口頭) 지정(指定)"과 "**뱌바하라**" 즉 "실용적 거래"의 합성에서 파생된 것으로 추정되며, 둘 다 **팔리(빠알리)**어에서 '**보하라**'라는 동일어로, 티벳어에서도 항상 '**타 스낫**'으로 번역된다.]

그러므로 그것은 새로운 무엇을 보여주는 것이 아니라 <항상 존재해 온 실재>를 가리키는 것이고, **그것에 대한 인간의 주의를 환기시키고**, 또 자각에 뒤따르는 공허함을 채우도록 유도하고, **이 잠재된 개념을 실제 생활에 사용하도록 유도하는 것**이다.

또 이것은 <"**나**"의 주권>과 관련하는 그런 **뱌바하라-사다나**(수련)의 경우에 **아-푸르바**(비-온전성)의 어떤 뉘앙스도 배제하려는 것이다. 반면에 감각적이지 않은 대상과 관련한 **뱌바하라-사다나**의 경우

에는 **아-푸르바**가 아직 미묘하게 현존하는 것으로
받아들인다. **재인식**(再認識) 그것은 사실 **뱌바하라-
사다나-루팜**(형태)인데, 처음부터 유효한 <지식의
수단>으로 나와서 <이미 나타난 어떤 실체>와 관련
한다. (I,1:3 의 주³ 참조) 즉

<"**나**"를 **쉬바와의 동일시로 이끄는 그 과정**>은
- 그것은 샤스트라의 특별한 기능이다. - 그러므로
<**본질적으로 스와바와-헤투에 기초한 추론**>이며,
따라서 그(수행자)의 목적의 <**기본적인 자기-조명적
특질**>은 **온전히 유지된다**. 이것이 <**참나(신)**를 가르
치는 (지식에 대한) 경전들>이 - **베단타**, **싯단타**,
비밀의 **탄트라**들 - 목표로 하는 것이다.

☯

<**의식을 '실명(實名)'으로 불러 우리 일상생활의
영역에 들어가게 하는 것**>이라…

근래 '실명제(實名制)'라는 말이 우리 사회 여러
곳에서 나오는 것을 본다. 또 익명(匿名)의 이점을
노리는 **온라인**의 ID 등 가명(假名)의 폐해(弊害)를
보노라면…….

문득 만해(萬海) 한용운의 시구가 생각난다.

"**비밀**(秘密)이라니요,
 나에게 무슨 **비밀**이 있겠습니까?"

우리에게 '숨겨야 할 일(즉 비밀)'은, 사실 가만히 보면, 굳이 익명을 사용할 성질의 것이 전혀, 전혀 아니다. (적어도 필자의 눈에는.)
 '진짜 비밀'은 아무리 공개하더라도 좀처럼 드러나지 않는다.
 <우리 속의 **신성**("**나**")의 현존> 같은 것 말이다. 어떤 이들에게는 불가능에 가깝다.

그래선지 저 '**큰 바다**(萬海)'의 말은 묘한 여운을 남긴다.

"**비밀**(秘密)이라니요,
 '**나**(**신성**)'에게 무슨 **비밀**이 있겠습니까?"

<'**항상 존재해 온 실재**(實在)'……, **그것에 대한 인간의 주의를 환기시키고**>…

다시 다석(多夕) 류영모의 어떤 강의가 생각난다.

그는 어떤 모임에서 염화시중(拈花示衆)을 이렇게 풀이했다고 한다. **붓다는** 사람들이 '**항상 존재해 온 실재**(즉 하늘, 하느님)'를 워낙 보지 않으므로, '꽃 한 송이(일시적인 것)'를 들어, '그것(꽃)이 존재할 수 있는 근원 공간(즉 하늘)'을 가리키고, '**그것에 대한 인간의 주의를 환기시**'켰다는 것이다.

그러나 잘 아는 대로, 가섭(迦葉, kāśyapa)만이 그런 것을 알아채고는 빙그레 웃었다고 한다.

필자의 말(장난)을 보태면, **카샤파**라는 이름은 '거북이, 사슴, 물고기' 등의 의미가 있다고 하니, 그래서 이름값을 한 모양이다. 거북이는 **쿠르마**니, 유명한 **크라마**를 떠올리게 하고, 사슴은 **단테**이니, '먼 데 산을 쳐다보는' 눈이 있을 것이고, 물고기는 **익투스**니 곧 '하늘의 아들'이다.

그러나 우리 대부분은 '**실명(實名) 이야기**'보다는 우화(寓話)나 신화(神話)를 더 좋아한다. 그만큼 더 쉽고 재미있기 때문이다. 소설과 영화로도 소개된 <라이프 오브 파이>의 결말을 보면 잘 알 것이다.

그리고 '**항상 존재해 온 것, 그것에 주의를 환기시키는 일**'은 <아주, 아주 어려운 일>이다. '**항상 존재해 온 것**', 그것은 <늘 있는 것>이다.

그러니 생각해 보라. 누가 <그런 것>에 관심을 갖고, 시간을 허비하겠는가!

어서 <좋은 세월>이 와서, '지능 지수(知能指數), 감성 지수(感性指數)'처럼 "영성 지수(靈性指數)"가 나타나 '**의식을 우리 일상생활의 영역에 들어가게 하는 일**'이 일어나기를…

추측컨대, AI **로봇**이 등장하여 우리의 일상생활 속을 파고들면, 우리의 생각이나 사고방식은 엄청나게 달라질 것이다.
<기계라고만 생각했던 **로봇**>이 우리 인간과 동등하게 말하고 행동하다니 말이다.

'인공 지능'이 인간을 압도(壓倒)하고, 그다음은 '인공 감성' 차례일 것이다. 그리고 그것도 가능할 것이다. [사실, 우리 인간의 감성도 '어떤 식으로든' '육성(育成)된' 부분이 상당할 터이니 말이다.]
필자는 '인공 영성'이란 말을 한번 생각해 본다. 필자는 그것은 가능하지 않다고 한다. 그 영성이 가짜가 아니라면 말이다.
(그래서 혼자서 묻는다) 그러면 영성(靈性)이라는 것이, 진짜 영성은 어떤 것이겠는가? ⌛

제 4 장 인과 관계의 본질 (21절)

쉬바에게 절하노니
그는 **맑은 거울** 같은 자신 위에
'대상'과 '다른 유형의 **인과 관계**'를 현현하고
창조자로서 빛나누나.

   단순히 그의 **행위의 힘**의 현현인 <관계에 대한 논의> 과정에서, 곁들여서, <'아는 자'와 '알려진 것' 사이의 관계>의 진정한 본질이 설명되었다.
   이제 <원인과 결과 사이의 관계의 본질>을 설명하기 위해 스물한 절로 된 다음 장이 시작된다.

< 1 >
그래서 그의 능력은 무한하여, 그는 그의 의지로 그 사물들을[1] 현현하게 하며, 이것은 그의 활동과 그의 창조자 됨을 구성한다.

<**아는 주체**>, 그것은 본질에서 **의식**이고, 무한한 능력을 가지는데, **주**는 자신의 **의지**를 통해 그런 실체를 이런 식으로 나타낸다. 그리고 <그의 활동, 즉 그의 **창조자** 됨>을 구성하는 것은 정확하게 이 <**의지의 힘**(잇차-샥티)>이다.

✎ [1] 아비나바굽타에 따르면 웃팔라데바는 '그 사물들'이라는 말로 <**주**는 '이전에 이미 나타냈던 것'을 (다시) 나타낸다>는 것을 의미한다.

[성경의 전도자(傳道者)는 말한다.

"<**이미 있던 것**>이 후에 다시 있겠고
<**이미 한 일**>을 후에 다시 할지라
해 아래는 새 것이 없나니
무엇을 가리켜 이르기를
'보라, 이것이 새 것이라' 할 것이 있으랴?
우리 오래 전 세대에도 **이미 있었느니라**."]

따라서 그의 현현의 작업은 연속적이다. 그것은 단 한 번 일어나는 것이 아니고, 그것은 중단되지 않는다.

비갸나 바이라바는 말한다.

"**창조**(현현)는, 기독교가 강조하듯이, <과거 어떤 곳에서 일어났던 역사적인 사건>이 아니다.
그것은 (과거와 지금) 모든 순간 일어나고 있다. 신(神)은 <창조적인 힘>이고, <창조 그 자체>다."

예수는 말한다. (그리고 또 필자의 상황이다.)

"내 아버지(주, 신)께서 **이제까지 일(창조)하시니 나도 일(창조)한다.**" ⧗

< 2 >

그러나[1] <감각 없는 실체>는 이 능력(힘)을 갖지 못한다. - 즉 <있지 않는 어떤 것>에 존재를 부여하기 위한 (힘을).[2] 그러므로 <원인과 결과의 관계(카르야-카라나타)>는 본질적으로 <'행위자(주체)'와 '행위의 대상'(과)의 관계(카르트리-카르마트바)>로 환원된다.

그러나 감각 없는 실재는 - 그것이 <원초적 물질(프라다나)>이든 원자이든 씨앗이든 - <존재하지 않는 어떤 것>을 생산할 수 없다. 그래서 <**원인과 결과**가 된다는 것>은 단순히 <"**행위자**"와 "**행위의 대상**"이 되는 것>이지, 더 이상이 아니다.

✎ [1] <인과 관계>에 대한 검토는 **샤이바** 입장의 진술로 시작되며, 이 장 전체는 이것을 정당화하는 데 전념한다.

[2] **아비나바굽타**는 '아-사타 사타'에 대한 세 가지 다른 해석을 한다. (IPV에서 다룬다)

첫째는 '안쿠라샤 사토 '사토 와'로 인중유과론(因中有果論)에 대한 **바이셰쉬카**와 **상키야**의 입장을 말하는데, 전자는 부정하고 후자는 수용한다.

둘째는 '아삿루파샤 사타 (안쿠라샤)'로 브릿티에서 해석을 찾을 수 있고,
셋째는 '아사토 안쿠라샤 사토 와 비자샤'이다.

결코 잊을 수 없는 <스판다 카리카의 그 유명한 구절들>(1:12-14)! "**참 나를 느끼는……**" 말이다.

**공(空)이 명상의 대상일 수 없고
그 상태에서 멍함이 없었다고 할 수 없다.
<회상(回想)하는 일>로 그 경험은 확실하다.
"내가 아주 <멍한 상태>에 있었군."**

**그러므로 <알 수 있는 형태>는
항상 <깊은 잠>과 같다.
그러나 스판다라는 이 무엇은
<회상되는 어떤 대상>이 아니다.**

**스판다는 <두 가지 상태>로 있다.
<행위자 혹은 주체>와 <행위 혹은 대상>.
<행위 혹은 대상>은 사라지지만
<행위자 혹은 주체>는 불멸이다.**

크세마라자는 위 주석에서 이 절을 인용한다.

"어떤 것을 **<낳는(창조하는) 일>은** - 그것이 그 원인에 이미 존재하는 것으로 생각하든, 존재하지 않는 것으로 생각하든 - **<무감각한 무엇(씨앗)>의 힘에 있지 않다**. 그러므로 <인과 관계>는 실제로, <'**행위자**'와 그 '**행위**(의 대상)'의 관계>다." ⧗

< 3 > - < 4 >

<존재하지 않는 것>은 존재하지 않고 또 그것은 곧 그것이다. <존재하지 않는 것>의 존재를 단정할 수 없고, 다른 한편 <존재하는 것>은 (이미 그것이 소유하고 있는) 존재를 얻는 것으로는 어떤 이득도 얻지 못할 것이다.

만약 <이 실용적인 현실에서 인과 관계에 대한 일반적 합의가 있다>고 지적한다면, (대답은) 그것은 <내적으로 현존하는 어떤 사물이(안타르-비파리바르트나),[1] 그 '정의할 수 없는 존재'의 힘 덕분에 양쪽 감각을 위한[2] '지식의 대상'이 된다>는 사실로 구성된다.

<존재하는 것>의 성격을 <존재하지 않는 것>에 귀속시키는 것은 모순이며, 그것은 이미 <존재하는 것>에 확립되어 있다. (<인과의 관계>는 이것으로 구성된다. 즉) <("나") 안에 이미 현존하는 사물>은 주에 의해 "창조"되었다. 아니면 다른 말로, 내적, 외적 감각을 위한 '지식의 대상'이 되게 그에 의해 야기(惹起)되었다.

✍ 4절을 판데이는 이렇게 번역한다.

"이 <원인과 결과의 관계(인과성)>는 <'이미 내면에서 돌고 있던 것'이, '**그 어떤 것**(삼빛)'의 힘을 통해, 내면의 감각과 외부의 감각 둘 모두에 대해 대상성(對象性)을 얻는 것>일 뿐이다."

[1] 더 정확히 말하면 '내적으로 이리저리 움직이는 어떤 것'이다.
비파리브리트는 가끔 **바르트리하리**의 작품에서 반복된다.

[2] **판데이**의 번역에서 보듯이, '내면의 감각'과 '외부의 감각'의 양쪽 감각 ⌛

< 5 >

따라서 행위는 - 어느 정도만 논의의 주제였다. - '연속'과 '자신을 내적으로 외적으로 현현하는 것'이 특징이고, <단일하고(에카샤)[1] 또 양쪽 면을 보여줄 수 있는 실체>와 관련되어 있는데, 하나인 것이 증명된다.

이 **행위**는, 연속으로 일어나더라도, 내적과 외적 둘이고,[2] <내적 자각을 통해 확립된 '**단일한 실재**', '**행위자**'>와 또 <또한 단일한 대상>과[3] 연결되는데, 왜냐하면 그것이 <현현의 변화 가능한 다양한 형태에도 불구하고> 성찰적 자각에 의해 **하나**인 것으로 인식되기 때문이다.

그리고 그것은 정확하게 이 사실에 기초한다. - <그것의 **기층은 단일하다**는 것>, <그것의 **단일성은 증명된다**는 것>.

✎ [1] 이를 말하는 것으로 웃팔라데바는 <주체>와 <행위의 대상>을 모두 언급하고 있다. (이것은 다른 주석들도 받아들이는 **브릿티**의 해석이다). **각각은 그 자체로 단일하고**, 그리고 <그것이 '이 두 가지 형태를 떠맡는 인식자의 그것', 즉 '**상위 단일성**'에 편입된다는 것>에서 단일하다.

² 즉, <행위의 '내적인 수준'과 '외적인 수준'>의 두 가지를 말한다. **아비나바굽타**는 주체와 대상 둘 다가 자신들의 단일성을 잃지 않고 이 두 차원에 포함될 수 있다고 설명한다.

³ 모든 **행위**는 주로 **행위자**에게 달려 있으므로 카르트리-스타라고 한다. 그러나 어떤 행위는 특히 대상과 연결될 수 있으므로 이를 카르마-스타라고 한다.

이 구분은 (다른 각도에서) 마하바라타에 언급된 네 가지로 돌아간다. - 카르트리스타-크리야, 카르트리스타-바와카, 카르마스타-크리야, 카르마스타-바와카.

아비나바굽타는 <'**인식자**(認識者)를 그것의 궁극적인 핵심(본질)으로 갖는 어떤 대상'에 관련하는 **창조의 행위**(니르마나-크리야)>는 동시에 카르트리-스타와 카르마-스타라고 한다. ⌛

< 6 >

<'다른 것'에 대해 (먼저) 내적인 어떤 실체>가 일단 그것이 외적이 되면, (그것은) <'그 다른 것'의 결과(효과)>로 이해되어야 한다. 외부성과 내면성의 두 국면은 <아는 주체>와 관련하여 그런 것이다.[1]

대상에게 <결과의 조건>은 단지 그 대상이 외적으로 만들어졌을 때이다. 따라서 <외적인 것>과 <결과인 것> 둘 다 <단일한 실재>와의 관계에서만 그런 것이고, 또 **실제로 <사람이 실제적 현실에서 내면적인 것과 외부적인 것을 말하는 것>은 <아는 주체>에 의존하고 있다.**

(그러므로 결과는 '**아는 주체**'에 의해 생성되고, 다른 어떤 것에서가 아니다.)

✎ [1] 이 경문을 판데이는 이렇게 번역한다.

"<'한때 어떤 사물 안에 있다고 인정된 그것'이 다른 때 그 사물 밖으로 나왔을 때>, '그것(사물)의 결과'라고 한다. 존재의 내면성(내재성)과 외부성은 그 **주체**(主體)와 관련되어 인정된다."

'씨앗과 새싹'의 예(例)? 다음 경문으로… ⧖

< 7 >

그러므로 "원인"은 오직 <아는 주체>이고, 그는 "결과"의 두 가지 현현 양상에서 그의 **단일성** 안에 변함없이 남는다.¹ 그러므로 <행위는 어떤 **단일한 실체**에 속한다>고 말하는 것은 적절하다.

따라서 **원인**은 오직 **아는 주체**이며, 그는 **결과**의 외적 및 내적 현현에서 연속이 있더라도 '**하나**'로 남는다. 지금까지 말한 것을 기초로 하면, 그러므로 **행위**는 <어떤 **단일한** (그리고 '**하나**'인)² **주체**>에 속하는 것으로 증명된다.

✎ ¹ **아비나바굽타**는 다른 해석을 한다. "**아는 주체**가 <결과의 두 가지 현현(외적 및 내적 현현)의 원인>이기 때문에……"

² 여기와 다른 곳에서 **에카**는 "단일(單一)한"과 "하나, 단독(單獨)"을 의미한다. ⧗

< 8 >

정확히 이런 이유로 파라메슈와라를 싹과 관련해 <유효한 원인>으로 여긴다. (그러나) <씨 등 그와는 다른 실체들>을 원인으로 여긴다는 것은 가능하지 않다.

<'어떤 것을 생성하는 것'은 '그것을 외부로 드러나게 만든다는 것'을 의미한다>는 사실을 고려하면, <원인의 지위>는 전적으로 <의식적인 존재>의 탓(결과)일 수 있다. 이런 이유로 어떤 이들은[1] 주를 '효율적 원인'으로 여기지만, 그렇게 함으로 그들은 <의도성이 전혀 없는(니르-아누산다나샤),[2] 씨 등의 불활성이고 감각 없는 실체> 또한 원인으로 여기는 것에서 일관성이 없게 된다.

✎ [1] 이 암시는 **아비나바굽타**와 또 **바스카라**가 확인하듯이 **냐야**와 **바이셰쉬카** 추종자들에 대한 것이다.

그들은 오직 **주**를 <효율적 원인>으로 여기는데, 그것은 <만약 그것이, 오직 **일련의 다른 원인들**의 협력으로부터 최종적으로 결과를 도출하는, '**일련의 다른 원인들의 수용**'을 **또한 반드시 수반하지 않는다면**>, 그 자체로 허용될 수 있을 것이다.

<물질적 원인>, <보조적 원인> 등은 - 즉 싹, 씨, 물, 흙의 경우는 - 모두, **샤이바**의 관점에서는 인과적인 기능을 하지 못하는 <감각 없는 실체들>이다.

[2] '**아누산다나**'는 다양한 의미로 사용된다. 때로 그것은 '통일, 연결'을 말하고, 자주 <'사물 사이의 관계'를 확립하는 '**생각의 통합하는 기능**'(그때는 **에키카라나**로 주석된다)을 말하며, 그 역동성으로 그것들에 편만하다.

다른 경우는, 이 장(章)의 전체에서처럼, <**의도성(意圖性), 특정 대상을 향한 노력**>의 의미도 있다. 이 두 가지 의미가 공존할 수도 있다. ⧗

< 9 >

사실 토기장이는 <주(主)에 의해 확정된 규칙을 따르면서(아이슈와랴이바 뱌바스타야) 진흙 등을 다루는 일련의 작업을 통해> 항아리를 만든다.[1]

<원인이 '**아는 주체**', 즉 이 경우는 토기장이인 것이 확인되었을 때>라도, 그럼에도 항아리를 만들려면, <사물의 본성으로부터 저절로 유래되는 것이 아닌, '필연성(운명)'이라고 하는, **주**에 의해 창조된 '제한하는 질서'로 지시된 범주를 따라>, 진흙 같은 재료에 '확정된 작업들'을 하는 것이 필요하다.[2]

✎ [1] **아비나바굽타**는 IPV에서 이 절에 상당히 긴 주석을 하면서, 가능한 다른 해석을 제시한다. 이것은 약술(略述)된 인과 관계의 확립이 일으킬 수 있는 의심을 반영한다.

여기 한 예로 나온 토기장이는, 그 자체가 정당하게 **원인**의 역할을 떠맡을 수 있는 **아는 주체**로 있는데, 어떻게 '**원인**'이 항상 또 어디서나 **지고의 주**라고 말할 수 있겠는가? 그리고 만약 이 이론을 처음부터 받아들인다면 그 안에 토기장이를 위한 공간이 어디에 있겠는가? (다른 말로 하면, 인간은 '**로봇**'으로 전락할 것이다.)

이 절은 **아이슈와랴이바 뱌바스타야**라는 표현에 부여하는 의미에 따라 이 두 가지 방식으로 해석될 수도 있고, 또 세 번째(네 번째로도) 방식으로 해석될 수도 있는데, 만약 기원(祈願)을 나타내는 **자나예트**를 '의무(니요가)'의 의미가 아니라 '**질문하는(삼프라슈나)**' 것으로 취한다면 말이다.

² 이것은 <토기장이의 **카르트리타**("행위자성")는 절대적이지 않고, '일(사물)의 순서가 - 토기장이가 수행해야 하는 작업 등 - 의존하는' **주**의 더 높은 **카르트리타**에 의해 가능하게 된다>는 것을 말한다. **토기장이의 창조성은 반드시 주의 창조성 안에서 보아야 한다.** 그렇지 않으면 진흙 등 '있는 그대로' <감각 없는 것>이 어떻게 토기장이의 의지에 순종할 수 있는지 이해할 수 없을 것이다.

잘 생각해 보라! 그리고 <토기장이(인간)에 관한 것>은 <**탄트라 사라**와 **쉬바 드리슈티** 1:44-45ab (위 I,5:7 주¹) 등을 참조하라.

여기서 '토기장이(인간)'는 곧 <내부의 기관(**붓디, 아함카라, 마나스**)>에 가까울 것이다. 나아가 토기장이 그 자신이 (사실은) **주**이다. 이것이 이 책의 목적이기도 하다. ⌛

< 10 >

항아리 등 여러 사물(탓탓) - 지속되고, 그것들에 자연스런 기능을 채울 수 있는(스티라-스와아르타크리야카람)¹ - 또한 <진흙, 씨앗 등의 필요 없이>, 요기의 의지만으로² 만들 수 있다.

요기의 의지만으로, <진흙 등에 의지하는 것이 없이>, 항아리와 같은 사물들은 생산될 수 있고, 또 그것은 항아리 등의 기능을 할 수 있으며 견딜 수 있다.

✎ ¹ 토렐라의 이 번역은 브릿티를 따르고 있다. 아비나바굽타는 브릿티의 그 정확한 지시를 알고 있었지만 탓탓 스티라-스와아르타크리야카람을 한 복합어로 취해 "그것들에 자연스런, 다양한 형태의 효율성을 지속적으로 수행할 수 있는"으로 읽고, 이것 또한 받아들여야 한다고 한다. 티카(몇 쪽이 발견됨)가 이런 읽기를 어떻게 보았는지는 알 수 없다.

반면에 브릿티를 따르면 탓탓는 분리되어 가타-아디(항아리 등)를 가리키고, 스티라-스와아르타크리야카람은 가타-아디의 두 가지 자격(자질)을 표현하는 카르마다라야로 이해되어야 한다.

² (인도 철학 문헌에 자주 나오는) '**요기**'의 예는 이미 **쉬바-드리슈티**에도 나온다(1;44-45, 3:34-36). 위 I,5:7도 참조하라.

'**쉬바**(와 같은 이)'를 가리킨다. 그들은 말한다.

"**내가 원하는 모든 것을 알고 행하노라!**"

이 **전지전능**(全知全能)에 - **신성**(神性)에 - 참여하고 싶지 않은가? ⌛

< 11 >

정확하게 이것 때문에, 어떤 **결과**(카르야) 혹은 **본질적 속성**(스와바와)은 - 그것은 (어떤 원인으로부터) '일어나는 것'인 그 뿌리에서 생겨나는데[1] - 오로지 <다른 유효한 '지식의 수단'이 확립되었고, 그것이 요기의 창조가 아니라면>, 추론의 논리적 이유를 정당하게 구성할 수 있다.

바로 이것 때문에 <인과 관계를 암묵적으로 포함하는>[2] 어떤 **결과**나 **본질적 속성**은, 만약 이것이 요기의 창조가 아니라는 확실성이 부족하면, 단지 환상적 이유다. 그러나 이 확실성이 존재하더라도 <논리적 이유의 지위>는 여전히 **주**에 의해 시작된 (도입된) 필연성(니야티)에 의존한다.

✐ 이 경문을 **판디트**는 이렇게 번역한다.

"이런 이유로 (대상의) '결과'나 '근본적 특성'이 - 둘 다 그들의 기원을 기본적인 근원에 두는데 - (논증에서) 논리적인 이유로 받아들여진다.
(그러나 이것은) 오직 <다른 명확한 증거에 기초하여, '관련된 대상'이 요기의 창조물이 아닌 것이 분명히 확립된 때>이다."

¹ 이 번역은 **아비나바굽타**의 주석을 따른다.

다르마키르티의 <양평석(프라마나 바룻티카)의 자주(自註, 스와브릿티)>의 잘 알려진 구절("**싯다스투 카르야카라나바와 스와바왐 니야마야티**")과도 비교하라.

² **다르마키르티**는, 잘 아는 대로, 사물 사이의 혹은 개념 사이의 <두 가지 '핵심적 연결(**스와바와-프라티반다**)' 형태>만 인정한다. 동일성(**타다트먀**, tādātmya)과 인과성(**탓웃팟티**, tadutpatti). 그러니 그가 유효한 것으로 보는 유일한 추론은 **스와바와(본질적 속성)**에 기초한 추론이다. **안-우팔랍디**(비-지각) 또한 그것의 영역에 들어가는데, 예를 들어, "이것은 나무이다. 왜냐하면 그것이 '**쉼샤파**'이기 때문이다."에서는 개념들이 공존하고, 그 안에서는 하나가 다른 것을 암묵적으로 포용하고 또 동일한 것을 참조한다. (**쉼샤파**는 <'어떤 종류'의 나무>로 **파라 트리쉬카**에서 '**쉼쉬파**'로 다루었다.) 아니면 **카르야**(결과)에서 "(저기에) 불이 났다. 왜냐하면 (저기에) 연기가 있기 때문이다."

웃팔라데바는 **스와바와-헤투** 역시 최종 분석에서 <한 사물의 본성이 '그것(사물)을 생성한 그 원인에 기인한 그것(본성)'이라는 것을 가정하면>, 인과성

(탓웃팟티)에 기초한 것으로 나타난다고 지적한다. **다르마키르티**는 이미 유사한 용어로써 자신을 표현했다. **아비나바굽타**가 **티카**를 따라 관찰한 것처럼 인과 관계의 의미는 크든 작든 명확할지도 모른다. 그것은 "연기를 보는" **스와바와-헤투** 덕에 사람이 "불을 보는" 것으로 돌아갈 때 명백하다. "이것은 나무다. 왜냐하면 그것이 **쉼샤파**이기 때문이다."의 경우는 덜 명확하지만 동등하게 있다.

사실 여기에서 그것은 <**쉼샤파**의 원인>이다. - 즉 <그것의 씨앗> - 그것은 나무의 본성을 가지고 그것을 주입한다(불어넣는다). 그리고 <항상 **브릭샤트바**('나무性')와 결합했을 때 **쉼샤파**를 생성하는>이 원인은 차례로 **파라메슈와라**의 <운명(**니야티**)의 힘>에 의존한다. 그러므로 각 경우에서 처음부터 문제의 연기나 **쉼샤파**가 **요기**의 창조물이 아니라는 것을 확립하는 것이 필수적이다. 불교도와 **샤이바**가 생각한 **스와바와-헤투**에 근거한 추론은, 전자의 경우 엄격하게 말해서 <새롭고 실제적인 지식>을 일으키지 않는다는 것이 다르다.

불교 **프라마나** 전통에 따르면, 두 가지 <본질적 속성(**스와바와**)> 사이의 **갸먀-갸마카**의 그 관계는, **마치 한 사물 안에 복수의 구별되는 속성이 있는 것처럼**, 궁극적으로 실제적이지 않다. **디그나가**는 후대의 저자들이 종종 약간 다른 형태로 인용하는 유명한 구절에서 말한다.

"'추론'과 '추론의 대상'에 관한 이 모든 질문은, 마음이 부과한 '속성(인식)'과 '속성(인식)-소유자' 사이의 차이에 의존하며, 실제적인 외부 존재와는 관련이 없다."

두 가지 종류의 추론 사이의 차이는 - 한 경우는 동일한 사물에 속하는 두 개념이 작동하고, 다른 경우에는 두 개의 별개의 사물에 속하는 두 개념이 작동하는 것 외에 - **스와바와-헤투**가 **뱌바하라**만 확립할 수 있고 **바스투**는 아니라는 사실에 있는 것처럼 보일 것이다. **아비나바굽타**는 티카(비브리티)를 주석하면서, **바스투**, **바스투-뱌바하라**, **샤브다-뱌바하라-사다나**를 구별한다.

샤이바 관점에서 **브릭샤트바**와 **쉼샤파트바**는 두 가지 다른, 그 자체로 완전히 자율적인 **아바사**이고, **사마나디카란야**의 관계에서 **주**에 의해 설정되지만, 반드시 동시에 의식에 현존하는 것은 아니다. 그러므로 <한 실제적 실체>로부터 <한 동등한 실제적 실체>로 움직이는 **스와바와-헤투**의 그 지위는 말하자면 강화된다. ⧗

< 12 > - < 13 >

¹연기 등의 새로운 현현은, <그 순간에 직접 지각되지 않았어도, '그것의 확정적 조건'인(아디파테),² 여러 다른 '아는 주체'에게 공통인> 불 등의 현현에서 유래한다. <변함없이 원인과 함께 수반되는 결과>는 거기에 전자가 있다는 표지(링가)이다.

반면 <우리가 말한 것과는 다른 연기의 현현>은 오로지 <다른 주체들이 지각한 "연기"의 현현>에서 유래되고, 그것은 이 경우에서는 <확정적인 조건의 역할>을 한다.

(멀리서 일어나는 등의) "연기"의 현현은, "불"의 현현이라는 직접적인 현존이 선행되지 않았더라도, 그 장소에 있는 다른 '아는 주체들'에게 공통적인 "불"의 현현에서 일어나고, <필연성의 힘>에 의해 그런 인과적인 능력을 부여받았다. <이 "연기"라는 현현>은 <변함없이 이 "불"이라는 현현의 존재를 알게 만드는 그것>이다.

반면에 <'이미 존재하는 다른 연기'에서 나오는 연기>는³ - 지금은 완전히 소멸된 "불"의 현현 - 정확하게 <여러 다른 주체의 의식에 있는 "연기"의 현현에서 일어나며, 그것은, (추론을 하는 주체에게) 그 순간에 직접적으로 지각되지 않더라도,⁴ 이전의 경우에서 보았듯이, (주에 의해) <조건을 확정하는

역할>을 맡았다.[5]

✎ [1] 이 두 절은 두 가지 필요에 응하는 것이다.
첫 번째는 '**아바사**(양상)=**바스투**(실체)'의 공식에 충실하면서 인과 관계를 설명하는 데 성공해야 할 필요성이다.

[어떻게 추론(推論)을 통해서 <'지금 여기에 있는 연기의 원인'으로 **아나바타**인> 어떤 불의 실체를 확정할 수 있겠는가? **아나바타**는 '(이전에는) 결코 나타나지 않았던 것'을 말한다. I,5:8-9을 보라.]

두 번째는 <원인과 결과의 **아바사**가 동일한 개별 **산타나**(연속체)에 속해야 한다고 주장하는 것으로, 모든 일반적 가치를 제거하면서 또 그러므로 **인과 관계에서 모든 실용적인 중요성을 위태롭게 하는**> **유식학파**로부터 거리를 두는 것으로써 이 결과를 얻는 것이다.

웃팔라데바가 제안한 해결은 - **아비나바굽타**가 발전시킨 방식에 따르면 - 다음과 같다. 즉

특정한 장소(부엌)에 있는 주체들은 일반적으로 '불'과 '연기'의 '불변적 수반 관계'를 파악(비압티-

그라하나)하지만, 특별한 경우의 관찰을 통해서다. 즉, 그들은 이 두 **아바사**에 관하여 하나가 된다. 다른 말로, 거기에는 모든 주체에 대해 '불'이라는 하나의 **아바사**와 '연기'라는 하나의 **아바사**가 있다. 이 동일시는 <제한하는(필연적) 힘(니야티-샥티)>을 통해 **주**의 행위로 제공되며, 여기에 유식학파와의 근본적인 차이점이 있다.

나중 이들 주체의 하나 이상이 '연기'라는 특별한 아바사에 직면한 것을 알고 - 그러므로 그 자신의 정신적 연속체(스와산타나바르틴)에 있다 - **이전에 확립된 비압티(수반 관계)를 기억하면서 '불'이라는 일반적 아바사로 돌아가고, 그것은 즉시 다른 주체들(파라산타나바르틴)에 존재한다.**
 그러므로 추론의 순간에 관련된 주체들은, **주의 바로 그 의지에 따라**, 특별한 연기와 일반적 불에 관해 통합된 것이 밝혀진다.

카리카에서 '부야'는 브릿티에서 프라마트리와 관련된 형용사로 이해되며, 부사로 취할 수도 있다. 이 경우 그것은 "또한 나중에", 즉 <연기와 불의 불변적 수반을 파악한 이후의 시간에>, <추론이 된 시간>을 의미할 것이다. **부야**에 대한 이런 두 가지 해석은 **티카**로 돌아간다.

² 경량부(經量部)의 개념에서, 네 가지 '원인 조건(프라탸야)' 중 아디파티-프라탸야는 '결과의 산출과 또 특정 성격'에 가장 직접적으로 책임이 있는 것이다. 예를 들어, 미각, 후각 등의 감각을 불러일으킬 수 있는 확정적인 대상에서 시각적인 감각의 아디파티-프라탸야인 것은 시각 기관이다.

아비다르마-코샤에서 아디파티-프라탸야는 여섯 가지 헤투(원인, 因), 네 가지 프라탸야(조건, 緣)로 형성된 체계에 포함된다. 다른 프라탸야는 헤투, 사마난타라, 알람바나이다. 그 체계에서 첫 번째 헤투(카라나)는 아디파티-프라탸야와 동일시된다. 모든 다르마는, 인과의 과정을 방해하지 않는다는 것에서, 일반적인 의미로 카라나-헤투일 수 있다. (그러나 그들 자신과 관련해서는 아니다.) 그러나 '결과의 효과적 산출을 감당하는' 주된(프라다나) 카라나-헤투가 있다. 예를 들어 <시각 감각을 위한 광경, 형태>나 <몸을 위한 음식>.

따라서 카리카의 아디파티-프라탸야는 프라다나 카라나-헤투에 해당한다. 사실 웃팔라데바와 아비나바굽타는 아디파티-프라탸야를 정확히 설명하지 않는다. 특히 아비나바굽타는 '떨어져 보이지 않는' 성격을 지적하는 데 그친다.

³ 참고로 소치기는 연기를 가죽병(甁)에 넣었다가 나중에 내보낸다. **고팔라-가티카**로 알려진 예(例)는 **쉬바 드리슈티** 5:67에 보인다.

⁴ **아디파티-프라탸야**는 반드시 결과의 것과 다른 (이전의) 시간에 속해야 한다. 만약 그것이 **파록샤** (보이지 않는 것)가 아니라면 그것은 **직접 지각**의 대상이 되고, **추론**에 의존할 필요도 없을 것이다.

⁵ <인과(因果) 관계에 들어가는 요소들 각각>은 (불교의 개념이 말하듯이) 그 자체의 본성으로부터 직접 파생되거나 혹은 그 자체의 본성과 일치하지 않고, 말하자면 <유일한 참된 원인 행위자, 탁월한 행위자로 남는> **주의 제한하는 힘**(니야티-샥티)으로 중첩(重疊)되는 역할을 한다. 이것은 **실제의 현실 영역 전체에 대해서도 일반적으로 유효하다.** ⌛

☯

"**주의 제한하는 힘**…은 실제의 현실 영역 전체에 대해서도 일반적으로 유효하다."

<그런 것>은, 이 현실에서 '우리의 어처구니없는 실수'를 목격하게 되면 잘 알 수 있다.
　언젠가 TV에서, <자신을 '똑똑이'로 아는 어떤 이>는 "이 모(李某) 교수"를 "이모(姨母) 교수"로 이해했다. **'주의 제한하는 힘**'의 다른 말은 어떤 '운명의 힘'이다.

< 14 >
 또 "이것이 있어, 저것이 생겨났다(아스민 사티 이담 아스티)."로 여겨지는 인과 관계는[1] <감각이 없고, "요구(아펙샤)할 수 없는" 그런 실체>에서는 용납될 수 없다.[2]

<'선행(先行)과 후속(後續)'의 어떤 고정된 시간적 연속>은, 그것은 "이것이 있어, 저것이 생겨났다."라는 공식으로 표현되는데, 그러나 예를 들어, 하늘에서 크릿티카와 로히니 별자리가 오르는 것처럼 전혀 인과 관계가 없는 것들에서도 일어난다.[3]

그러므로 <원인과 결과의 관계>는 다음과 같이 공식화되어야 한다. "앞서가는 것의 원인적인 힘이 있어, 뒤따르는 것의 존재가 있다." 그러나 이것은 요구가 불가능한 <감각 없는 실체>에서는 가능하지 않다.[4]

그리고 그 공식의 의미를 우리가 "앞서가는 것의 원인적인 힘이 뒤따르는 것의 존재를 구성한다."고 이해하더라도, 이 방식 역시 거의 아무것도 말하지 않는다. 즉 원인적 힘으로 특징지어지는 <'앞서가는 요소'의 그 자체의 본성>은 <'뒤따르는 것'의 존재로서 나타날 수 없다.

✍ ¹ 일반적으로 불교도를 가리키며, 인과 관계는 최종 분석에서 '고정된 시간적 수반 상태'가 유일한 확인 가능한 것인 것으로 해결된다.

² **탓트와-상그라하**(진리강요)와 관련 **판지카**에서 제기된 동일한 반론에 대해 - "만약 인과 관계를 이런 식으로, 즉 <운용의 조정 없이(즉 조작의 간섭 없이)> 설명하면, '결과는 원인에 의존한다(원인을 요구한다)'와 같은 그런 표현을 어떻게 설명할 수 있는가?" - 불교도는 그것은 단지 어구를 바꾸는 문제일 뿐이라고 대답한다. 즉 '의존, 요구(**아펙샤**)'라는 것은 단지 <불변의 즉각적 연속>이다.

³ <플레이아데스와 황소자리>. 플레이아데스는 황소자리에 위치한 산개 성단(散開星團)을 말한다.

이것은 불교의 인과 관계에 대해 여러 비평가가 사용한다. 어떤 불교도(眞理綱要)는 이 두 별자리의 상승 사이의 변함없는 수반 현상은 어쨌든 인과적 연결에 달려 있다고 대답한다. 그것은 두 용어를 직접 연결하는 것이 아닌 '단일 복합 원인에 대한 공통 의존'을 통해서다.

사실 이 경우 두 별자리를 연속적으로 밀어내는 것은 '똑같은 바람(**프라반자나-비쉐샤**)'일 것이다.

(<현대 과학 용어>로는 다르게 말할 것이다.)

⁴ <한 사물의 존재가 다른 사물의 존재를 "요구한다(아펙샤)"는 의미에서>. 여기 처소격의 의미인 **아펙샤**의 개념은 한편으로는 이 <의도적 역동성>을 포함하고(다음 **카리카**에서는 '**아누산다나**'), 다른 한편으로는 한 사물이 다른 사물 위에서 쉬는(의존하는) 것을 포함한다.

크세마라자는 스판다 카리카 1:2의 주석에서 말한다.

"<**카르야**[산물(産物), 결과]>라는 말을 사용하는 것은, 그것이 "**행위자 즉 <감각(생명, 의식)이 있는 무엇>의 행동으로 생산된 것**"을 말하는 것이지, <감각(생명, 의식)이 없는> (물질적인) 어떤 원인의 결과를 말하는 것이 아니다.

웃팔라데바가 이슈와라-프라탸비갸에서 잘 파악했듯이, '<감각(즉 생명, **의식**)이 없는 경우>에서의 그 **인과 관계**는 증명될 수 없다.' 그 **인과 관계**를 <**무생물**(無生物)인 것>이 알 것인가?" ⧗

< 15 >
사실 처소격(處所格)의 의미는, (원인과 결과가) 존재하는 것으로 여겨지든 존재하지 않는 것으로 여겨지든, 의도성(아누산다나)이 불가능한 <자기-제한적인 실체>에게는 적용되지 않을 수 있다.

결과와 원인 또한 존재하거나 존재하지 않는 것으로 이해될 수 있지만 어떤 경우이든, 그것들은 여전히 '감각 없는 실체'로 남아 있고, 자기-제한적이고, 의도성이 없고, 그것의 있음은 다른 실체들로부터 독립적이다.

이런 이유로 <종속격(從屬格)의 어미(語尾)(=the endings of the subordinate cases)로 표현된 그 의미>는,[1] 그것의 핵심은 정확히 지배적인 요소에 대한 의존(依存)인데, 그것들에 적용될 수 없다.

✎ [1] 모든 격(格)은 **종속적**이다. - 물론 정의에서 **스와탄트라(절대 자유)**인 **주격(主格)**은 제외하고 - **카르트리**는 여러 **카라카**의 개별 기능을 수행하는 것을 주도하고 촉진하며, 또 그것들 모두는 동사가 표현하는 주된 행위를 일으킨다.

그러나 종속(從屬) 자체는 <**의식적인 역동성**>, <**자다** 즉 '그 자체 안에 제한된 것'으로 여겨지는

모든 것이 소유할 수 없는 **의도성**>과 더불어 <관계 확립을 위해, **아누산다나**라는 한 단어 안에 모두 표현된, 그 모든 의미의 집중 안에서 **통합(통일)을 위한 역량**>을 전제로 한다.

그러나 우리는 이 의존(依存)을 생각하고 싶고 - **아비나바굽타**는 티카를 따라 그것을 두 가지로 즉 **안욘야라그나타루파**와 **아비프라야루파**로 나눈다. - 그것은 <불활성이고 감각 없는 실체>로부터는 못하게 된다. **웃팔라데바**는 이 주제로 돌아가 **삼반다 -싯디-브릿티**에서 더 발전시키고 **아비나바굽타**는 결론을 내린다. 즉

만약 불교의 전제를 받아들이면, 원인과 결과의 관계는 결국 설명할 수 없는 것으로 남는데, 왜냐하면 거기에는 **카라카**('**행위자**')의 역할 그 자체를 떠맡을 여지가 전혀 없어서 **어떤 공식도 논리적인 검정에 유효하지 않기 때문이다.** ⧖

< 16 >

앞서 말한 것에 기초하여 사물들 사이에 논리적으로 허용되는 유일한 관계는 문법 <격어미(格語尾, case ending)>의 의미에서 찾을 수 있으며, 그것은 <'행위'와 '그 행위의 요인(크리야-카라카)'> 사이의 관계로 구성되고, 또 <그것의 유일한 기초>로서 <아는 주체>를 갖는다.[1]

흙, 씨앗, 물 등 사이의 연결은 **<단일한 주체>**에 의존하는 <'동사적(動詞的) 행위'와 '그 행위의 요인(행위자) 사이의 관계를 구성하는 격어미(格語尾)의 의미>로 올바르게 이해되어야 하며, 원인과 결과의 연결과 같은, 그런 다른 유형의 "건조한"[2] 연결과 동일시해서는 안 된다.

✍ [1] <격 어미(格語尾, case ending)>는, 예를 들어, 독일어에서 명사에 '-e, -es, -er' 등이 붙어 주격, 소유격, 목적격 등이 되는 것을 말한다.

이 개념은 **쉬바 드리슈티** 4:32에서 실질적으로 동일한 용어로 공식화되었다. **웃팔라데바**는 이것을 간결하게 말하여, 독자가 IPK와 이 주석을 참조해 **<주체**에 대해 보다 광범위한 대우를 하도록> 한다.

<동사로 표현되는 행위와 또 문법의 격(格)으로 표현되는 여러 요소>와 <주(주체)>와의 동일시에 관한 것은 <탄트라 알로카의 정수, 탄트라 사라> 272-276 쪽을 보라.

이 모든 것은 <**유일의 주체(의식)**>를 드러내려는 목적으로, 그것을 우리는 "파라마-아드바이타" 즉 '**지고(至高)의 비-이원론**(즉 **궁극의 일원론**)'이라고 한다. **아주, 아주 중요하다!!!**

왜냐하면 이것이 '**참 하나님**'을 찾는 일이기 때문이다.

[2] 즉 <'액(液)'이 없는>. '액'은 '**의식**의 **역동성**'을 나타낸다.

< 17 >

원인과 결과가 서로의 본성을 갖는다고 주장하더라도, 단지 그 둘의 단일성만 얻어지는데, 거기에 만약 어떤 구별이 있다면, 그것들은 같은 본성을 갖는다고 말할 수 없기 때문이다.[1]

원인과 결과가 서로의 형태를 갖는다고 주장하더라도, 유일한 결과는 그것들은 단일한 것(사물)일 것이라는 것이지, 그것들이 어떤 관계를 구성하는 것일 것이라는 것(말)이 아니다.

✎ [1] 앞의 **카리카**는 <단일한 어떤 실체의 절대적 타자성과 고립에 기초한> 불교의 인과 개념에 대한 **웃팔라데바**의 논증을 결론지었다.

이제 <원인 안에 결과가 이미 있음(인중유과론)을 인정하며, 사물의 연속성과 실질적 단일성을 주장하는> **상키야**의 추종자들에게는 다른 논증이 필요하다.
그러나 다음 **카리카**가 지적하는 것처럼 **상키야**의 주장은 - 다음에 다룰 『**이슈와라-싯디**』에서도 비판한다. - **샤이바**의 진정한 대안이 될 수 없다. ⧗

< 18 >

단일한 실체의 분화는 시간적 연속에서 일어나는 행위이다. 이런 식으로 우리는 <'여러 형태로 수정(변화)되는 존재'로서의 "**행위자 주체**">라는 우리의 명제(命題)로 반드시 돌아간다.[1]

하나의 실체를 <분화된 방식으로 제시하는 것>, <시간에 의해 추진된(혹은 "측정된") 변화>가 정확하게 행위이다. 그러므로 <**에너지가 부여되어 있어, 자신을 수정(변화)하는 것이 자유로운 한 실체**>가 '원인'이라는 것은 (그것이 혹은 그가) <그 행위의 '행위자'라는 것>을 의미한다.

✎ [1] <일차적이고 근원적인 질료(즉 **프라크리티, 프라다나**)가 '끊임없이 새롭고, 이미 암묵적으로 그 안에 포함되어 있는 형태'로의 지속적인 수정>으로서의 인과성이라는 **상키야** 개념은, 결국에는 **카르트리타**(행위자성)의 **샤이바** 체계로 들어간다. 즉

<**프라크리티**의 수정>은 정확히 <그 수정 행위의 행위자인 것, 혹은 행위자가 되는 것>을 말한다.

그러므로

샤이바는 <상키야가 생각하는 **프라크리티**(**자다**, '감각 없는 것')가 '의식적 존재'의 배타적(독점적) 특권인 이 역할을 떠맡을 권리가 없다>는 사실이 아니라면 반대하지 않을 것이다. (다음의 **카리카**를 참조하라.) ⧖

< 19 >

그러나 이것은 <감각 없는 실체>에서는 가능하지 않은데, 왜냐하면 다양한 형태의 현현을 고려하면 분화가 단일성과 상충(相衝)되기 때문이다. 반면에 <단일성의 의식적인 실재>의 경우에는 가능하다.

이것은 <감각이 없는 실체>의 경우에는 가능하지 않은데, 왜냐하면 <단일한 그것의 본성>이 분화된 형태로 나타나는 것과 충돌할 것이기 때문이다.
반면 <절대적으로 **투명**하고, **단일**하고, **의식적인 실체**>에서는 그것이 가능한데, <그것의 **단일성**>과 <여러 반영을 받아들이는 그것의 역량> 사이에는 아무런 갈등이 없기 때문이다.[1]

✎ [1] 이 학파의 아주 소중한 비유에 따른다면, "**나**"는 <대상적 실체들의 현현을 위한 기층(基層) 역할을 하는 투명한 **거울**>과 같다.

그것의 **절대적 투명성**(透明性) 때문에, 그것은, 어떤 의미에서 '그것과는 다른, 이런 형태의 환영(幻影, 그림자)'으로도 수정되지 않은 채 남아 있다.

<실제에 있어서는, 그것으로부터 분리되지 않은 것>이 (대신에) <분리된 것>처럼 보이게 하는 것은 바로 이 **순수성**(純粹性) 때문이다.

삼빗-프라카샤는 말한다(1:54-55).

"수정(水晶)이 **그 절대적 투명성으로**
다른 사물로 끊임없이 채색되어
지각될 수 없듯이,
오 <복 있는 이>여
다양한 존재와 결합한 당신의 몸도
그 절대적 투명성으로
그것들 없이는 지각되지 않습니다." ⌛

< 20 >

의식의 단일성이 '유일한 궁극적 실재'라고 주장하더라도,[1] 거기에는 행위가 있을 수 없는데, 왜냐하면 두 실체(대상과 자아)는, 그들 현현의 성격과 관련해서는, <'하고픔'이 특징인, 그 단일성을 파악하고 또 확립하는 '생각의 예비적 행위' 없이> 나누어져 있기 때문이다.

<**의식적 원리**>를 **유일한 실재**로 상정하더라도, 임의로(즉, 원인 없이) 생각되는 그 현현의 분화는 인정될 수 없고,[2] 다른 한편 이 <**의식적 원리**>에는 행위가 없다. 그러나 만약 그것이 <이런 방식으로 행하려는 욕망과 결합된 '확정적인 생각'의 행위를 통해> 외적으로 현현하게 한다면, 그러면 행위는 가능하다.[3]

반면에 <감각이 없는 실체>는, "그것이 존재한다, 있다"는 "존재(있음)"의 행위의 주체일 수도 없는데, 그것은 <"존재하고 싶음(부부샤요게나)"을 통해 현현된> 그 자유를 소유하지 않기 때문이다.[4]

그러므로 이와 관련한 **궁극적인 진리**는, <**아는 주체**>, **그** 홀로 <감각 없는 실체를 "존재하게 하는 (바와야티)">, 다른 말로 **히마찰라** 산 등의 다양한 형태로 나타나게 하는 "**원인**"이라는 것이다.

✎ 이 경문을 판데이는 이렇게 번역한다.

"우리가 '**의식(칫)의 단일성**'을 참으로 실제적인 것으로 인정하더라도, <거기에 창조하려는 욕망의 특징인 (대상과 자아와의) 단일성에 대한 '확정적인 의식'이 없으면> 다른 '**아바사**'에 대한 창조 행위는 있을 수 없다."

1 **웃팔라데바**는 이제 비판을 베단타의 **샨타-브라흐만-바다**로 돌리는데, 그것은 <'이전 **카리카**에서 기술한 것'을 '확정적인 진리'로 스스로 제안하여>, 지금까지 검토한 인과성의 이론에서 지적된 모든 모순을 극복할 수 있다.

2 현현의 다중성과 다양성은 순전히 임의적인 것으로 여길 수가 없는데, 그것은 이 우주의 질서와 규칙성은 설명 불가능한 상태로 남을 것이기 때문이다. 그러므로 **다양성에는 어떤 '원인'이 있어야 하며 이 원인은 '행위' 외의 어떤 것일 수가 없다**.

그러나 베단타(샨타-브라흐만 바다)가 이해하는 <**의식적 원리**>에서는 (정의에서) 행위가 부재하고 또 **브릿티**가 설명하듯이, 모든 <감각 없는 실체>는 행위가 가능하지 않다. **일자(一者)와 다자(多者)를**

잇는 다리로서의 '행위'는, 전제조건으로 두 용어의, 예를 들어 '카르트리(행위자)'와 '카르마(행위)'의 - 구분되지만 밀접하게 조화된 - **<절대적이지 않은 타자성을 알아채는 일>을 반드시 포함해야 한다**.

아비나바굽타가 말하듯이, '행위'는, 그것은 단일하여, 두 가지 사물의 **스와바와**일 수가 없다. 만약 이것들이 서로가 완전히 다른 형태라면 말이다. 이 단일성의 순간은, 대상이 완전히 "나"에 잠겨 있을 때, 행위를 향한 첫 시도(**치키르샤**)에서 일어난다.

아비나바굽타의 주석은 <**아바사빈나요**가 각각 **치키르샤, 파라마르샤, 크리야**에 의존하는 것>에 따라 **카리카**에 대해 서너 가지 해석을 제공한다는 점을 지적해야 한다. 그러나 이러한 해석은 양립할 수 없으며, 반대로 의미의 함축을 전체로 확장한다.

[3] **아비나바굽타**는 **티카**를 따라서, '행위'는 "현현하게 만드는(**아바사나**)" 것으로서, 그것의 핵심적 특징은 **<행동하려는 생각과 의지의 첫 번째 충동 (파라마르샤 - 치키르샤 혹은 잇차, '하고픔'>**으로 구성되며 그것은 이미 배아에서 '미래의 현현'과 '외형화'를 포함한다고 설명한다.

쉬바 드리슈티는 말한다(1:19-20a).

"그는 어떤 것을 알고 싶고, 행하고 싶기 때문에, 그 활동은 <의지의 수단>에 의한 것이다. 그것은 두 부분 즉 <이른 것>과 <나중 것>으로 구분되어야 한다. 사실, <이른 것>은 열의(熱意)이고, <문제의 대상>에 대한 기쁨의 획득이다. 그것은 확장된다."

[4] 어떤 행위는 단지 비유적 의미에서 <감각 없는 실체>에 기인할 수 있다. 엄밀하게 말해서 그것은, <실제의 경험이 그것에 기인하는 이 **삿타**(존재성)가 실제로 **쉬바타-아키아**(**쉬바性**의 현현)인 것을 고려하지 않으면>, 그것이 "있다"고 하는 것조차 허용되지 않을 것이다.

이것은 웃팔라데바가 쉬바 드리슈티 4:32b-33a에서 개발한 것인데, 거기서 **소마난다**는 정의에서 '영양의 뿔 등과 같이 존재하지 않는 실체'에 대한 **카라카**[와 그에 따른 격(格)-어미]의 자격에 대한 담론에서 그 귀속 문제를 똑같은 용어로 해결한다.

바르트리하리는 한편에서는 **무캬-삿타**와 **바스투-아르타**, 또 다른 편에서는 **우파차라-삿타**와 **샤브다-아르타** 사이의 구별을 언급함으로 그 문제에 직면했을 것이다. ⌛

< 21 >

그러므로 <인과성>, <행위자(주체)>, <행위>는 <항아리, 천 등 다양한 현현으로, 우주의 형상으로 나타나기를 바라는 그의 의지(意志)>일 뿐이다.

<자신의 본성을 우주로 나타내려는, 자유롭고 또 의식을 가진 그의 **의지**>가 우주에 관하여 행위자의 형태로 <그가 원인인 것(원인이 됨)>을 구성한다. 이것이 <**행위의 힘**>이다.

이런 식으로 일차적 의미에서(무캬) '**행위**'는 - 행하려는 욕망("**하고픔**") - 오로지 **행위자**(주체), **일자**(一者)에게 속하며, 그의 핵심은 **의식**이다.

행위자가 없는 <행위의 대상>이란 없다. **행위**는 사실 **행위자**를 통해 오직 비유적 의미로 대상 등에 귀속된다.[1]

✍ [1] 다른 모든 **카라카**(요소)는 문장에 없을 수도 있지만 <주어(主語, 주체)의 존재>는 언어적 행위를 행하는 데 충분하며, 그 반대의 경우도 같다. 다른 모든 **카라카**가 존재하더라도 주어가 없으면 행위를 불가능하게 만든다.(**바캬-파디아** III,7:101-2).

삼빗-프라카샤는 말한다(2:54).

"**의식 홀로 빛난다. <그것과는 다른 것>은 조명된다. 조명된 것은 '대상'이고, 어떻게 대상(對象)이 주체 없이 지속될 수 있겠는가?**"

'대상(對象)'이라는 말의 뜻 속에 '어떤 주체'가 이미 암시(暗示)되어 들어 있다.

설령 이 우주 혹은 **신**(神)이 있다고 혹은 없다고 주장하더라도,
그런 것을 주장하고, **아는 자**인 <(모든 사람의) '**나**'>가 있지 않다면, 그 무엇이 그것을 주장하고, 알겠는가?
그 '**나**'가 **의식**이고 **신**이라고 부르는 무엇이다.

제 3 편

계시(啓示)편
아가마-아디카라

제 1 장 탓트와(범주) (11절)
제 2 장 주체의 본질 (20절)

모든 것을 능가하는 <아가마**의 바다**>에 절하노니
가장 중요한 보석은 샤이바 체계의
<지고의 범주에 대한 개념의 덩어리>라.
그 후에 <다른 아가마의 모든 강>이 완전을 얻고
그것의 끝을 실현하는 것이라.

제 1 장 탓트와(범주) (11절)

쉬바에게 절하노니
그의 안에서
영광의 **사다-쉬바**로 시작하여 흙으로 끝나는
범주(範疇)의 무리가 빛나누나

앞 두 **아디카라**에서 '**지식의 힘**'과 '**행위의 힘**'의 정확한 성격이 충분히 설명되었다.

행위의 힘은 우주의 모든 대상의 현현을 일으킬 수 있다고 했다.

이제 "이 모든 **파다르타**('말의 의미', '범주')가 무엇인가?"를 열한 절에서 설명한다.

[참고로, 제3편 계시(**아가마**)편과 제4편 요약은 **쉬바-수트라, 탄트라-사라** 등을 참고하여 읽는 것이 좋(을 것이)다. 그리고 몇 가지 용어는 위 책(들)에 나오는 용어로 기억(통일)하는 것이 좋다. 여기서도 당연히 '그런 면'을 고려한다.]

< 1 >

앞의 논증에 기초하여,¹ <내적 수준과 외적 수준으로 구성되고, 시간적 연속에 종속되는> 행위는 <아는 주체>에게만 있다.² 그러므로 인식과 행위는 서로 분리될 수 없다.

시간적 연속을 따르는 **행위**는 외형화일 뿐이다. 그것은 내면(內面)에 있는 <**아는 주체**>, 즉 **참나**에 존재한다. 그래서 **인식**과 **행위**는 **그** 안에서 서로 분리될 수 없다.

✎ ¹ 이는 아비나바굽타가 명시적으로 나타내는 의미이다.

² 이 <**아는 주체**>는, 쉬바가 그의 모델과 궁극적 본질인 한, 무엇보다도 <**지고의 아는 주체**>인 파라메슈와라이지만 또한 모든 <**제한된 주체**>이기도 하다. 그러니 카리카가 설명하는 것은 쉬바 탓트와이다. 사다-쉬바와 이슈와라로부터 모든 탓트와는 (다음 카리카를 보라) 그의 존재 방식, 즉 이른바 '내적 수정(修整)'이며 그는 <**유일한 실재**>이다.

웃팔라데바는 이 <**지고의 실재**>를(다음 카리카

에서 '**이쉬트리**'라고 한다) **탓트와**의 범주 너머에
두지 않고, <**쉬바와 샥티의 결합으로**> 그 꼭대기에
둔다. **그**의 능력은 <그들이 대상이 없다>는 점에서
절대적으로 순수하다(위의 I,8:11 참조). 만약 **파티**
수준에서 주체가 세상을 그의 몸으로 본다면(아래
의 III,2:3, IV,1:4), **파라마-파티** 수준에서는 우리는
<알 수 있는 것(대상)>을 말할 수 없다. 온 우주가
완전히 "**나**" 안에 용해되어 있고, **쉬바타**는 정확히
그 "**나**"만 존재하는 국면이다.

쉬바 드리슈티 브릿티의 여러 곳에서 한편으로
쉬바와 다른 편으로는 **파라마-쉬바**(**파라메슈와라**)
사이의 (일정하지 않은) 구분이 모든 것을 포괄하는
형태로 보이고, 다른 곳에서는 **신**(神, **하나님**)은 36
원리의 형태를 취한다고 명시적으로 말하며, 모두
카르야로 분명하지 않게 이해된다. 그러나 여기서
웃팔라데바는 스승 **소마난다**의 가르침을 '명백히'
하려는 것임을 기억해야 한다.

바스카라는 <**탓트와**의 본성의 기술이 목표인>
프라키야-샤스트라(**이슈와라 프라탸비갸 카리카**가
이들 중 하나이다)와 <**지고의 불이론**의 가르침에
전념하는> **사라-샤스트라**(예를 들어, **말리니비자야
탄트라**)를 구별한다. 후자에 따르면, **사다-쉬바** 안

에는, 그것은 **샨타-브라흐만**의 성격을 갖기 때문에, **샥티**와의 완전한 접촉이 없다. 그래서 **샥티**는 그 **사다-쉬바** 위에 별개의 원리(35 번째)로 위치하고 또 **쉬바**(36 번째 원리)와 결합하고, **사다-쉬바**와는 구별된다.

실제에서 **쉬바**와 **파라마-쉬바**는 하나이더라도, **아나슈리타-쉬바**는 그의 고유한 본성(**스와루파니르데샤**)을 나타내고, **파라-쉬바**는 원리의 전체 범주의 편재를 나타낸다. 그러나 **바스카라**는 이를 37 번째 원리로 만드는 것은 맞지 않다고 한다. 왜냐하면 **비아퍄**와 **비아파카**는 같은 국면에 놓일 수 없기 때문이다. 즉 **비아파카**는 **비아퍄**로 똑같은 항렬에 놓일 수 없고, 더 상위(上位)다.

(똑같은 것이 38 번째 원리를 상정하는 이에게도 적용된다. **탄트라 사라** 241-242쪽에서 다루었다.)

프라키야-샤스트라의 설명이 **쉬바 탓트와**에서 멈추었다는 사실은, 다시 **바스카라**에 따르면, 두 가지 방식으로 설명될 수 있다. 즉 <그들은 **지고의 불이론**을 선언하려는 의도가 없이, 단지 **탓트와의 분화된 묘사를 하는 것**을 목표로 하고 있었거나(어떤 경우에라도 그들은 접근 방식을 구성한다)>, <**그것을 대상화에 노출시키지 않기 위해 그 탓트와** 너머의 어떤 실재를 언급하지 않는다.> ⧗

< 2 >

그렇지만 내적 상태의 우월성 때문에 처음에는 사다캬 원리가 있고,[1] 그다음 외부성이 우세함으로 파라메슈와라 원리가 있다.

그러나 **주(이쉬트리)** 안에서 내면성과 외부성의 국면 사이에 내면성이 우월할 때는 **사다캬**[2] 원리가 있고, 그다음 외부성이 증가함에 따라 **이슈와라의**[3] 원리가 있다.

✎ [1] **아비나바굽타**에 따르면 "원리(**탓트와**)"는 <'어떤 통합하는 요소'로서, 예를 들어 '언덕, 산, 지역 등'을 위해서는 '**흙**'으로, '호수, 강, 바다'를 위해서는 '**물**'로와 같은 구별된 실체들의 묶음으로 확장되는 실재>이다.

웃팔라데바는 **쉬바 드리슈티 브릿티**에서 "모든 것의 전개에서 확장 가능한"이라는 어원적 해석을 준다.

그러나 **탓트와 프라카샤**에는 다른 정의가 있다.

"**탓트와는** <실재의 어떤 국면의 대상적 차원>, 즉 <**그 수준에 속하는 주체의 경험의 내용과 질**>과 관련된다."

² **아비나바굽타**는 **사다캬**라는 말에 대해 몇 가지 설명을 한다. **브릿디**(성장)를 가진 파생어는 여기서 "**사다캬**에 있는 것"이라는 의미를 가지며, 그래서 **사다캬**는 <존재(**삿**)의 개념이 처음으로 나타나는 국면>을 말한다. 혹은 "(**사다-쉬바**의 동의어로 이해된) **사다캬**의 의미인 무엇"을 말한다.

다시 **아비나바굽타**에 따르면 **사다-쉬바**라는 말은 <대상(적인 현상)이 일어나기 시작하더라도 **쉬바**의 본성이 존재하는 것을 그치지 않는 것>을 말한다.

³ **브릿티**가 명확히 했듯이, **파라메슈와라**는 여기서는 **이슈와라**를 나타낸다.

< 3 >

이슈와라(주)는 **바깥쪽으로 열리고** 있고(운메샤), 사다-쉬바("**영원한 쉬바**")는 **안쪽으로 닫히고 있다**(니메샤).[1] **참된 지식**(삿-비디아)은 "**나**"와 "**이것**"이 **동일한 기층을 갖는 개념의 상태이다.**

이슈와라와 사다-쉬바는 각각 바깥쪽으로 열리고 안쪽으로 닫히는, 외면성과 내면성의 조건이다.
순수한 지식(슛다-비디아)은 만물을 자신의 핵심으로 가지면서 "**나는 이 우주다.**"라고 여기는 국면이며, 거기서 두 용어는 외부와 내면, <인식할 수 있는 **대상**>과 <인식하는 **주체**> 사이의 분화 없이, 동일한 기층을 가지며(**사마나아디카란야**),[2] 둘 다 **순수 의식**(意識)인 **유일한 실재** 위에(서) 기초하고 있다(쉰다).

🖉 [1] **니메샤**는 <슛다-비디아에서 완전히 명백해지고 '나'(물론, 아직 의식과 미분화의 영역에서)와 마주하는 '이것'이, 마치 '창조의 새벽'이나 '우주 소멸의 황혼'처럼, 여전히 미미하고 그것('이것')을 완전히 극복하는 '나'로 덮이는 순간>을 가리킨다.

<'나'-'이것' 관계>는 **이슈와라** 원리에서 반대가

된다. **사다-쉬바**와 **이슈와라**에서의 '이것'은, 마치 **스케치**가 '완성된 그림'과 관련되는 것처럼, 똑같은 식으로 서로 관련되어 있다. **사다-쉬바**, **이슈와라**, **슛다-비디아** 원리 사이에 실질적 차이는 없다.

웃팔라데바에 따른 **슛다-비디아**의 특징인 "동일한 기층"은 처음 두 가지의 필수 요소이기도 한데, 그것은, 그들이 공통의 기초로 단일성을 갖고 있더라도, 주체와 대상 사이의 불균형을 보여준다. (한 경우에는, <**아함** 안에 투사된 것>이 **이담**으로, 그 역도 같다.) 묘사에 어떤 불일치가 있지만 본문은 이에 대해 상당히 일치하는 것으로 보인다.

[2] **사마나-아디카란야**는 문법 용어에서 "공-지시(共指示, co-referentiality)"로, <한 명제의 '주어'와 '명사 술어' 같은> 똑같은 격(格)을 갖는다.

마야의 국면은 반대 조건인 **프리탁-아디카란야**가 특징으로, '주체'와 '대상'은 서로 관련이 없는 두 가지 실체로 나타난다. 즉 "그것들은 다른 기층을 갖는다."

< 4 >

(후자의 원리를 삿-비디아라고 하는데) **이것에서 사물이 <인식의 대상>의 국면과 "이것"의 수준에 도달하여, 그들의 핵심이 의식**(意識)**이므로 <그들의 진정한 실체>가 무엇인지 알려지기 때문이다.**

사물은 <비록 (주체로부터) 분화된, 인식 가능한 실체의 국면에서 '이것' 형태로 인식 가능한 대상이 되었지만>, 그것들의 핵심이 **의식** 외에 다른 것이 아닌 한, "이것이 나다."라는 말로 <그들의 진정한 실체>가 알려진다. 이것이 (**슛다-비디아** 즉 **순수한 지식**에서) 형용사 "순수한"이 전달하는 의미다.[1]

✍ [1] 아비나바굽타는 슛다-비디아의 성격을 정의하려고 <마탕가-파라메슈와라-아가마>를 언급한다. 실제로 그 책의 비디아-파다의 열 번째 파탈라는 비디아 탓트와에 관한 것이다.

비디아는 붓디가 떠맡은 다양한 형태(확정, 기억, 직관 등)를 통해 일어나는 인간 지식의 기본 구성 요소이다. 비디아는 <그것이 모든 형태의 인식을 '안다', 알아채고 있다는 의미에서> 그것을 완전히 포함한다. **그러나 비디아는** 제한된 인간의 조건에 묶여 있어 보통의 인식 가능한 실체는 조명하지만 **지고의 원리를 드러낼 수는 없다**.

 이 일은 <**마야**의 국면은 초월하나 제한된 주체의 국면에서 작용하는> **슛다-비디아**에 속한 것이다. 왜냐하면 그것은 단지 그에게서, 그의 의식에서 - **아칼라** 주체가 아니고, **묵타**에서는 아직 많지 않은 - 우주적인 전개 전체가, 가장 낮은 국면으로부터, 지식의 대상이기 때문이다. ⌛

< 5 >

여기에는[1] 한편으로는 불완전함(아파라)이 있고, - 사물이 "나"가 아닌 다른 것으로 나타나기 때문이다. - 다른 한편으로는 완전성(파라타)이 있다. - 사물이 그 "나"로 가려지기 때문이다. 이것은 사실 <완전하고-불완전한 상태(파라-아파라 다샤)>다.

여기에는 "이것"의 개념이 있기 때문에 불완전이 있고, 모든 <인식할 수 있는 것>이 그 "나"로 가려지기 때문에 완전이 있다. 그러므로 이것은 <완전-불완전의 상태>이다.

✎ [1] **아비나바굽타**가 주석하듯이, '두 가지 원리 즉 **사다-쉬바**와 **이슈와라**에서는'

< 6 >

어떤 이는¹ 비디아가 <비데슈와라의 경우처럼>, 그의 편에서 (완전히) '의식을 자신의 본질로 갖는 행위자인 사람'에게 존재하는 <사물에 대한 분화의 관념>이라고 주장한다. 이 분화의 관념은 <마야의 힘>에 의한 것과 유사하다.

어떤 이들은 비디아를 <모든 것을 ("나"와) 분화된 것으로 보는 시각(視角)>으로, 그렇지만 **의식**과 **행위성**이 (완전히) 부여된 **주체**에 존재하는 것으로 여긴다.

이 비디아는 또한 마야의 힘이기도 하다. 존재의 흐름 너머에 있는 만트레슈와라와 비데슈와라는 거기에 거한다.²

✎ ¹ 웃팔라데바가 자신의 것으로 제시하지 않는 개념에 따르면(아비나바굽타는 라우라바-아가마의 것으로 본다), 슛다-비디아는 분화가 나타나는 원리이지만 단지 대상의 영역에 국한된다. 다른 말로, 주체는 순수한 **의식** 속으로 전적인 흡수로 기우는 것이 없이 (그러나 마음, 몸 등과 동일시되지 않고) 대상을 자신 이외의 것으로 본다.

그것은 우리가 나중에 다시 다룰 **비데슈와라**의 상태이며, 그는 전지, 전능하며 그들 자신이 아닌 것으로 여겨지는 **실재**를 마주한다. 다시 **아비나바굽타**를 따르면 이 개념이 앞의 **카리카**와 다른 것은 **비디아**가 <'나-이것'의 의식의 영역>에서 '이것'을 덮는 '나'의 우세를 나타내고, 반면 여기서는 '나'가 가려진 '이것'이 우세하다는 것이다.

구별의 도입은 **마야**와의 어떤 동화(同化)를 확정한다. (**라우라바-아가마** 등은 실제로 **슛다-비디아**를 **마하-마야**라고 부른다). 그러나 <완전히 발달되지 않은(**아프라루다**) **마야**>는 그 안의 '이것'이 완전한 이원성의 의미에서 발전할 수 없기 때문에 '나'에 의해 '있는 그대로' 가려져 있다. (**슛다-비디아**의 '순수함'은 정확히 이것으로 구성된다.)

마하-마야는 가끔은 **비갸나케발라**(**비갸나칼라**)의 거처를 할당해야 할 필요에서 **마야**와 **슛다-비디아** 사이의 구분된 **탓트와**로 여겨진다. **비갸나케발라**는 주체의 계층(등급)에서 **마야**와 **슛다-비디아**에 각각 위치한 **프랄라야칼라**와 **비데슈와라**(**만트레슈와라**) 등 사이의 중간 위치를 차지한다. 다른 곳에서는 위에서 말한 어떤 측면을 언급하느냐에 따라 **슛다-비디아** 혹은 **마야**에 포함된다.

² IPVV는 **티카**를 따라 <**만트라**와 **비디아**의 본질적인 단일성에서>, 이 원리 안의 **만트레슈와라**와 **비데슈와라**의 공존을 말한다. 차이점은 전자에서는 **묵티**, **삼베다나**, **삭티맛**이 우세하고, 후자에서는 **싯디**, **바챠**, **삭티**가 우세하다. ⧗

< 7 >

비디아의 힘은 <"짐승"의 상태(파슈-바와)>에서 진정한 본성을 주권(主權)으로서 드러낸다. 반면에 마야의 힘은 그것을 숨긴다.[1]

존재계의 흐름 속의 존재들에게 **비디아** 덕택에[2] <**"나"의 재인식**(再認識)>이 **주권**(主權)**으로서** 있고, 마야의 행위를 통해 <"짐승"의 상태>가 있다.

✍ 이 경문을 판디트는 이렇게 번역한다.

"**비디아 샥티**는 수행자가 아직 묶인 존재로 살고 있는 동안 그의 신성한 본성을 드러내는 (신성의 계시의) 힘이다.
반면에 **마야 샥티**는 무지(의 망토) 아래 진실을 숨기는 **신**(神, **하나님**)의 힘이다."

[1] 이 절에 표현된 개념은 **웃팔라데바**가 좋아하는 것으로 보이는데, 왜냐하면 그것이 '다른 이들'에게 속한 것으로, (잘) 알려지지 않았기 때문이다. (**아비나바굽타**는 트리카 학파의 문서인 **샷-아르다-사라**라고 본다.)

아비나바굽타는 이를 IPV 아바타르-아니카에서 다음과 같이 공식화한다. **사다-쉬바**에서는 분화가 뚜렷하지 않고 **잇차 샥티**가 활동하며, 또 **이슈와라**에서는 분화가 명백하고 **샥티**는 **갸나**이며, 또 **숫다-비디아**('비데슈와라')에서는 분화가 명백할 뿐만 아니라 <완전히 발달되었고(**프라루다**)> - 그러나 <알려질 수 있는 국면>에 관해서 만이고, 주체성은 닿지 않았다. - **크리야 샥티**가 활동한다.

그 후 '나'의 영역을 또한 포함하는 분화와 함께, <삼사라(윤회)의 세계> 즉 <마야 샥티의 영역>으로 들어간다. **비디아 샥티** 또한 이 국면에서 활동하며 **마야**와 반대되는 기능을 한다. 즉, <분화의 오류를 극복하고 오직 **카르마**의 충동의 상태에서 생존하는 **요기**와 **갸닌**>에게 참된 실재를 드러낸다.

IPVV 병행 **아바타르-아니카**에는 몇 가지 변형을 포함하며, **웃팔라데바**와 더 일치하는 것 같다. 즉 **사다-쉬바**에서는 **갸나 샥티**이고, **이슈와라**에서는 **크리야 샥티**이다(**쉬바 드리슈티** 2:1처럼). 반면에 <**크리야 샥티**의 잔여 흔적>은 또한 **마하-마야**라고 부르는 **숫다-비디아**의 힘을 구성한다.

[2] <"**비디아 샥티**(=**아는 것이 힘이다!**)"와 그것의 정도>에 대해서는 아래 III,2:3을 보라.
"(나를) 아는 것이 (참) 힘이다!" ⌛

< 8 >

반면에 <절대적 분화가 나타나고, 공(空), 지성, 몸이 - 그것은 "나"가 아닌 다른 것이다. - "나"로 여겨질 때>, 그때 그것은 <마야의 힘>이 스스로를 드러내는 것이다.

사물이 오직 "이것", 즉 <(주체로부터) 분화된 것>으로 나타나고, 또 신체 등의 실체가 <인식하는 주체>로 - 즉 "나" - 나타날 때, 그때 "혼란스럽게 만드는 것"이라는[1] <마야의 힘>이 - 그것이 이 두 잘못의 원인인데 - **주** 안에서 자신을 드러낸다.

✎ [1] 아비나바굽타는 브릿티가 아마도 암시하는 루드라-야말라-사라의 한 구절을 인용한다.
"마야 비모히니 나마 칼라야 칼라남 스티탐"

이 절은 스판다 카리카 2:1-2에서 인용한다.

"**마야의 힘**(力)은 그 자체를 순수한 다양성 등의 현현에서 보여준다."

< 9 >

 공(空) 등과 동일시된 <인식하는 주체>는, (자신으로부터) 분리된 것으로 상정되는 <인식 가능한 실체(대상)>를 대(對)하는데, <그런 주체>는 - 그는 사실 그 자신이 하나의 대상(對象)이다.¹ - 시간 등으로 구성된 '다섯 조(組)'에 둘러싸여 있다.

 공(空) 등과 동일시된 <인식하는 **주체**>는 <인식 가능한 실체 전체>를 (그 자신과는) 분리된 것으로 여기는데, 사실 그 자신이 "이것"으로서의 <인식의 대상>이며, <시간 등의 다섯 원리>에 의해 조건화된 것이다. 즉

 그는 시간(**카알라**)으로부터, 현재의 현현을 통해 과거와 미래라는 존재를 파생시키고,² 운명(**니야티**)으로부터 <(원인과) 결과>와 <행위와 그 열매>의 엄격한 연결을(**카르마-팔라-니야마**),³ 또 집착(**라가**)으로부터 결실에 대한 열망을 (끌어내고), 그리고 지식(**비디아**)과 힘(**칼라**, 부분)으로부터 이 **주체**는 - 그러나 그는 **의식**과 동일시되지도, **자유**롭지도 않다. - 본질에서 **의식**과 **자유**로 구성된 <**부분적 지식**>과 <**부분적 행위**>를 유도해 낸다.

✎ ¹ <몸에서 마음, 마지막으로 허공까지, 사람이 자신의 주체성으로 동일시할 수 있다고 믿으며, 또 '다른 것'으로 여겨 어떤 대상적 실체로 반대하는> 다양한 모든 국면은, 최종 분석에서는 그 반대로, <그것들 역시도 **의식**(칫)으로 된, **진정한 주체성**과 비교되는 대상들이기 때문에> 그것의 부분이다.

그러나 어떤 의미에서 그것들이 **의식**과 동일하지 않다면, 그러나 그것들은 **의식**의 표현이며, 실질적으로 **의식**보다 다른 어떤 것도 존재하지 않는데, 그것은 궁극적으로 그것과 합병되지 않는다. 그러므로 그 오류는 이중 오류로, <그것의 기초에 놓인 **마야의 본성**>처럼 역설적이다. 즉 <**의식**, 그 '**나**'를 '의식이 아닌 것'과 동일시하는 것>이 **마야**이고, <'실제로는 **의식**과 다르지 않은 무엇'을 '**의식**보다 다른 것'으로 나타나게 만드는 것도 **마야**이다.
[반야심경의 "원리 **전도몽상**(遠離顚倒夢想)" 구절이 생각나는 구절이다.]

<**대상의 실재**>가 '**나**'로부터 분화된 것으로 여겨지기 위해서는 이 '**나**'의 격하(格下)가 **필요하다**. 이 **정체성의 위기가 없으면**, 그 '나'는, 그 완전성에서, 단지 전체를 자신으로 포용할 수 있지만, '**이것**'이라는 말은 낼 수 **없다**.

(이것이 내가 혼자서 '이것'이라는 말을 지껄일 때 '나'에게서 일어나는 현상이다.)

² <생생함과 명료한 것이 특징인> 현재의 현현이 과거와 미래를 생각하는 기준이다. **아비나바굽타**는 **시간을 경험하는 곳은 우선은 <경험적 주체>이고**, 단지 부차적으로 <사물들>인데, 사물들은 자신들이 관련된 **그 주체의 시간으로부터 시간적인 색채를 받는다**고 덧붙인다.

(예를 들어, '내가 전에는…', '그러니 이것은…')

³ **아비나바굽타**에 따르면 **웃팔라데바**는 '카르마팔라'라는 표현에 대한 두 가지 해석을 인정한다. 즉 <'행위'와 '그것의 결과(그것으로부터 파생되는 **카르마**적인 충동)'>과 또 <'**카르마**'와 '그것의 열매(천국 등)'>.

그러므로 <필연성(니야티)의 원리>는 <주체에서 일상 경험의 인과 관계의 명백한 타당성과 고정성을 보장하여, 본질적으로 '**주**의 창조성인 무엇'이 '한 사물을 변함없이 다른 것으로 산출하는 능력(힘)'으로 나타나게 하는 것>이다. ⌛

< 10 > - < 11 >
 산물과 도구로 구별되는 <인식 가능한 실체>는 23 가지 형태로 나타난다. 그것은 <하나이고, 나눠지지 않고, 근본적 원인> 즉 프라다나를 가진다.
 '내적인 도구'와 '외적인 도구'는 13 가지 측면이 있고, 산물(産物)은 <거친 것>과 <미묘한 것>으로 나눠진, 10 가지가 있다.

 산물은 두 무리가 있는데 <소리(샤브다)>, <만질 수 있는 것(스파르샤)>, <모양(루파)>, <맛(라사)>, <냄새(간다)>로 미묘하여 **탄마트라**라고 한다.¹
 그것들이 결합된, **흙** 등으로 부르는 거친 요소가 또한 다섯이고 본질적으로 전자와 다르지 않다.²

 귀, 피부, 눈, 혀, 코는 다섯 <인식의 **도구**>이고, 목소리, 손, 발, 배설기관, 생식기는 다섯 <행위의 **도구**>이다.
 <내부의 기관>은 <마음(마나스)>, <지성(붓디)>와 <그 "나"의 느낌(아함카라)>의 세 가지다.

 <산물과 도구로 구성되고, 23 형태로 구분되는> 이 <인식 가능한 실체>는 <"그것의 근본적 토대를 구성하는 **프라다나(프라크리티)**"라고 부르는 단일하고 나눠지지 않는 국면>을 갖는다.

✎ ¹ 일련의 <미묘한 요소(**탄마트라**)>와 <거친 요소(**마하-부타**)> 사이의 관계는 **상키야**와 **아가마** 모두에서 '보편'과 '특수' 사이의 관계로 언급된다.

탄마트라는 모든 학파가 인정해야 하는 유일한 것은 아니지만, <'그것이 기본적인 성질을 구성하는 (소리-**에테르**, 촉감-공기 등)' 상대적인 **마하부타**의 원형적이고 본질적 형태>를 나타낸다. 사실, 경험에 따르면, **에테르**를 제외하고, 모든 거친 요소들 또한 '공통의 본질적인 것'으로 여겨지는 일부의 특성을 갖는다. 예를 들어 소리는 **에테르**뿐만 아니라 공기, 불, 물, **흙**에도 존재한다.

그러므로 두 가지 구별된 개념이 나타나는데, 첫 번째에 따르면 모든 거친 요소는 오직 단 하나의 성질을 가지며, 만약 우리가 다른 것을 지각한다면 이것은 다른 요소와의 결합 혹은 연결(**삼파르카**, **산니베샤**) 때문이다. **아비나바굽타**는 이것을 참조하여 **마탕가-파라메슈와라-아가마**의 한 줄을 인용하고, **푸르바-부타-안타라-뷰하요갓**으로 주석한다.

이것은 고대 **상키야**의 논지로, 나중 고전 **상키야**에서 <성질의 축적 논지(**에테르**에는 소리가 있고, 공기에는 소리와 촉감이 있고, 등으로 다섯 모두를

가지는 **흙**까지 이른다)>로 대체될 것이다. 이것은 **아가마**의 이론 부분에서 일반적으로 받아들여지고 의식(儀式)에서 상정된다. 더욱이 이 축적은 일반적으로 <개별 **탄마트라**가, 단독이 아니라, 다른 **탄마트라**와 여러 방식으로 연관해서 상대적 **마하부타**를 생성한다는 사실>에서 파생되는 것으로 설명된다.

² 이것은 <거친 요소들이, '그것들을 구성하고, 결합되고 분리된, 본질적 성질들로부터 다른 어떤 실체'를 갖지 않는다는 것>을 의미하는 것 같다.

이 원리는 **탄트라 알로카** 9:289에서 명확하게 공식화되었다. 즉

"직접 지각은 <'**흙**'과 '다른 것(거친 요소)'이 (이) '성질들의 집합'으로 구성된다>는 것을 증명한다.
흙은 확실히 <'냄새'와 '나머지' 성질들의 집합>에서 분리되어 나타나지 않는다." ⌛

제 2 장 주체의 본질 (20절)

쉬바에게 절하노니
그는 여전히 그 본질을 온전히 유지하더라도
그 가슴의 원(圓) 안에
<제한된 다양한 주체>를 확정적으로 나타내누나

앞에서 탓트와가 논의되었다.
그러나 '**주체의 본질**'이 이 책의 주요 주제이므로 스무 절로 구성된 다음 장이 시작된다.

["**주체의 본질**"에서 **주체**는 곧 '인식(하는) 자' 즉 이 '**나**'를 말한다. 이제 이 2장을 읽으며,
나는 <어떤 종류의, 어떤 등급의 인식자인지>를 아는 것이, 파악(인식)하거나 느끼는 것이 요점이다. 그러면 다른 가능성의 문이 열린다.]

< 1 >

실재(탓트와)의 구조가 그러하여,¹ 루드라는 <이 주체성이² 독점적으로 존속하는 상태>를 관할하는 신성이다. 브라흐마와 비슈누는³ <분화된 (대상적) 인식 가능한 실재의 흐름> 속에 거한다.

루드라는, <공(空)으로 나타나는 순수한 (제한된) 주체성의 상태> 혹은 <푸랴슈타카에 의해 형성된 지극히 미묘한 몸>,⁴ 다른 말로, <'다른 모든 인식 가능한 실재'의 재흡수가 있는 상태>를 관할하는 자다. 브라흐마와 비슈누는 <'분화된 인식 가능한 실체'의 현현>을 관할한다. 전자는 창조를 일으키고 또 후자는 연속을 관할한다.

✎ ¹ 이는 **아비나바굽타**의 해석에 따른, **웃팔라데바**가 주석하지 않은, '**타트라**'의 설명이다.

² '이 주체성'은 곧 III,1:9에 기술된 그 <제한된 주체성>을 말한다.

³ 브라흐마, 비슈누, 루드라는 **이슈와라, 사다-쉬바, 아나슈리타**에 해당하며, 소위 **카라나** 또는 **카라네슈와라**로, 존재론적 위계 질서에서 '실재의

다양한 국면'에 위치한 **쉬바**의 위상 변화이다. 이 신성들은 각기 실재의 어떤 국면을 관할하고, 그 헌신자들을 그 국면으로 데려오며, 그 역도 같은데, 그 수준의 실재를 명상하는(그 수준의 실재의 명상 속에 흡수된) 이들에게 직접적으로 존재하게 된다.

아비나바굽타는 그것들을 <지식의 형태>, <말의 수준>, <인체에서의 위치>와 연결한다.
① **브라흐마**는 인식과 현현에서의 첫 순간, **프라티바**의 형태로는 **파쉬안티**의 첫 발산과 관련되고, 그의 위치는 심장이다.
② **비슈누**는 기억과 꿈에서처럼 인식의 지속과, **마드야마**와 **바이카리**와 관련되고, 그의 위치는 목이다.
③ **루드라**는 모든 담론(언설)의 재흡수와, **지고의 말씀**(파라 바크)으로의 첫 단계와 관련되고, 그의 위치는 구개(입천장)이다.

[4] **푸랴슈타카**는 아래 III,2:14의 주[2]를 보라. ⌛

< 2 >

<마야로 눈이 멀고 카르마에 묶인 이 인식자>는 삼사라에 잠겨 있다. 그러나 일단 **지식**(비디아)이 그로 자신의 본성을 주(神)로 인식하게 하면, 그때 <의식이 오직 그의 본질>인 그는 "해방되었다"고 부른다.

운명(니야티)의 법칙 때문에[1] 카르마에 의존하여 **공**(空) 등에 동일시된 <마야의 인식자>는 삼사라의 권세 아래 있다. **지식** 덕택에 얻은 <자신("나")의 진정한 실재>의 **재인식**(再認識)으로 그는 자유롭게 된다.

✎ [1] 운명의 원리는 **카르마**에 그 뿌리가 있다는 것은 다음 **카리카**를 참조. 위 III,1:9도 참조 ⌛

< 3 >

인식자는, <사물이 그에게 자신의 몸을 구성하는 것처럼 보일 때> "주(파티)"라고 부르고, <사물이 마야 때문에 분화되어 나타날 때>, 카르마 등 여러 말라로 오염된 주체를 "짐승(파슈)"이라고 부른다.

<**주권**(아이슈와랴)의 측면>에서, <우주를 '자신의 몸'으로 보는 인식자>는 "**주(파티)**"이다.

<제한된 개체의 측면>에서, <'집착 등의 오염'[1], '행위', '행위로부터 유래된 열매의 성숙과, 행위로 확정된 잠재적인 충동들'로 둘러싸여 있는 주체>는 "짐승(파슈)"이다.

✎ [1] **요가 수트라**(2:3)는 말한다.

"**아-비디아**(무지), **아스미타**(에고, '나'라는 느낌), **라가**(욕망, 집착), **드베샤**(혐오), **아비니베샤**(살려는 애착)가 **클레샤**(오염, 번뇌)다." ⧗

< 4 >

<자유가 없는 의식>과 그 역으로, <의식이 없는 자유>. 이것은 두 가지 형태의 얼룩이다. - 이른바 그것이 <자신의 진정한 본성>을 가리기 때문이다. - 아나바라고 부른다.[1]

절대적 실재는 <자유로운 의식>이다. 이것이 그 본질인 한에는 그것은 완전한 만족에 있다. 그것이 그렇게 하려고 하기 때문에, 그것의 **자유** 덕분에 (두 가지 종류의 **아나바** 얼룩이 있다). 즉

<그것이 자아의 진정한 본성과 관련하여 잘못을 포함하는 한에서의 "얼룩">과 <**의식**이 그 자신의 완전함을 잃고 제한되어, 한 주체성을 창조하여 그 안에서 '**자유** 없이 오직 **의식**의 빛'만 존속하거나 아니면 '**의식** 없이 오직 **자유**'만 존속하는 한에서의 "이중의 원자(原子, **아나바**)성(性)">이다.

---

[1] '아나바'는 <기본적인 얼룩>으로, "아누에 관한", 혹은 <최소의 "원자적, 극미(極微)의" 상태(아누)로 **의식**이 축소된 것>을 말한다.

다른 얼룩(말라)으로는 **마이야**, **카르마**가 있다. 다음 절로.

< 5 >

아나바 얼룩이 있어[1] <(주체로부터) 분화된 '인식 가능한 실체'의 그 발현>은 마야라고 하는 얼룩을 구성한다. 그다음 <한 주체 안에서 행위성을 부여받았지만 의식의 완전한 빛이 없어, 출생과 경험을 확정하는 그것>이 카르마 얼룩이다. 이 세 가지는 모두, 오직 마야의 힘에 의한 것이다.

이 두 가지 **아나바** 얼룩이 있어, <'인식 가능한 실체'가, 비록 실제로는 주체와 분리되어 있지 않더라도, 그와 분화된 것처럼 보일 때>, 이런 오류에 기초한, **마이야**로 알려진 얼룩이 있다.

카르마 얼룩은, <**의식**의 빛이 없는 행위자>에게 있는데, 출생 등의 원인**으로 여기는 잘못에 기인한 것**이며, **행위는** 반면에 - 확립된 것처럼 - **원인이 아니다.**[2]

이 <세 가지 얼룩을 창조하는 **주(主)의 의지**>를 <**마야의 힘(마야-샥티)**>이라고 한다.

✎ [1] 단순히 '얼룩'이라고 부르는 **아나바** 얼룩은 반드시 다른 두 가지의 기초이고 또 완전한 **의식**을 회복하는 과정에서 가장 마지막에 사라진다.

² **카르마 얼룩**이 기초한 오류는 <'출생', '수명', '과보(果報)의 질(質)' 등과 관련해, 원인(의 상황)을 그것들에 의해 결정된, '**행위**'와 '카르마적 충동'의 탓으로 보는 잘못>이다.

행위는, <감각이 없는 실재(자다)>로, - 크리야-아디카라(2편)에서 설명된 개념에 따르면 - **어떤 것의 원인도 될 수 없다!**

유일의 진짜(진정한) 원인은 진짜(진정한) **행위자**(行爲者)인 **주**(主)이다. <카시미르발(發) 복음>이다! **읽는 자는 깨달을진저.** ⌛

< 6 >

<순수한 의식을 가지지만 '최고 수준의 행위성(웃타마-카르트리타)'이 없는 이들>은, 그 행위성이 없기 때문에 <자아와는 분리되고 구분된 존재>로 주에 의해 창조되었다.[1]

어떤 주체들은, <인식할 수 있는 것(대상)에 의해 때묻지 않은 **의식**>을 갖더라도 <**완전한 행위성**이 없기 때문에> 그들의 **진정한 본성**인 것과는 다르게 **주**에 의해 창조되었다.

✐ [1] 이것은 특히 <카이발야("獨存")의 상태에 있는 푸루샤>에 대한 상키야의 개념에 대한 언급이다. "**주에 의해 창조되었다**(니르미타)"는 표현을 사용하는 것은 <이 모든 다양한 얼룩과 주체성의 수준은 단지 '**의식의 자유로운 역동성**'으로 창조된 "구조물(구성체)"이다>는 것을 가리킨다. ⧗

< 7 >
의식 등의 특성은 동일하지만 이 주체들은 주의 특별한 의지 때문에 서로 구별된다. 그들은 비갸나칼라이다.[1]

의식의 순수한 빛이 특징인 이런 주체들은 **의식**, **영속성** 등의 속성에서는 분화가 없지만 서로로부터 분화되어 있다. 이것은 그들이 **주**에 의해 그렇게 창조되었기 때문이지 다른 이유는 없다.
 이 부류의 주체들은, 다소간 **상키야의 푸루샤**에 상응하는데, **비갸나칼라**라는 이름을 가진다.[2]

✎ [1] 여기에서 여러 범주의 **주체**에 대한 설명이 시작된다. **웃팔라데바**는 비갸나케발린, 프랄라야케발린, 비데슈와라, 사칼라를 명시적으로 언급해 **쉬바**, **만트라마헤슈와라**, **만트레슈와라**, **만트라**, **비갸나칼라**, **프랄라야칼라**, **사칼라**의 일곱 주체성 수준을 나열하는 <보다 고전적 구분(**말리니비자야탄트라** 1:15 참조)>을 암시적으로 나타낸다.
 원리의 규모에서 속성과 위치와 관련하여 변형이 있다. 후자의 경우 이 모호함은 존재론적 국면과 행위의 영역 사이의 혼동으로 인한 것이다. 이런 것 외에도 다른 기준에 따라 다른 구분이 있다.

쉬바 드리슈티의 I:31에는 비디아, 비데슈와라, 만트라, 만트레슈와라가, I:41-43에는 파슈, 샨타, 케발레샤, 케발라샴부, 프랄라야케발린과 비갸나케발린이 언급된다.

일곱 주체의 분류는 카시미르 쉐이비즘의 공통 유산으로 볼 수 있지만, 자야라타는 주체의 분류는 싯단타 같은 이원론 학파에 적합하다고 한다.

[2] 아비나바굽타는 <비갸나케발라(비갸나-칼라)의 상태>는 ① '지고의 실재'와의 어떤 연결도 없이, 단지 <마야의 길을 넘어서는 것>을 겨냥하는 어떤 특별한 입문을 통해, ② 바가바드 기타에 따르면, 카르마의 속박이 없이, 고립의 상태에서 푸루샤에 대한 창조적 상상(바와나)을 통해, ③ 그 목표를, 마야의 길로, 전개(展開)의 이 지점까지 갖는, 집중(다라나), 명상(댜나), 흡수(사마디)를 통해, 성취할 수 있다고 설명한다.

그러므로 이 상태의 성취는 <특별한 종류의 경험(보가-비쉐샤)>이다. 이것이 <'상키야의 푸루샤의 상태'와 비슷하지만 그것에 절대적으로 동일하지는 않다>고 하는 이유다. ⌛

< 8 >

<공(空) 등으로, '의식 이외의 실재'와 동일시된 행위자>는 프랄라야-칼라이다.[1] 카르마 얼룩 또한 그들에게 있다. 반면 마야 얼룩은 있을 수도 없을 수도 있다.

프랄라야케발린은 그들의 **의식**을 <진정한 **본성**>으로 이해하지 않고, **공**, **프라나** 등을 "나"로 상정한다. 이들 제한된 영혼에는 **카르마**의 충동 또한 존재한다. 반면에 **마야** 얼룩은 <인식 가능한 실체와의 연결이 있는지에 따라> 있을 수도 없을 수도 있다.

✎ [1] "용해 때문에 **칼라**가 결여된"에서 '용해'는 일반적으로 <깊은 잠에 속한 전적인 흡수의 상태>이고, '**칼라**'는 <위에서 열거한 기능과 산물을 구성하는 다양한 원리>를 말한다(III,1:10-11 참조).

마야 얼룩은 <대상적 실재의 흔적이 여전히 남아 있는, '꿈꾸는 상태'>에서 존재한다. 이것은 <마음(**붓디**)과 동일시>하는 수준이다.
<**공**과 **프라나**와의 동일시>에 상응하는 <잠자는 상태>에서, 인식 가능한 모든 실재는 완전히 삼켜

지고, **마야** 얼룩은 주체와 구별되는 인식 가능한 대상의 발현으로 구성된다.

  이들 상태는 다음 **카리카**에서 분석된다. ⌛

< 9 >

<의식과 동일시되고 행위성을 부여받은 주체>의 부류는 <인식 가능한 실체>를 분화된 것으로 경험한다. 그들에게는 카르마 얼룩은 사라지고, 마이야 얼룩은 남아 있다. 그들은 비데슈와라이다.[1]

<카르마를 초월하여 **의식**과 동일시되고 행위성을 부여받은 주체들>이 있다.[2] 이들은 **비데슈와라**의 성격을 갖더라도,[3] 분화된 인식 가능한 실체와 관련해서 계속 **마이야** 얼룩의 영향을 받는다. 그들은 행위의 완전한 능력을 갖지 않으며 따라서 앞에서 본 것처럼 **주**와 또 서로로부터 구분된다. 그러므로 그들 역시 제한된 영혼으로 여겨야 한다.

✎ [1] **비데슈와라**는 <쉬바가 일정한 기능을 주어 **아난타**가 이끄는 여덟 신성의 무리>이다. 그들은 제한된 영혼의 해방을 위해, **쉬바**의 가르침을 계시하는 중개자 역할을 하며, 7천만 **만트라**라는 다른 부류의 주체를 그들의 도구로 쓴다. 일부 경전이 명백히 밝히는 것처럼 그들은 **만트라마헤슈와라** 부류와 동일시된다.

[억지로 맞추면, 성경의 '(대)천사들'일 것이다.]

사됴죠티의 **목샤-카리카**와 **라마칸타**의 상대적인 **브릿티**의 명확한 기술이 유용할 수 있지만, **샤이바** 전통의 세부사항을 다 다룰 수는 없다. 여기에서 **비디아**와 **만트라**라는 용어는 - 결과적으로 **비데슈와라**와 **만트레슈와라**도 - 서로 바꿔 쓸 수 있다.

그러나 **비데슈와라-만트레슈와라**는 <아난타(혹은 **만트라마헤슈와라**)가 이끄는 여덟의 상위 무리>와 <백(百) **루드라** 등으로 구성되는 118의 하위 무리 (**아프라다나**)>로 나뉜다. <상위 **만트레슈와라**>는 존재론적으로 **크리야 샥티** 아래에 위치한다.

그들 뒤, 아직 **마야** 위에 있는 7천만 **만트라**가 있어, 역시 두 무리로 나뉘져, 절반은 **쉬바**가 직접 관할하고 다른 절반은 **만트레슈와라**가 관할한다. 그다음 **만트라프라요자카**이나 **마야** 안에 위치하여 하위인 118의 **만트레슈와라**가 따른다. 결과적으로 앞의 두 무리는 **니슈칼라**이고, 이들은 **사칼라**다.

상위 **만트레슈와라**는 **마야**의 세상에서 창조 등 다섯 가지 활동을 하므로 하위 **만트레슈와라**와는 구별된다. 또 모든 **만트레슈와라**와 **만트라**는 일단 **아난타**가 존재하기를 멈추면 함께 최고의 해방을 얻는데, 그런 일은 **마하프랄라야**가 시작될 때 다섯 가지 활동을 완료한 후 일어난다.

경전 사이의 불일치로는, 예를 들어 **프라탸비갸 흐리다얌**은 **만트라마헤슈와라**를 **사다-쉬바 탓트와**로 보고, 또 **스왓찬다 탄트라와 탓트와-프라카샤**는 **비데슈와라**를 **이슈와라 탓트와**로 본다.

² **비갸나-칼라**와는 다르다.

³ **아비나바굽타**에 따르면 **비데슈와라**라는 말은 <지식과 주권(**비디야-보다**와 **이슈와라트바-카르트리트바**)>과의 접촉을 나타낸다. (**지식**과 **행위자성**)

그러나 이 주체는 - 아직 분화가 나타나지 않는 **사다-쉬바**와 **이슈와라**의 성격과는 달리 - **마이야** 얼룩으로 <지식과 행위의 대상들>을 자신과 다른 것으로 여겨, 오히려 이원론의 **주**와 유사하다. ⧗

< 10 >

신들로부터 시작하는 존재계의 흐름에 잠긴 모든 존재는 세 가지 얼룩의 영향을 받지만, 이 중에서 삼사라(윤회)의 유일한 직접 원인을 구성하는 것은 정확히 카르마 얼룩이다.

신들로부터 <부동(不動)의 것들>까지 삼사라의 힘 속에 있는 존재들은 세 가지 얼룩을 모두 갖고 있다. 그러나 **삼사라**를 움직이는 데 책임이 있는 것은 오로지 **카르마** 얼룩이다.

< 11 >

그리고 <행위성으로 구성되고 칼라로 강화된 이 의식 원리>는 제한되어, <의식이 아닌 공(空) 등에 동일시된 개인에서는> 종속적 위치에 있게 된다.[1]

삼사라의 흐름에 잠긴 존재에게 이 **의식** 원리는, <**행위성**으로 구성되고, **공**(空), **프라나** 등 (주체로 상정되는) 감각 없는 실체의 영역에서, **주**에게 있는 **칼라**의 힘으로 확증되는데>, 종속적 상태에 놓여서 제한된다. 그러므로 제한된 영혼의 상태는 여기서 탁월한 위치를 점유한다.

✎ [1] <**의식**-원리(**칫-탓트와**)>, 즉 **지고의 의식**은 그것의 완전성에서 <**보다**(빛나는, 인식적 원리)>와 <**카르트리타**(**행위성**) 혹은 **비마르샤**(**나**의 활동에서 표현되는 역동적 원리)>의 상호침투로 구성된다.

아나바 얼룩은 이 두 요소 중 하나나 다른 것을 억제함으로 이 단일성을 깨는 것에 책임이 있다(위 4절과 잘 비교하라). **삼사라** 세계에서 **칫-탓트와**는 **보다** 측면이 없고 **카르트리타**는 감소되어 더 이상 완전한 **카르트리타**는 없다. (**비데슈와라** 경우처럼 '거의' 완전하지도 않다).

그것은 이제 <'이전 자아(나)'의 그림자>가 되고, 칼라 원리인 **'부분적 행위성'으로 오직 부분적으로 활성화된다.** 따라서 개인에서 제한된 **의식**-원리는 '**나**'가 잘못 동일시된 <활기 없는 실체>의 전체적 응결(凝結)로 대체되어, 확실히 '이차적인 위치'에서 발견된다.

"칼롯발리탐 … 칫-탓트왐"은 여러 경전 구절의 분명한 메아리다.

쉬바 수트라는 말한다.

"**칼라 같은 덮개를 알지 못함이 마야다.**" ⌛

< 12 >

<의식적인 자아>에서 행위성과 의식의 탁월함은, 공(空) 같은 감각 없는 실체의 결과적 종속과 함께, 지식을 구성하며, 그것의 독특한 특징은 '그것 안의 흡수(탓-사마베샤)'이다.¹

반면에, 이 똑같은 **공(空)** 등이 <본질이 행위성인 **의식**>과 관련해 종속 상태에 있게 될 때, 그때 이 **의식**으로 그렇게 입증된 주체 안에는 그것의 힘 안에서 흡수가 특징인 **지식**이 있다.

✎ ¹ 사마베샤(사마디)는 침투, 흡수를 말한다.

기독교의 <**신(神)**의 **전지전능(全知全能)**>은 곧 이 "**행위성과 의식(인식)의 탁월함**"을 말한다.
그것이 구약의 선지자(예언자)들이 - '신성 체험자들' 혹은 '신성 참여자들' - 이렇게 과감하게 말하는 이유다. ('**여호와**'는 '**존재**'라는 뜻)
"**나** 곧 **나**는 여호와라.
나 외에 구원자가 없느니라."
"**나** 주 여호와가 말하노라.
나 곧 **내**가 너를 치며…" ⧖

< 13 >

<행위성의 자리>가 - "나" - 공(空)이고, 마음 등의 부재로 이해되고, 거기에 어떤 증거나 형태도 없이 오직 카르마의 충동만이 존재할 때, 거기에는 <알 수 있는 것(대상)의 부재의 상태>가 있다.[1]

<마음, 프라나 등의 부정과 함께 오직 "나"만을 동일시하는 것이 특징인 주체성이 있을 때>[2], 그때 깊은 잠의 상태에서, 그것은 오로지 위에서 언급한 상태에 있는 것을 의미하는데, 거기에는 <카르마의 충동들은 존재하더라도 형태가 없기 때문에 지각할 수 없다는 의미에서>, <알 수 있는 것> 즉 대상의 부재가 있다. **상키야**의 **푸루샤**와의 차이점은 정확하게 이것에 있다.

✐ [1] 이 절은 '**나**'를 공(空)과 동일시하는 국면을 나타내는 <'알 수 있는 것(대상)'이 결여된 깊은 잠(**아파베댜-사우숩타**)의 상태>를 묘사한다. 여기서 공(空)은, 엄밀한 의미에서 <'깊은 잠' 외에도, 또한 '우주적 용해의 상태', '실신(失神)', '깊은 **사마디**의 상태'에서 경험되는, 마음과 **프라나**를 포함한 모든 '지식의 대상'인 실체의 부정>을 말한다.

그러나 우리는 거기에 '알 수 있는 것(대상)'이 있지 않은 것을 은유적으로 말할 수 있을 뿐이다. 사실 그것은 완전히 사라지지 않고 (**샤이바 경전**은 **'존재하는 그 무엇'의 완전한 소멸은 결코 있을 수 없다**고 말한다.) 오히려 <삼스카라의 어둡고 우유부단(優柔不斷)한 상태>로 환원된 것이다.

² **아비나바굽타**는 부정은 **이슈와라**까지 확장하는 <**아함-이담의 국면**>에 이미 나타난다고 설명한다. 그것은 **이담**의 도입에 의한 것으로 정확히 '의식'과 '대상들 사이'로부터의 분화로서 부정을 수반한다.

의식이 우세하고 부정은 단지 부차적 역할만 할 때는, **비마르샤**를 갖느냐 않느냐에 따라 구별되는 **만트라마헤슈와라**와 **비갸나칼라**를 주체로 가지며, 반대로 부정이 우세할 때는 현재 절(節)이 언급하는 **순야-프라마트리**가 있고, 마지막으로 대상이 우세할 때는 **사칼라** 주체가 있다.
(**프라탸비갸 흐리다얌** 3절 등을 참조하라.) ⌛

< 14 >

그것은 감각 기능의 내적인 활동(안타리 브릿티)이며,[1] 프라나 등의 다양한 호흡을 움직이게 하는 것이다. 그것은 "생명"이라고 부르며, 그 본질은 <여덟 가지로 된 몸>이다.

혹은 <생명의 숨(프라나)과 동일시된 주체성>은 그 본질로서 <여덟 가지로 된 몸(푸랴슈타카-아트미카)>을 갖는다.

정확히 <공(空)과 동일시된 이 '**아는 주체**'>는 - 그 안에는 <내면의 역동성>, 즉 <프라나 등의 모든 다양한 호흡의 움직이는 힘>이 존재하고, 그것은 "생명"이라고 부르며, <모든 감각적인 힘>에 공통이다. - "살아 있는 것(지바)"이라고 부른다.

<'나'와 결합한 이 감각적인 힘>은 <여덟 가지로 된 몸>을 구성한다. 혹은 그것은 <그것이 **프라나와** 동일시되는 한>, 주체에 의해 형성된다.[2]

✎ [1] 카리카는 '안타리 브릿티(내적인 활동)'를 **순야-프라마트리**와 동일시하고(IPVV는 그 동일시는 단지 은유적이고, 실제에서 진정한 관계는 원인과 결과의 하나라고 설명한다), 브릿티(自註)는 **안타리 브릿티(안타르브릿티)**를 순야-프라마타를 가리키는

바후브리히에 배치한다.

[바후브리히는 <관계사 혹은 형용사 복합어>로, 예를 들어, '바후-브리히' 자체와 '탓-푸루샤'처럼 마지막 단어가 명사적 특성을 잃고 첫 번째 단어와 함께 명사를 수식하는 역할을 한다고 한다.
억지로 우리말에서 설명한다면, "그다음 사람"의 '그+다음' 정도일 것이다.]

티카와 IPVV는 이 바후브리히가 두 가지로 이해될 수 있다고 설명한다. 첫째로, 안타르브릿티는 주체의 바로 그 역동성으로 - 순야-프라마트리에 있다. - 그것은 감각 능력에 공통인 '생명의 역동성(지바나)'을 시동(始動)하게 하며, <분화의 원인인, '생명 호흡'의 다섯 가지 기능의 역동성>이다. 두 번째는, 미묘한 차이인데, <모든 감각 능력에 공통이며, 여러 호흡을 시동시키는 '생명력(生命力)'>를 직접 나타낸다.
[아래의 스판다 카리카의 경문을 참고하고, 필요하면 스판다 카리카를 읽어라. 그만큼 <생명이라는 무엇의 움직임(스판다)>은 미묘하다는 것이다.]

(순야-프라마타에 따른) 바후브리히에서 안타르브릿티를 언급하는 것은 특히 의미심장하다.

아비나바굽타는 그것이 '감각적인 능력'으로부터 원인의 역할을 (하는 것을) 제거하고, 또 그것들의 역동성의 유일한 진정한 원천인 행위자에게 완전히 의존하도록 이끄는 것을 겨냥한다고 말한다.

그것을 스판다 카리카는 이렇게 말한다(1:6).

"<이 감각 군(群)>은
지각(知覺)이 없으나 있는 것처럼
<내면의 힘>을 따라
가고, 머물고, 돌아온다."

² <제한된 개체성>, '살아 있는 것(지바)', <윤회하는 핵>은, 그러므로 <'나'를 공(空, 순야-아한타) 혹은 프라나(프라나-아한타)와 동일시하는 것>에 상응한다.

그것은 '여덟 겹(푸랴슈타카)'이라고 하는 몸으로 구성되어 있고, 어떤 어원에 따르면 '몸 안에 있는 팔조(八組)'로, <인간의 깊은 구조를 형성하고, 윤회에서 '나'의 탈것으로 연속성을 결정하고, 카르마 등의 저장고인, 일종의 미묘한 몸>이다.

그 구성에 대해서는 다양한 의견이 있다. 아마 가장 널리 알려진 개념인 <여덟 가지 요소 - 다섯 탄마트라, 마나스, 붓디, 아함카라>에서부터 <서른 가지 요소>까지 있다.

웃팔라데바에 따르면 공('순야-아한타)과 동일시된 주체성을 말하는 푸랴슈타카는 '다섯 조(組)'다. <다섯 특정한 호흡을 일으키고, 몸의 기계 기능을 만드는, 모든 감각에 공통인 힘의 내적 무리>이다. 그러므로 그것은 <(하게 된 것으로) 호흡의 부류>, <(하게 하는 것으로) 감각 기능의 부류>, <(전체를 관할하는 것으로) 순야-아한타를 포함한다.

그러나 말했듯이, 현재 개념은 프라나-아한타와 연결된 푸랴슈타카의 개념이다. 이 경우는 다음과 같다. <'다섯 조(組) 호흡'이 아함카라에 의해 '하게 된' 세 가지 부류의 기능(인식, 행위, 안타-카라나 기능)과 결합된 것>이다. 아함카라는 그것을 관할하기에 숫자에 포함되지 않으며, 아비나바굽타의 말에서 나오는 그림은 완전히 명확하지 않다.

결론으로 여전히 티카를 따르는 아비나바굽타는 <'가장 미묘한(숙쉬마타마)' 몸>과 - 그것은 순야-아한타와 연결된 것? 하여튼 그것은 단지 미묘한 몸의 거친 스케치이다. - <'가장 거친(스툴라타마)' 몸(육체)>이 있다고 한다. 윤회하는 몸은 단지 그 둘 사이의 중개자일 뿐이고, 그 안에는 탄마트라도 있다. 그럼에도 불구하고 <위에서 언급한 개념>과 <다섯 탄마트라와 안타-카라나의 셋으로 구성되는

푸랴슈타카 개념> 사이에는 실질적 차이가 없는데, 왜냐하면 **스파르샤 탄마트라**도 다섯 호흡을 포함하기 때문이다.

[비갸나 바이라바의 <에테르 몸>과 <지복의 몸> 등도 참조하라(176쪽)]. ⧗

< 15 >

주체가 오직 이 국면에만 있을 때, 이것은 깊은 잠의 상태로 - 우주적 용해와 유사하다 - 그것은 <알 수 있는 것>이 있는지 없는지에 따라 마야의 얼룩의 영향을 받을 수도 않을 수도 있다.

공(空)과 동일시된 국면에서는 <알 수 있는 실체(대상)>가 없기 때문에 **마야**의 얼룩이 있지 않다.

그렇지만 **프라나** 등과 동일시된 국면에서 <깊은 잠의 상태>는 '우주적 용해'와 유사하고,[1] **마야**의 얼룩으로 영향을 받는데, 왜냐하면 이 상태에서는 즐거움 등과의 접촉과 같은 <알 수 있는 것>과의 관계가 있기 때문이다.[2]

🖎 [1] 그 유사성은 우주적 용해 상태와 깊은 잠 둘에서, 외적인 실체의 그것처럼, (몸 등의) 사람의 구성요소가 더 이상 존재하지 않는다는 것에 있다.

그러나 이 비(非)-존재는 우주적 용해의 경우에는 실제적인 반면, 깊은 잠에서는 단지 그것들에 대한 의식의 상실로, 그것은 **사마디**의 경우에는 노력을 통해, 어떤 약물의 섭취를 통해, 힘의 소진(消盡)을 통해 일어날 수 있다. 깊은 잠의 상태는 또한 그 간결함으로 (우주적) 용해와 구별된다.

² 예를 들어, "잘 잤다"라는 그 기억이 보여주는 것처럼 ⌛

< 16 >
오로지 정신의 영역에서 <감각의 대상으로 오인(誤認)되는 사물들을 명확하게 나타내는 창조>를 <꿈의 상태>라고 부른다.

제한된 영혼에서 <꿈의 상태>는 <대상의 창조>, - 그것은 의식의 영역에서 마치 그것들이 실제로 보이는 것처럼 나타난다. - <시각 등처럼 감각의 힘의 작용 없이 '**마음의 힘을 통해서만** 일어나는 창조'>다. **이 창조는 주(主)의 일(작품)이다.**[1]
그리고 이것은 <예를 들어 이 지각은, 다른 주체에게도 공통인 어떤 형태로, (꿈꾸는 동안) 그렇게 지속된 뒤, 나중에는 계속되지 않기에> 환상이다.[2]

✎ [1] **<꿈의 이미지에 책임이 있는 것>은 제한된 주체가 아니다**. 왜냐하면 어떤 것(꿈)은 환영 받지 못하고, 다른 것은 환영 받을 것인데 다른 시간과 장소에 연결되어 있기 때문이다.

일본의 유명한 영화감독인 **아키라 구로사와**는 "**꿈은 천재(天才)다!**"라고 했다. 굳이 <이런 말>을 인용하지 않더라도……. (그의 <**꿈**>이라는 영화는 볼 만하다.)

² **아푸르나캬티**로서 환상(幻像)의 개념에 견주어 **<꿈의 환상>은** 지각 그 자체에 있는 것이 아니라 **영속성의 결여에 있다.**

[베단타의 **아-푸르나-캬티-바다**는 <환상(幻像)은 '불완전한 인식(과 같은 것)' 때문에 발생한다>는 교설이다.]

"이 세상은 환영(幻影)이다." - 나의 지나온 삶이 꿈과 같다! - 이것도 우리의 지각 그 자체에 있는 것이 아니라 이 세상의 **영속성의 결여에 있다**. 즉 이 세상은 변하고 변하는 것으로, '영원한 진리'로 취급할 만한 실체가 없다. ⧖

< 17 >

<안정적이고, 그것(창조)에서 그것이 모든 감각의 대상이고, 외적이고, 모든 '아는 주체'에게 공통인 창조>가 <깨어 있는 상태>이다.

<모든 내적 감각과 외적 감각의 힘 때문에 일어나는 창조>가 <깨어 있는 상태>다. 여기서도 <꿈의 상태>처럼 두 개의 달을 보는 등의 형태로 환상이 일어날 수 있다.[1]

✎ [1] **아비나바굽타**에 따르면 이는 <모든 단일한 상태 안에, 다른 상태와의 융합에 해당하는 다양한 국면과 측면이 존재한다>는 개념에 대한 암시이다. <지각으로서의 깨어 있는 상태 안에 환상으로서의 꿈의 상태가 존재한다> 등.
(이는 **쉬바 수트라** 등에서 **자그랏-자그랏** 등으로 다루었다.)

참고로, 꿈과 환상을 이렇게 말할 수도 있다.

"우리가 잠잘 때 '나타나는(생각하는)' 것이 <꿈>이라면, 깨어 있을 때 '나타나는(생각하는)' 것이 <환상(幻像)>이다."

또 <그런 공상(空想) 내지 망상(妄想)에 가까운 환상이 깨지는 것>을 환멸(幻滅)이라고 한다.
 그래서 잘 아는 대로, 환멸을 느끼지 않으려면 어떤 것에 - 연애, 결혼, 종교 등 - 환상을 갖고 시작하지 않아야 한다는 말이다.

 (그러나 이른바 **<창조적 상상>과는 엄격히 구별해야 한다.**) ⌛

< 18 >

이 셋은 버려야 하는데, 프라나 등이 우세하고 결과적으로 (진정하고 자유로운) 행위성이 그 안에 종속될 때, 거기에는 본질적으로 이것의 약화 또는 강화로 구성되는 즐거움과 고통과의 결합이 있기 때문이다.

이 <깨어 있고, 잠자고, 꿈꾸는 상태>는 버려야 하는데, 그 안에는 **프라나** 등이 - '**나**'로 상정된 - 현저하고, 자유는 감소되었기 때문이다. 자유에서 약간의 증가는 즐거움, 기쁨 등을 의미하고, 그러니 자유에서 감소는 고통, 혐오 등이다. 모든 결실로 구성된 **삼사라**는 속박이다.

< 19 >

상승하고 하강하는 숨으로 구성된 생명의 호흡은 모든 사람의 <꿈꾸고 깨어 있는 상태>에 존재한다. <깊은 잠>에서는 사마나라는 호흡이 있는데, 그것들(들숨과 날숨)의 중단으로 구성되며, 이는 주야평분시(晝夜平分時) 즉 춘분, 추분 동안 일어나는 것과 유사한 방식이다.

들숨과 날숨, 혹은 오르고 내리는 숨의 형태인 생명의 호흡과 동일시된 그 자아는 <깨어 있고, 잠자는 상태>에 존재한다.[1]

이 두 숨이 춘분(비슈바티바) 때의 낮과 밤처럼,[2] 그 증가와 감소가 막힘(중단)으로 같아질(삼예) 때,[3] 그 호흡을 **사마나**("평형")라고 한다.

✎ [1] 넓은 의미의 "프라나('호흡', '생명 에너지', '생명')"는 **의식**(意識) 그 자체의 기능과 양상으로, - "**처음에, 삼빗은 프라나로 변형된다.**" - <몸과 같은, 활기 없고 감각 없는 실체(자다)>에 생명을 전달할 수 있다. 이 <미분화(未分化)의 진동(**사만야-파리스판다**)>은 의식의 상태 전 범위를 포함하는 다섯 기본 형태로 나타난다.

463

들숨과 날숨(**아파나**와 **프라나**)은 일상적 의식의 (깨어 있고, 잠자는) 상태를 특징짓는다. 그것들은 끊임없이 가슴에서 **드와다샨타**로, 또 그 반대 방향으로 움직인다. 외부를 향해 흐르는 **프라나**('낮', '해')는 대상을 향한 긴장을 나타내고, **아파나**('밤', '달')는 주체를 대한 긴장을 나타낸다.

프라나와 **아파나** 사이의 이원적 대립은 보통의 의식에 편만한 것과 똑같다. 이제는 하나가, 이제는 다른 것이 우세한 것이, 마치 한 해의 날에서 밤이 낮보다 우세하거나 또 그 역(逆)과도 같다.

이 끊임없는 대립의 놀이는 깊은 잠의 상태에서 중단된다. **사베댜-사우슙타**에서 **프라나**와 **아파나** 사이의 간격에 있을 때 가슴의 자리에는 순간적인 휴식이 있고, **아파베댜-사우슙타**에서 깊은 어두움, 무기력 등의 상태의 기간 내내 중단된다.

만약 이 **프라나-아파나** 흐름의 중단이, '그 정의에서, 대상적 실체의 극(極)이 사라지는' **아파베댜-사우슙타**에 대해 곧 그럴듯하다면, **티카**를 따르는 **아비나바굽타**처럼, 이것이 어떻게 **사베댜-사우슙타**에서도 일어나는지 자문하는 것이 타당하다.

프라나의 흐름은 - 그 대답인데 - <단순히 인식할 수 있는 것(**베댜마트라**)의 존재>에 달려 있지 않고, 그것이 **주체와 분리되어 나타나는 데** 달려 있으며, 또 <이 상태에 존재하는 인식할 수 있는 것(즐거운 느낌 등)>은 그리하여, 그것은 말하자면 **주체와 하나가 되는 것으로** 나타난다.

[2] **아비나바굽타**는 **비슈밧**의 두 가지 어원을 설명한다. ① <편재(遍在, 비슈)의 가능(밧)>, ② <'구별(비=비셰사)' 혹은 '밤낮의 길이의 불균형'을 작동하는 것(수밧)>이다. **바스카리**는 <그가 **프레라야티**(이것으로 **아비나바굽타**는 **수바티**를 설명한다)를 **니바라야티**와 함께 주석하여 모든 가능성에 반해 주장하는 것을 보면>, 이 두 번째 해석은 명백하게 모순된다고 한다. 이 어려움은 아마도 <**비수밧**이, 거기에는 순간적 균형이 있어서, 불균형이 반드시 따라야 하는 한에서만, 불균형을 작동한다>는 것을 이해하는 것으로 극복될 것이다.

비수밧의 이미지는 우발적인 것이 아닌, **샤이바** 경전에서 가져온 것으로, 거기서는 <개별적 차원의 (**비수밧**을 포함한) 모든 하위 구분>과 함께, 외적인 시간의 체계적 투사가 자주 발견되는데, 그에 따라 **<우주적 시간은 '프라나적' 시간과 동일시>된다.**
(탄트라 사라의 **<외적인 수행>**을 보라.)

불교 **카알라-차크라** 학파에서도 유사한 개념을 볼 수 있다.

³ 그러므로 **카리카**에서 **체다**는 '중단(**빗체다**)'과 - 반대 방향으로 가는 숨의 - '평형'이라는 이중의 의미를 갖는다. **프랄라야칼라**의 국면에 상응하는 이 지점에서 호흡은 정확히 '평형(**사마나**, 동등)'과 관련된다.

그러나 그것은 <현상적 존재계를 넘어서는 것을 수반하는 **프라나**와 **아파나**의 확정적 소멸>을 나타내는 것이 아닌, <그것들이 한 번 더 자신을 나타낼 준비가 되어, **삼스카라** 상태에 남아 있는 순간적인 정지>를 나타낸다. 그것들은 아직은 참으로 능가해야(훨씬 넘어서야) 한다. ⧖

< 20 >

중앙 통로를 통해 위쪽으로 흐를 때 그 호흡을 우다나라고 한다. 그것은 <네 번째 상태>에 있고, 불로 이루어지고, 비갸나칼라, 만트라와 주에 상응한다.[1] <지고의 호흡>은 비아나로, 그것의 본질은 모두(편재, 遍在)이다.

(그 호흡을) 우다나라고 하는 까닭은 - 프라나와 아파나가 양쪽으로와 가로로 흐르는 것이 중단되어 통합된 뒤 - 중앙 통로를 통해서 위쪽으로 흐르기 때문이다.[2] 이 호흡은 - 이는 <네 번째 상태>에서 흐르는데[3] - <가운데 눈>과 유사하게, 불의 성질을 가지는데, 그것이 위쪽으로 오르기 때문이다.

호흡은 <네 번째 너머의 상태>에서는 흐르기를 멈추고 - 이것은 풍부함의 상태이고, 시공간적인 제한이 없는 것이다.[4] - <절대적 풍부함의 상태>로 들어가는 것으로 비아나라는 이름을 가진다.

이 두 상태는 <그 안에 프라나의 에너지가 본질적으로 지고의 주에 의해[5] 구성된 것으로 나타나기 때문에> 성취되어야 한다.

✍ ¹ IPVV의 단편적 지시로부터 **티카**는 복합어 "**비갸나칼라-만트레쇼-**"에 두 가지의 해석을 암시하는 것 같다. 명시적으로 말했듯이 **카르마다라야**이고 **드반드바**(이것은 복수형이 필요할 것이다)가 아니다. 가장 분명한 것은 '**비갸나칼라와 만트레슈와라**'다. 다른 것으로는, **아비나바굽타**가 취(取)한 것으로 '**비갸나칼라**, 넓은 의미의 **만트라**(만트라, 만트레슈와라, 만트라마헤슈와라)와 **주**(**사다-쉬바**)'이다.

티카 인용에서 더 정확히 '**비갸나칼라, 만트라, 만트레슈와라, 이슈와라**'를 얻을 수 있다. 여기서 **만트레슈와라**(즉 '만트라의 주')는 **탄트라** 방편을 따르면 **만트라**와 **이샤**에서 파생된다. 그러나 개별적인 의미도 부과된다.

² 중앙 통로는 **수슘나**이고, 두 개의 측면 통로는 **이다**와 **핑갈라**이다.

³ 그러므로 **우다나** 숨은 모든 이원성을 불태우는 **수슘나**를 따라 상승한다.
(IPVV는 그 이원성의 일부를 인용한다. <창조와 흡수>와 <**프라나**와 **아파나**>, <낮과 밤>, <출생과 죽음>, <혐오와 집착>).

네 번째 상태는 - **네 번째 너머의 상태**와 함께 - 일상적 존재계를 넘어가는 것으로 구성된다. 이 상태에서 분화는 녹는 버터처럼 용해되고, **이단타**는 **사다-쉬바**와 **이슈와라** 수준에서처럼 '나'에 의해 가려진다.

<'나'가 자신으로 동일시했던 대상적 실재들>은 <주권, 영속성 등 신성의 특성을 부여받은 것으로 마지막으로 인식된 '나'>와 접촉함으로써 스스로가 변형되어, 대상으로서 존재하는 것은 멈추었더라도 계속해서 존재한다. 그것들은 수은과 접촉하면 금으로 변형되는 구리에 비유된다.

[이것은 연금술에 나오는 내용으로, 당연히 '우리 존재의 변형을 위한 영적인 비유'로 읽어야 한다.
즉 고체인 구리와 금은 흔한 것과 귀한 것이고, 수은(水銀)은 '액체인 고체'로, <변형(시키는 것)>의 상징이다. 어쩌면 '현자의 돌(말)'일지도 모른다.]

네 번째 너머의 상태는 단지 강도(强度)의 차이일 뿐이다. 그 질적 도약은 이미 성취된 것이다. **네 번째 너머의 상태**는, <'편재하는' 호흡(비아나)>만 존속하는데, **네 번째 상태**의 안정이고, 분화는 이제 완전히 용해되고 **이단타**는 사라진다.

아비나바굽타가 암시한 비유의 말처럼, 수은이 더 침투함에 따라 <다양한 수준의 - 몸에서 공까지 - 주체성이 변형된, 그 금>조차도 닳아서 마침내 용해되고, **삼스카라**의 잔존 형태로, 이들 실체만이 살아남는다.

⁴ 사실 <흐르는 것>은 시공간적 변화를 전제로 하는 반면, **네 번째 너머**는 <절대적이고 동시적인 만족의 상태>이다.

⁵ 문자 그대로의 뜻은 "**지고의 주와 유사한**"이나 **토렐라**의 번역은, **웃팔라데바**를 따르는 **아비나바굽타**의 주석과 일치한다. ⌛

제 4 편

요약(要約)편
탓트와-상그라하-아디카라

제 1 장 요약(要約) (18절)

제 1 장 요약(要約) (18절)

쉬바에게 절하노니
그는 헌신자들의 자아를 현현하누나
<무수한 '지식의 수단과 대상'을 지닌> **하나**로

자아는 본질에서 **지고의 주**와 동일하다. 이것은 자기-경험, 이성(합리적 이유), **아가마**로 증명된다.

이제 **아가마**의 내용의 **요약**(要約)을 열여덟 절로 구성되는 마지막 장에서 다룬다.

< 1 >

<모든 창조물의 바로 그 "**나**">는 마헤슈와라로, 하나이고, 그의 형상은 만유(萬有) 곧 전체이며, <나누어지지 않은 의식 "**나-이것(아함-이담)**">으로 가득 차 있다.[1]

<'나눠지지 않은, 지각하는 주체'와 또 '나눠지지 않은, 지각할 수 있는 대상'과 또 '그 둘의 융합'을 **맛보는 일**(차맛카라)로 가득하고>,[2] <우선 추구해야 할 '**네 번째 상태**'에서는,[3] 모든 살아 있는 존재에 공통인 **자아(나)**이고, 그의 형태는 **모든 것(전체)인 자("하나"님)**>는 마헤슈와라이다.

✎ 이 경문을 판데이는 이렇게 번역한다.

"<**하나인(하나님인) 지고의 주**> 홀로 '살아 있는 모든 존재'의 바로 그 자아('**나**')이다.
그는 '**나는 이 우주 전체다.**'라는 끊임없는 의식으로 가득하다."

[1] 이 번역은 **카리카** 본문의 가장 직접적이고도 일반적인 의미를 나타낸다. 판데이의 번역은 깔끔하고, **판디트**의 번역도 좋다.

브릿티의 더 복잡한 표현은 **아함-이담**이라는 두 용어를 우선은 분리하여 그다음은 함께 고려하는 것 등 때문이다.

² **아비나바굽타**가 설명하듯이, 우리는 여기에서 <'다른 주체들과 구별되지 않는 것'으로 '지각하는 주체'에 대한 성찰적인 자각>을, 즉 <명백한 분절 아래에 있는 '주체의 근본적 단일성'에 대한 성찰적 자각>을 갖는다. 똑같은 것이 대상에도 적용되고, 마지막으로 '주체와 대상의 궁극적인 비(非)-타자성(**멜라나**)에 대한 자각'을 본다.

(이 **브릿티** 부분은 **참맛을 찾아**에서 **라스토기**의 해석도 참조하라. **토렐**라는 **차맛카라**를 긴 구절의 세 가지 요소에 각각 연결하고, **라스토기**는 각각을 **아함**, **이담**, **아칸다마르샤**에 대한 설명으로 보나, 큰 차이가 있는 것은 아니다.)

³ 이것에서부터 시작하여 얼룩(盲目)이 용해되기 때문이다. ⌛

< 2 >

거기서(타트라), <(주에 의해) 자유롭게 창조된 "이것"의 영역에 포함된 마음 등의 실체>는, 그가 <허구의 나(아함카라)>를 '지각하는 주체'인 것으로 여기게 한다.

이 우주가 '**지고의 주**의 자유로운 확장에 의해' 구성되는 것으로 나타나며,[1] <성찰적 자각 "이것"의 영역에서 지각의 대상으로 - **마음**, 호흡, 공(空) - 창조된 실재들>, 정확히 이 실재들은, <알 수 있는 것(대상)>의 한 부분을 나타내는데, <**허구의 나**>로 여겨지는 원인이고, 이것이 강력하여[2] <제한된 지각하는 주체>로 변형된다.

✎ [1] 본문의 모호함은 **카리카**의 **타트라**에 대한 이중 해석(**탄트라**) 때문인 것 같다(**토렐라**도 일부러 모호하게 번역했다고 한다).

아비나바굽타는 그의 두 주석에서 **마헤슈와라**를 언급하며 **타트라**의 동시적인 '이중 기능'을 따른다.

"**마헤슈와라**는 '자아(**나**)'이고, <'**이것**' 부분>은 <**그 자신으로** 구성된 기층(基層) 위에 **그에 의해** 창조된 것>이다"

(첫 번째 경우의 **타트라**는 **사티**가 이해되는 절대 처소격이고, 두 번째는 **스와스리슈타**에 따른 처소격이다.)

² <이 현상>을 이렇게 설명할 수도 있다.

우리가 한 존재로 이 세상에 태어났을 때… 거기에는, 인간의 내면(內面)에는,

"**의식(意識)이 있다.** 아니면 <텅 빈 것>, **아트마**만이 거기에 있다. 본시 내면에 이 <나>는 없다.

그런데 의식(의 주변)**에 지식, 경험, 기억이 축적된다.** 그것이 **마음**이다. 그것은 꼭 필요한 것으로, 그것 없이는 생존할 수 없다. 그러나 그때 거기에 어떤 부수적 현상이 일어난다. 세상을 바라볼 때는 <그 **기억**을 통해서> 보고, 새로운 경험을 할 때는 <그 **지식**을 통해서>, <그 **경험**을 통해서> 나름대로 해석한다. 그렇게 하지 않을 수 없다.

끊임없이 그렇게 하면 그것과 동일시된다. 그러므로 **<의식이 기억 등과 동일시된 것>이 에고이고, 우리가 흔히 <나>라고 하는 것이다.**" ⏳

< 3 >

<많은 것으로 여겨지는 개별적 주체들>은 그들의 진정한 본성을 "인식하지 못한" 즉 <재(再)-인식이 없는> 결과이다. 그들 안에는 행위와 행복이 창조되는데, 즉 즐거움과 고통이 그 특징인 열매다.[1]

그것은 정확히 <'**그의 본질이 모든 것인 그것**'에 대해 "비(非)-재인식"이라고 부르는, 제한되게 하는 것>이다. 그래서 <마음, 호흡 등과 같은 '다중이고 파편적인 실체'에 기인한 '**제한된 주체성'에 대한 자각**>은[2] <'**지고의 주체성**에 대한 완전한 지식'의 부재>라고 부른다.

개별적 자아는 많다. **아는 주체**로 나타나는 그들 안에서, **마헤슈와라**는 자신의 행복과 활동을 창조하며, 그것은 <유일의 진정한 행위성> 안에 내재한 그들 자신이다.

이것은 정확하게 즐거움이라고 부르는 열매인데, 그것이 (신성의) 지복의 입자로 구성되기 때문이고, 또 고통인데, 그것이 (신성의) 활동의 극미한 조각이기 때문이다. **활동이 고통이라는 사실은 나중에 설명될 것이다.**

✍ ¹ 그러므로 <주가 여러 제한된 영혼에게 떨어뜨린 결실의 능력>은 그가 창조한 행복과 활동의 능력을 반영한 것이고, 반면에 그에게는 내재한 것이다. 그러므로 그것들은 **칼피타**(만들어진 것)이다.

행복과 활동은 갸나와 **크리야 샥티**, **프라카샤**와 **비마르샤**와 다른 것이 아니다.

² **아비나바굽타**는 '긴 뱀(고나사)'의 예로 이것을 설명한다. 그것의 몸은 단일한 생명(**지바트바**)으로 편재(遍在)하지만, 그것이 조각날 때, 동일한 뱀의 개별 부분에 활기를 주는 <여러 구별되는 부분의 생명력>으로 나눠질 수 있고, 또 다시 하나가 될 수도 있다.

[우리가 현재 볼 수 있는 생물로는 **플라나리아**가 - 두 조각이 나도, '조각난 부분'이 다시 '완전한 성체(成體)'가 된다는 점에서 - **고나사**와 비슷할 것이다. 어릴 적 배운 '불가사리'도 생각난다.]

잘 아는 대로, '공기(대기)'와 '(바다)물'은 그릇(容器)에 나누어(?) 담을 수도 있다. ⌛

< 4 >

제한된 주체에서 삿트와, 라자스와 타마스는, 주 안에서 **지식, 행위**와 세 번째로, 마야에[1] 상응한다.
- 그에게는 사물이 그 자신의 몸을 나타낸다.

주의 **지식**과 **행위**는 **마야**와 함께, 제한된 주체의 **삿트와, 라자스**와 **타마스**가 된다.

✎ [1] **마야**의 힘은 **사다-쉬바-이슈와라** 국면에서 **의식**에 **이단타**의 모습을 결정하는 것이다. 그것은 **크리야 샥티**의 확장이다. 즉

실제로 **아비나바굽타**의 말에 따르면, **삼하라**의 우세함 대신 - **스리슈티**는 **갸나 샥티**에서 우세함 - <**순야타**(空性) 혹은 **니셰다**가 우세한 것>은, 즉 <주체와 대상의 상호 구분(결정)>은 **크리야 샥티** 그 자체이다.

이 **마야**의 힘은 **쉬바**에게 속하지만, 위 **카리카**의 공식이 가리키듯이, 그것은 분화와 연결되어 있기 때문에, <**지식**과 **행위**의 힘>과 똑같은 국면에 있지 않다.

이 절은 여러 책에서 다루고 있다.
먼저 **프라탸비갸 흐리다얌** 5절에서

"쉬바의 갸나, 크리야, 또 <제 3의 힘> 마야는, 파슈 즉 지바에서는 <삿트와, 라자스, 타마스로> - 쉬바 자신의 수족(手足)과 같은 대상적 실재로서 - 나타난다.

<절대 자유이면서, 갸나, 크리야, 마야의 힘을 갖는 의식>은 제한(制限)이 과잉되어, <그 성격이 삿트와, 라자스, 타마스인 파슈 즉 칫타(마음)>로 나타난다."

스판다 카리카 1:19에서

"주(主)의 경우에서 [그의 사지(四肢)인 <대상적 실재>에 대해서] <갸나> <크리야> <마야>인 그들 힘은, 제한된 개아의 경우에서는 삿트와, 라자스, 타마스로 나타난다."

파라 트리쉬카에서(388쪽)

"<그와 동일한 대상들과 관련하여 주의 지식과 행위로 인정되는 무엇>, <제 3의 것과 함께 똑같은 것>, '마야'는 제한된 주체의 세 가지 구나다. 즉 삿트와, 라자스, 타마스." ⧗

< 5 >
 분화의 상태 때문에, 기능(능력)과 산물로 변형된 이런 성질(구나)은 <'그것들의 소유자인 어떤 주체'에게 내재한 힘>으로 여길 수 없다.¹

삿트와, 라자스와 타마스는 (주체로부터) 별개로 나타나기 때문에, 힘이라는 용어는 <'힘(샥티)'과 '힘의 소유자(샥티만, 쉬바)' 사이에 구별이 없다는 점에서> 그들에게 적용되지 않을 수 있다. 실제로 모든 것은 힘(들)의 확장이다.²

✎ ¹ 이 카리카는 한편에서 지식, 행위, 마야와 다른 한편에서의 삿트와, 라자스, 타마스 사이의 평행을, <마치 전자가 쉬바의 힘인 것처럼 후자를 제한된 주체의 힘으로 여기는 것으로>, 너무 멀리 나가는 이들에게 대답하기 위한 것이다.

웃팔라데바는 이것은 그럴 수 없다고 대답하는데, 왜냐하면 제한된 주체는 그것들을 - 그것들로부터 발달되고 그것들로 가득 채워진 현상의 모든 전개를 - 그 자신과는 다른 것으로 보는 반면에, <힘(샥티)>은 정의에서 <힘을 소유한 주체>로부터 분리되지 않기 때문이다.

제한된 주체에서 **지식**(프라카샤) 등은 자발적이거나(**나이사르기캬**) 자율적 기능이 아니지만, 수행(遂行)되기 위해 다른 요소를 필요로 한다. - 예를 들어, 감각이다. - 그것은 모두 **구나**에 의해 관통되고 또 **구나**로부터 파생되는 모든 것이다. 이것이 그것들을 **구나**, 즉 '성질, 구성요소'만이 아닌 또한 '**종속된, 보조 요소**'라고 하는 이유다.

² 그러나 지금껏 말한 것은 단지 <분화의 세계의 제한> 내에서만 유효하다. 주체가 자신의 진정한 본성을 인식하면, 대상 세계는 타자의 겉모습으로 나타나는 일은 그치고, 그다음 모든 원리는 사실상 있는 그대로, 즉 그의 '힘(들)'이 된다.

"庵中不見庵前物(암중불견암전물)
爭如直下若盲聾(쟁여직하약맹롱)
**집 안에 앉아서는 집 밖의 것 못 보나니
눈멀고 귀먹기를 처음부터였더라면!**"

반본환원(返本還源)… **근원으로 오기 위해**…
누구에게나 그 **반환점**(返還點)은 있다.
"물은 맑게 **있고**, 산은 푸르게 **있고**, **나**는 <생겨나고 **있는 것**>과 <사라지고 **있는 것**>을 지켜보고 **있다**." ⧗

< 6 >
 주 안에는 존재, 지복, 행위가 있다. 제한된 주체에게는 '그것', '그것의 부재', 그 둘이 함께 있다.¹
 후자는 라자스를 구성하는데, 그것은 고통이고, 샷트와와 타마스의 혼합으로 구성된다.

 주 안에서 무한한 행위성은, 그것의 핵심은 "맛보는 일(**차맛카라**)"인데, 활동이라고 하며, 지고의 **빛**과 **지복**으로 구성된다.²
 반면 개체적 자아에서 이 **빛**과 **지복**은, 그것들은 <알 수 있는 실재>가 됐는데, **샷트와**를 구성한다. <그것들의 부재>가 **타마스**다. **샷트와**와 **타마스**는 - 혹은 <**빛-지복**>과 <그것들의 부재> - 비록 두 개의 별개의 존재이지만, **라자스**를 형성하기 위해 상호 결합된다. 제한된 주체에서 <활동과 고통>을 **라자스**라고 부른다.

 ✍ 이 경문을 판데이는 이렇게 번역한다.

 "<존재(**샷타**), 자아-의식(**아난다**), 행위(**크리야**)의 힘>은 **주**(主)에게 속한다. 그러나 제한된 주체는 '**샷트와**'와 '**샷트와**의 부재' 둘을 갖는다.
 <(존재와 부재의) 이중적 성격인 그것>이 고통인

라자스이다. 그것은 <'삿트와'와 '타마스'의 혼합>
이다."

[1] 여기서 언급된 것은, 브릿티가 명확히 하듯이, <프라카샤-아난다로 삿타인 존재(삿트와 구나)>와 <그것(들)의 부재(타마스 구나)>로 구성된 **라자스 구나**이다.

[2] **주**의 이런 특성은 서로 관련되어 있으며 최종 분석에서 서로 동일시된다. **파슈**의 **삿트와 구나**는 **주**의 **삿타와 아난다** 측면에 해당한다. ⧖

< 7 >
주 안에서 <"이것"이라는 관점에서 비-관습적인 성찰적 자각의 대상인 그 실체들>, 그것들은, 혼합되고 분리되어 있는데, 그렇게 여러 방식으로[1] 나타난다.

<이 우주를 구성하는 사물들>은, 그것은 **마헤슈와라**에게는 - **어린아이의 경우에서처럼** - 관습적인 언어 표현 "이것"이 활동하기 시작하는 것과 연결 없이 (혹은 고려 없이) "**이것**"(**빛의 바로 그 핵심인 성찰적 자각**)이라는 단어의 의미로 표시된다.[2]

바로 그 사물들은 - 그것들은 **신**에 의해 그렇게 창조되었기 때문에 - 동일 기층을 가진 여러 현현덕택에 특별한 실체들(**스와락샤나**)로 나타나고, 또 그것들이 각각 개별적으로 취한 보편들인 한(限), 많은 형태로 나타난다.[3]

✎ [1] '제한된 주체의 국면에서'로 이해된다.

[2] **파라마르샤**의 어떤 형태는 인식의 순수한 빛과 분리할 수 없고, 그것에 반응하는 성찰적 자각으로, '나' 편에서 **전용(轉用)의 행위**이다. '**이것**'이 '나'의 부정으로 순수하고 단순하게 여겨지는 이 수준에서

사물들은 어떤 분화도 없이 오직 '**이것**'에 관하여 [오직 '**이것**'의 관점에서 즉 <그것(**이것**)이 곧 '나인 무엇'의 상태>이다.] **파라마르샤**의 대상이다.

더구나 이 **파라마르샤**는 관습적인 언어 표현인 '이것'과 어떤 접촉에서도 자유롭다는 것이 명확한데, 왜냐하면 그 말은 - 그것은 우리가 아는 대로, 그것(**이것**)으로부터 분리될 수 없다. - 아직 모든 발음된 언어를 초월하는 수준으로, **오히려 조용히 고개를 끄덕이는 것과 유사하기** 때문이다.

이것을 명확히 하는 예는 **신생아가 갖고 있는 것**으로 추정되는 <'자신보다 다른, **자신을 둘러싸고 있는 것**'에 대한 희미하고 분화되지 않은 자각(과 반응)>이다.
[그리고 영민(靈敏)한 이라면, <그런 자각에 대한, 어린 시절의 경험>을 기억할 것이다.
이런 것이 "**누구든지 어린아이와 같지 않으면 천국 즉 <'하나'(님)의 나라>에 결(決)코 들어갈 수 없다!**"는 말의 의미다.]

³ 다음 카리카를 보라. ⌛

< 8 >

반면에 개별 주체에서는,[1] 분리되어 나타난 그들 실체는 기억, 상상 등의 영역에서 정신적 정교화의 대상이 되고, '구분되는 여러 이름'을 갖는다.

<분리되어 나타난 실체들>, 즉 보편들은[2] 제한된 주체에게는 - <정신적 정교화의 힘(비칼파나샥탸)> 덕택에[3] - "항아리", "은빛", "흰", "천", "손수레" 등 같은 다양한 이름을 통해 내면의 성찰적 자각의 대상으로 보인다.

이런 대상의 경험으로 조건화된 제한된 주체들은 또한 스스로를 "나는 날씬하다", "나는 행복하다, 불행하다"와 같은 다양한 지시의 대상으로 만든다. **기억**에서 정신적 정교화의 이 기능은 이전의 직접적인 경험의 결과로 일어난다. 반면에 상상 등의 여러 형태에서 그것은 자동적이다.[4]

<제한된 영혼에서 삼사라(윤회)라는 **속박을 구성하는 것**>은, **정확히**, 그 단어로 입증된,[5] <'지각하는 주체'와 '지각된 대상' 사이의 분화에 대한, **이런 현현(표현)**>이다.

✍ ¹ 위의 7절은 **주**와 관련하여 <대상의 상태>를 정의했다.

그러나 거기서 **아비나바굽타**는 이 경우에 그것은 **지고의 주**가 아님을 분명히 한다. 왜냐하면 **파라마-쉬바** 수준에서는 어떤 대상성에 대해서도 말할 수 없기 때문이다. 이는 단지 그가 **사다-쉬바**와 **이슈와라**의 본성을 떠맡을 때 나타나기 시작한다. (**주**의 국면 즉 '**파티, 이슈와라-다샤**'는 진실로 이에 해당한다.)

8절은 대상이 '제한된 주체성의 국면'에서 어떻게 나타나는지를 설명한다.

² 특별한(**스와락샤나**) 것과 보편적(**사만야**)인 두 가지 대상 중 후자만 여기서 고려되는데, 왜냐하면 이 **카리카**에서 '가능한 담론적 사고를 동반하고 또 제공하는 것으로 보이는 말(언어)'은 그 내용으로 정확히 **사만야**, 즉 <별개로 취한 **아바사**>를 갖기 때문이다. (위 II,3:2 주 참조)

³ **비칼파(나)**는 이미 본 바와 같이 <그것 이외의 것에 대한 환기(喚起)와 부정(否定)을 통해 대상을 정의하는 담론적(談論的) 사고>의 특징적 기능이다.

불교도가 **아포하**(배제)의 개념으로 보여주듯이, - **아포하** 즉 '배제(혹은 분화)'는 <부정의 언어>이다. - 여기서 핵심적 역할은 말(언어)에 의해 수행된다.

[4] 위 I,8:1을 보라.

[5] 많은 **샤이바** 경전은 인간 활동의 모든 수준에 스며든 말의 근본적인 양면성(兩面性)을 주장한다. 다양한 **알파벳** 등급을 관할하는 힘으로 여겨지는 **<말의 힘>은 인간을 자유로 이끌거나 윤회에 더욱 얽매이게 할 수 있다.**

브릿티 담론 안에 남기 위해 그것들은 **비칼파**의 이분법을 증가시킬 수 있지만, 그것들은, 만약 올바르게 극화(極化)되면, 점차적으로 **비칼파**를 '순수한 성찰적 자각' 안으로 재-흡수할 수 있다. - 그것이 이원화되지 않은 한 순수하다. (비칼파를 극복하는 두 가지 가능한 방법은 나중에 다룰 것이다).

IPVV는 **스판다 카리카**의 인용문과 함께, **말리니 비자야 탄트라**와 **쉬바 수트라**의 이런 사색(思索)의 고전적 구절을 언급한다.

< 9 > - < 10 >

그에게 존재하는 그 창조는 (다른 주체에게) 또한 공통적이지 않고, 주의 창조에 의존한다.

그것은 제한된 주체에서 - 본질적으로 주와 동일한 - 일어나고, 주의 힘 때문에 무시되지만, 그러하여,[1] 그것은 자아에 쉬는 것을 막으려고, 불안정하고, 그의 본성은 <정신적 정교화의 활동(비칼파-크리야야)과 일치해 여러 음소에 다양화되어 있는> 생명 에너지이다.

개별 주체는 - 그 본성이 **주**의 것과 동일한데 - <그렇게 인식되지 않은 **주**의 그 힘 때문에>, <다른 주체들의 편에서는 지각할 수 없는, 그리고 모든 사람이 경험할지도 모르는 대상의 직접적인 경험을 모형화한> 여러 보편들의 형태로 대상을 창조한다.[2]

<진정한 주체성에서 쉬는 것을 막으려는 **주**의 이 힘>은 **마야**라는 이름을 갖고, '카(Ka)' 등의 모든 다양한 음소를 포함하고, 생명 에너지의 형태로서 끊임없이 움직이며, **"정신적 정교화"라는 그 기능을 수행한다**.

이런 식으로 그것은 내적으로 대상을 창조한다.

491

✐ ¹ 앞서 보았듯이, 제한된 주체 또한 <본질에서 **주**의 능력과 다르지 않은, 창조의 타고난 능력>을 갖고 있다. 왜냐하면 개인 그 자체는, 비록 그가 이 정체성(正體性)을 무시하거나 잊어버렸더라도, 본질적으로 **주**와 동일하기 때문이다.

자각하지 못하여(무의식) 제한된 이 창조의 힘은 개인적인 영역에 제한되어 남는다. 창조되는 것은 이미지, 느낌, 아이디어 등으로, 그것은 **주**가 만든 현상적 세계의 대상들에 (**기억의 경우에는**) **더 많이** (환상에서는) 더 적게 **의존한다**.

이 두 종류의 대상들과 창조들은 <마지막 '모든 주체에게 공통적'인 것>에서는 구별되고, 나머지는 '공통적이 아닌' 것으로, 즉 <그것을 창조한 제한된 주체 외에는 경험할 수 없는 것>이다.
그러나 창조의 능력은 본질적으로 똑같다.

² <정신적 정교화의 대상(비칼파 등)>은 스와락샤나가 아닌 **사만야**로, 이는 한정된 **시간과 장소에 매이지 않는다**. ⧗

< 11 >

주의 창조는 모든 주체에 공통적일 수도 있고 또 공통적이지 않을 수도 있으며, (두 경우) 모두에서 명확하게 그 자체를 나타낸다. 한 점에 집중하는 것으로 (생기는) <정신적 구조(비칼파)>의 억제와 함께, 주의 국면(단계)에 점차적으로 도달한다.[1]

반면에 **주**의 창조는 모든 <인식하는 주체>에게 공통적이다. - 그것은 그것들이 그것 안에서 태어났기 때문이다.[2] - 아니면 꿈이나 착각 등에서 나타나는 것처럼 한 주체에게만 제한되는데, 거기에서 그것은 단일한 주체에게만 관련한다.
오로지 **"나는 이 우주다!"**라는 성찰적 자각으로 스며든, **주**의 이 창조는 정신적 구성물로부터 자유롭고 - 그 안에는 어떤 분화도 일어나지 않기 때문이다.[3] - 또 그것은 모든 명료함 속에 나타난다.[4]

이 국면에서, <제한된 주체에 있는 활동이[5] 일어나는 동안, 산발적으로 발생하는 정신적 구성물이 약화되는 순간들에 자신을 적용시키고 강렬히 함양(수행)함으로써> **삼사라**의 힘 안에 있는 존재들은, <**주**의 상태가 그 모든 완전 속에서 출현하는 것을 통해서> 점차로 <제한된 개체성의 상태의 용해>를 얻는다.

✐ 1 혹은 "**이슈와라**의 상태에 특유한 ('**나는 이 우주다!**') 성찰적 자각의 대상이 된다."

그러므로 **주**의 창조는 이중적이다. 한편으로는 <모든 주체가 통합하게 된 대상적 존재의 세계>를 구성하고, 다른 한편으로는 - 개인에게 한정된 - <두 개의 달을 보는 것처럼, 꿈과 오류의 영역>을 구성한다. 그것은 명확성과 직접성이 관련하는 한 다른 것과 같은 똑같은 국면에 있다.

카리카의 첫 부분과 특히 "**사다라노 '냐타 차**" 표현에 대한 이 해석은 **브릿티**에 의한 것이지만, 유일하게 가능한 것은 아니다. 예를 들어, **티카**에서 보이는 것처럼 "공통적이든 아니든 **주**의 창조는 (제한된 주체의 창조와는) 다르다"라고 이해할 수 있는데, 거기에서 **아-사다라나**('공통적이 아닌')는 접속사 **차**에 암시되어 있다.

이것에 대해 **아비나바굽타**는 자신의 해석을 덧붙인다. 즉

만약 <'제한된 주체에 있는 창조, 혹은 **비칼파**의 창조'가 다르게 경험되어 완전히 생생함을 떠맡는다면, 즉 그것 안에서 **주**의 힘을 인식한다면>, 그때 그것 역시 공통적이 된다. 즉 모든 사람이 경험할

수 있다. 마치 <만트라의 에너지로 가득 찬 사람이 자신의 표현과 의도를 실재 속으로 변형할 수 있게 되는 것처럼> 말이다. 이 경우 '파샤바 사르가' 즉 <제한된 주체에 있는 창조> 역시 **주**의 상태로 이끌 수 있다.

그 자신이 말하듯이, 카리카의 '아이샤 사르가' 즉 <**주**의 창조>는 **파샤바 사르가**로 이해될 수도 있는데, 이 후자의 창조 형태 또한 궁극적인 본질에서 전자에 의존하는 한에는 말이다.

그는, 만약 이 해석이 **브릿티**와 **티카**에서 직접적으로 언급되지 않았다면, 그것은 **파샤바**와 **아이슈와라** 창조의 궁극적인 동일성이 너무나 분명해서 공공연하게 기술할 수 없기 때문이라고 덧붙인다.

[2] <'대상의 창조'가 '주체의 창조'와 평행하다는 의미에서>. 실재는 실제로 특정한 수준의 주체성과 상응하는 수준의 대상성의 상호작용으로 구성된다. **프라탸비갸 흐리다얌**은 말한다(3절).

"그 다양함은 상응하는 <대상과 주체>의 분화"

[3] '주체'와 '대상적 실재' 사이의 분리의 부재는 '이슈와라의 창조'와 '파슈의 창조' 사이의 근본적

차이를 구성한다. 또 **주**의 창조가 속박을 나타내지 않는 것은 정확히 이 이유 때문이다.

그러나 **아비나바굽타**는 <파슈의 창조>에서 두 가지 수준을 구별해야 할 것을 말한다. 첫 번째는 **마이야**와 **아나바** 얼룩과 함께 단지 분화의 출현만 보여주는 반면에, 직접 **카르마** 얼룩을 일으키고 또 **삼사라**에 묶는 것은 <브라흐마가 관할하고 (위 III,2:1 참조) 다양한 정신적-심리적 활동(**프라탸야**)으로 구성되는> 두 번째다.

[4] **다르마키르티**는 **프라마나 바룻티카**에서 이와 유사한 용어로 <요기에게 속하는 지식의 유형>을 정의한다(III:281).

[5] 즉 **비칼파**

이 **카리카(수트라)**는 **프라탸비갸 흐리다얌** 18절 **<생각의 용해>** 부분 주석에서 다루었다.

"<비칼파를 포기하는 것>으로,
 <마음을 하나로 모으는 것>으로,
 사람은 점차 <**이슈와라**의 단계>에 도달한다."

< 12 >

<모든 것을 자신의 본질로 갖고 "이 모든 다양한 전개는 내 것이다."고 그렇게 아는 자>는 정신적 구성물의 흐름 속에서도 마헤샤의 상태를 얻는다.¹

또한 개별적 주체는 - 그는 정확히 **주**의 힘에서 파생된 정신적 구성물을 계속해서 산출하더라도 - 그 자신의 본성을 **주**라고 완전히 알아채게 되고 - "**삼사라**(윤회계)**의 이 다양한 전개는 내 것이다.**" - 이 주체 역시, <어떤 분화도 없이 우주로 스며들고 또 모든 정신적 구성물을 순수한 성찰적 자각으로 변형하는데>, **마헤슈와라**의 상태를 얻는다.

✎ ¹ 앞 절에서는 **비칼파**의 속박에서 벗어나기 위해, **니르비칼파**(중심, 삼빛)에 고정하는 것으로 **비칼파**를 억압시켰으나(<**생각의 용해**>), (- 이것은 **샥토파야** 수행이다.)

여기서는 반대로, **의식의 전체성**(全體性)의 영역에서 그것을 포함하(고, 변형하)는 것(방법)을 가르친다. (- 이것은 **샴바보파야** 수행이다.)

이 **카리카**(수트라)는 **프라탸비갸 흐리다얌** 12절 <**샴바보파야** 수행> 부분의 주석에서 다루었다.

"'<이 모든 현현의 영광>은 <나의 것>이다.'라고 알고, <우주가 그의 **참나**인 것을 깨달은 사람>은, **비칼파** 즉 마음 혹은 생각이 그 놀이를 할 때라도, **마헤샤타**를 소유한다."

마헤샤타는 **마헤샤**의 추상명사이고, **마헤샤**는 "**위대한 주**"로 **쉬바**를 말한다. ["**쉬바성(性)**"] ⌛

< 13 >

해방된 영혼은 마헤슈와라처럼 <"공통된" 인식할 수 있는 실체>를 그 자신과 분화되지 않는 것으로 보고, 속박된 영혼은 그것을 절대적으로 분화된 것으로 본다.

<인식할 수 있는 실체>는[1] 속박된 영혼과 해방된 영혼에게 동일하다. 그러나 속박된 영혼은 그것을 절대적으로 분화된 것으로 알고, 해방된 영혼은 그 자신의 몸으로 안다.

✎ [1] 즉 <해방된 영혼과 속박된 영혼 둘 모두를 마주하고 있는 이른바 '대상적인 실재(사물)'>.
(IV,1:11 참조)

비갸나 바이라바는 말한다.

"깨달은 사람은
사물 속에서 실종되지 않는다."

"사실, 속박과 자유는 상대적인 것으로
우주는 여러 마음의 반영이다."

< 14 >

그러나 <그가 자신 안에 녹은 무한한 원리들로 완전히 가득 차 있을 때>, 그는 <오직 의식과 지복이며, 지고의 음절을 자신의 몸으로 갖는 쉬바>다.[1]

그러나 <'인식할 수 있는 것'이 그의 안에 완전히 용해되고, "**나**"에 대한 완전한 **의식**이 있을 때>, <쉬바의 상태>를 얻는다.

✎ 마지막 부분("지고의 음절을 자신의 몸으로 갖는 쉬바다")을 판데이는 이렇게 번역한다.
"그는 완벽하게 **불변**(不變)이다."
[**파라마-악샤라**가 <지고의 음절(音節, **말씀**)>과 <지고의 **불변**(不變)>이라는 의미가 있다.]

[1] 앞 **카리카**에서 설명한 상황과는 다르게, 거기서는 '인식할 수 있는 것'은 <'나'와 분화되지 않은 상태>이더라도 - **아비나바굽타**가 **사다-쉬바-이슈와라**의 국면과 비교한 상태 - 존속하지만,

여기서는 '인식 가능한 실재'를 말할 수조차 없는데, 그것은 이제 흔적도 없이 '나' 속에 녹아 흡수되었기 때문이다.

이것이 <**지고의 쉬바의** 상태>이다. ⧗

< 15 >

그래서 <자기 자신이 무엇인지와 자신에게 있는 지식과 행위의 참된 실상을 본다면> 그는 자신이 원하는 대로 사물을 알고 행한다.

<**지식**과 **행위**의 무한한 힘으로 가득한 그 자신을 **주**로 인식해서, 그 힘으로 나타나는 재(再)-인식의 징후가 일단 드러나면, 그는 모든 것을 마음대로 보고 창조한다.

✎ 이제 네 아디카라에서 논의된 것의 결론이다.

**나 자신이 참으로 그 무엇인지와
나의 지식과 행위의 실상을 파악한다면
나는 자신이 원하는 모든 것을 알고 행한다.** ⧖

< 16 >

이렇게 이 <새롭고 쉬운 길>을, 위대한 스승이 쉬바-드리슈티에서 설명했듯이, 나도 설명했다.

그러므로 <그 위에 발을 딛고서, 쉬바의 본성이 그의 핵심인 '우주의 창조자'의 본성을 자신 안에서 드러내며, 그 안에 완전히(방해받지 않고) 흡수된 그>는 온전(穩全)을 얻는다.[1]

일반적인 실체의 과정에서, 그것의 다양한 형태에서, **오로지 <재인식의 행위(프라탸비갸-마트랏)> 덕택에 <쉬바의 상태>는 얻어진다.** 굴곡이 없는 이 새로운 길은 **쉬바-드리슈티**라는 이름의 경전에서 <파라메슈와라의 형태>를 직접 경험하였던, 위대한 **소마난다**가 드러낸 것이다.

나는 여기서 이 길에 대한 **논리적 정당성을 제시하여** 사람들의 가슴에 들어가게 하도록 했다.

<이것에 강하게 자신을 적용하는 것으로, 쉬바의 본성에 들어가는 자>는 바로 이 생(生)에서 해방된 영혼이 된다.

[1] "**온전**(穩全)**을 얻는다**"는 <싯다가 된다>의 다른 읽기로, "하늘에 계신 너희 아버지(**하나님**)**의 온전**하심과 같이 너희도 **온전**하라!"에서 왔다.

< 17 >

<많은 애원 끝에 마침내 사랑에 빠진 여인 앞에 서게 된 연인처럼>, 비록 그가 그녀 앞에 있더라도 <그녀가 '그가 누구인지' 재인식할 때까지는> 그녀에게 어떤 즐거움도 주지 못한다. - 그 순간까지 그는 마치 다른 남자처럼 보인다. - 그러므로 인류에게 <세상의 주>인 참나는, 아직 자신의 자질이 드러날 때까지는 자신의 영광을 나타낼 수 없다.

이런 이유로 <주에 대한 재인식의 교리>가 여기에서 설명되었다.

연인의 예(例)는 <주에 대한 재인식>이 깨어나야 한다는 것과[1] 또 그 열매는 범상하지 않다는 것을 보여준다.

✎ [1] 웃팔라데바는, 전에도 그랬듯이, '깨어나다', '가능하게 하다', '논리적으로 정당화하다'라는 의미 사이를 오가는 어근 "우파파드-"의 사역형을 사용한다. (다음 카리카도 참조) ⌛

< 18 >

보통 사람 역시 쉽게 온전(싯디, 완전)을 얻도록 하기 위해 <우다야카라의 아들> 웃팔라("연꽃")는 <주에 대한 이 재-인식>을 논증(우파파디타)으로 설명했다.

이렇게 <온전으로 가는 쉽고 빠른 길(방법)[1]>을 제시했다.
(여기서 이슈와라-프라탸비갸-브릿티가 끝난다.)

✎ [1] 예수도 '보통 사람들'에게 "**나를 따르라!**"며 이렇게 말한다.

"이는 내 멍에(요가, 수행 방법)는 **쉽고**,
내 짐은 **가벼움이라**"
For my **yoke** is **easy**,
and my burden is **light**.

여기 예수의 "**나를 따르라!**"라는 말에서 '**나**'는 '흔히 말하는 예수'를 의미하지 않는다.
<예수가 말한 "**나**"를 찾아서>는 <비갸나 **경문과 쌍둥이 복음**>에서 더 깊이 다룬다. ⧗

나가며

<(심리적 혹은 정신적) **공간 지각력**>……

어떤 조각가가 <아주 투명한 재질의 두꺼운 판(板)>에다 '사람의 얼굴'을 음각(陰刻)했다고 하자.
그리고 우리가, 그 '조각하지 않는 반대편'에서 그것을 본다면, <(그 음각한 부분이 만드는) 텅 빈 공간이 만드는, 양각(陽刻) 형태의 '사람의 얼굴'>을 볼 수 있을 것이다.

텅 빈 공간이 만드는 그 얼굴은 <투명한 재질의 재료>와 <한 조각가의 피나는 노력>으로 우리에게 드러나는 것이다.
아마도 **<신의 얼굴>**과 <그것을 드러내는 일>은 그런 것일지도 모른다.

이른바 <내 내면의 **신성**을 느끼는 일>은 그런 <'심리적 혹은 정신적 공간(**텅 빈 곳**)'을 **지각하는 힘(능력)**>일 것이다.
아마도 저 <염화시중(拈花示衆)의 일화(逸話)>도 꽃이 아닌 - 즉 별과 구름 등 대상이 아닌, 그런 것을 담는 - <텅 빈 공간>을 보라는 것이었으리라.

비갸나 바이라바는 말한다.

**욕망(혹은 생각)이 일어나기 전에
어떻게 "내가 있다"고 말할 수 있겠는가?**

<**욕망 혹은 생각이 일어나기 전**>의 <내 내면의 그 심리적 혹은 정신적 공간> 말이다.

☯

오래전에 '그랑 블루'라는 프랑스 영화가 있었다. 이 영화를 소개하는 이유는……
이 영화에 나오는 어떤 장면을 떠올리며 인터넷에서 <이 영화에 대한 정보>를 확인하다가, <필자와는 너무나 다른 시각>에, 잠시 말을 - '혼자만의 말'(즉 생각)을 - 잃었다.
'(이렇다면) 어디서부터 얘기해야 하나…….'

[이 영화는 "물속에서 숨 오래 참기"라는 주제도 아니고, 어떤 <잠수병(潛水病) 환자의 비극>을 말한 것 등등도 아니다. - 그렇게 보려면 그렇게 보라!
만약 '그런 것'이라면 <('사실'을 다루는) '신문기사' 등의 수준>으로 충분하리라. 그러나 '**진실**'을 추구하는 예술(영화)이라면…]

약간의 <과학적인('**사실**') 얘기>부터 조금 하자.

"육지에서는 200m 정도 올라가도 기압(압력)의 변화를 잘 느끼지 못하지만, 물은 공기보다 1,300배나 무거워 10m마다 1기압씩 수압(水壓)이 올라가서, 그때 우리의 폐(肺)는 보통의 '**콜라 캔(깡통)**' 크기로 줄어든다고 한다.
그리고 질소가 산소와 함께 혈액 속에 녹아들면, '질소 마취'나 '산소 중독증'을 일으켜서 <처음에는 술 취한 것처럼 느껴지고, 사고력, 판단력, 추리력, 기억력이 흐려지지만>, **<심하면 황홀감(恍惚感)에 사로잡혀 겁(怯)이 없어진다.>** 특히 잠수를 반복할 경우 이런 현상이 나타날 가능성은 더 높아진다."

여기까지는 '**사실**'의 얘기다. 그러나 '사실'보다는 '**진실**'을 추구하는 예술(영화)에서는…

숭고미의 미학에서 말했듯이 "우리는 어쩌면 <(영원히) 살아 있는 존재>일지도 모른다. 그리고 지금은 <생물학적으로는 살아 있지만 (영적으로는) 죽어 있는 것>인지도 모르고."라면, 당연히 '**진실**' 혹은 '**진리**'를 보아야 할 것이다.
"이 영화를 소개하는(언급하는) 이유는……" 그런 의미(시각)에서다.

영화에서, 주인공(자크)을 사랑하는 여자주인공은 묻는다.

"잠수할 때 어떤 기분이 들어요?"

"추락하지 않고 <미끄러져 떨어지는 느낌>이야. 가장 힘든 건, 바다 맨 밑에 있을 때야. 왜냐하면 다시 올라와야 할 그 이유를 찾아야 하거든. 항상 그걸 찾는 게 너무나 어려워."

<미끄러져 떨어지는(하강하는) 느낌>이든, 아니면 "이끌리어 올라가는(상승하는) 느낌"이든, "옆으로 한(限)없이 넓어지는 느낌이든" 그것은 똑같다.

<'그런 느낌'의 서툰(?) 표현>은 신약성서에서도 보인다. 소위 <변화(變化) 산> 혹은 <변모(變貌)의 사건>이라는 '환상을 본 사건' 말이다.

"두 사람(모세와 **엘리야**)이 떠날 때에 **베드로가 예수께 여짜오되**

'**주여, 우리가 여기 있는 것이 좋사오니**, 우리가 초막(草幕) 셋을 짓되 하나는 **주**를 위하여, 하나는 **모세**를 위하여, 하나는 **엘리야**를 위하여 하사이다.' 하되 **자기의 하는 말을 자기도 알지 못하더라.**"

영화 그랑 블루로 돌아가, 마지막 장면에서 여자 주인공은, 바다 밑으로 가서 보아야 할 게 있다는 자크에게 울부짖는다.

"가서 무엇을 본다는 거예요? **그곳에는 아무것도 없어요. 밑은 어둡고** 차가울 **뿐이에요. 당신 홀로 있을 뿐이에요.** (그러나) 나는 여기 있다고요. 나는 이 **현실(現實)** 속에 이렇게 있잖아요."

필자는 앞의 '<신을 아는 일>은 가능한가?'에서 어릴 적 부른 찬송가를 옮겼다.

**자 곧 가거라 이제 곧 가거라 저 큰 은혜 바다 향해
자 곧 네 노를 저어 깊은 데로, 가라 망망한 바다로**

<노를 젓는 일>은 '깊은 데'로, '망망한 바다'로 가는 일인 것은 분명하다. 그러나
"**그 밑 모르는 깊은 바다 속**"을 경험하는 일은 **그 속에 뛰어드는 것밖에 다른 길은 없다.**

그리고 "**그 밑**"까지 이르렀을 때 지금까지 나를 이끌어주었던 밧줄(즉 '어떤 생명줄')조차도 이제는 놓아버려야 한다. 이것이 이 영화의 백미(白眉)다!
저 "**백척간두진일보(百尺竿頭進一步)**" 말이다.

거기에는 **돌고래**라는 '**나(주인공)의 가족**'이 나를 반기며 이끈다. (마치 **그레첸**이 **파우스트**를 이끌고, **베아트리체**가 **단테**를 이끌 듯이 말이다.)

그때 거기서 우리는 진실로 이렇게 느낀다.
(만약 말로 대답 혹은 표현한다면 말이다.)

"'가서 무엇을 본다는 거예요?'
그래, **이곳에는 (나 외에는) 아무것도 없다!**
　　　　　　　　 - 이 모든 것이 '나'이다! -
이 밑은 어둡거나 차가운 느낌조차도 없다.
그냥 나 홀로 있을 뿐이다!
　- 이 '우주적인 나' 외에 누가 더 있겠는가! -

(그러니)

나는 여기 있다!
나 곧 실재(實在)는 '이렇게' 있다!"

☯

<내 안의 신성을 되찾는 빠른 길>이라는 부제를 붙여가며, <신(神)-인식(認識)>경(經)을 다듬었다.

그러나 이 책을 (한 번) 읽은 어떤 독자는 어쩌면 어리벙벙할지도 모른다.

전에도(쉬바 수트라에서) 말했듯이
이런 책은 그냥 <한번 읽는 것>으로 알 수 없다.
(필자 역시 이 책을 다듬으며, 읽고 또 읽었다.)

앞에서도 신신당부했고 또 다시 말한다.
찬찬히 읽고 또 읽어라. 이해(理解)할 때까지.

☯

그리고 앞에서도 말했듯이
혹 <인연이 있는 어떤 이>에게 간절히 바란다.
[그는 <아주, 아주 귀중한 사람(VVIP)>이다.]
아비나바굽타의 <**이슈와라-프라탸비갸-비브리티-비마르쉬니(IPVV)**>를 번역하고 다듬어 주기를…….
그에게 필자의 **영(靈)**이 함께 할 것이다.

혹 독자가 더 알고 싶은 것이 있다면, **이슈와라 프라탸비갸 비마르쉬니**와 **탄트라 알로카**에서 찾을 수 있기를….
그 **비마르쉬니**는 이른바 '독립적인 작품'으로 **빛나고** 또 **알로카**는 곧 '**빛**'을 말하니까 말이다.

<신(神)-인식(認識)>경(經)
이슈와라-프라탸비갸

초판 1쇄 발행   2025년 8월 17일

지은이 | 金恩在

펴낸이 | 이의성
펴낸곳 | 지혜의나무
등록번호 | 제1-2492호
주소 | 서울시 종로구 관훈동 198-16 남도빌딩 3층
전화 | (02)730-2211   팩스 | (02)730-2210

ISBN 979-11-85062-52-5   93120

* 잘못된 책은 바꾸어 드립니다.

① **가시를 빼기 위한 가시**
　『비갸나 바이라바』
　- 명상 방편의 총림(叢林) -

　"자신의 생명은 포기할 수 있지만,
　　이 가르침을 포기해서는 안 된다!"
　일컬어 <112 방편>이다.

② **수행경**(修行經)
　『쉬바 수트라』
　- 영성 수련의 섬광(閃光) -

　꿈에 <은혜의 주(主)>가
　"저 산, 큰 **바위** 아래에……"
　그렇게 그는 이 경전을 얻었다.

③ 스판다와 재인식(再認識)의
　『소와 참나 이야기』
　- 素所, 蘇消, 小笑 그리고 이 무엇 -

　"소"는 사람이
　<**신성**(神性)에 이르기 위해>
　가장 본받아야 할 선생(先生)이다.

4 아는 자를 아는 일
   『프라탸비갸 흐리다얌』
    - 재인식(再認識)의 비의(秘義) -

   "<거울 속의 도시>는
   <거울>과 다르지 않다!"
   <재인식(再認識)>이 무슨 뜻인가?

5 참 나를 느끼는
   『스판다 카리카』
    - 신성의 창조적 박동, 스판다 -

   <"움직임"이라는 그 모든 것>
   샥티, 에너지, 힘, 기(氣), 영(靈),
   그리고 스판다라는 **이 무엇**

6 삼위일체경(三位一體經)
   『파라 트리쉬카』
    - 그 비밀의 아비나바굽타 해석 -

   "<맛없는> 음식은 없다!" -
   <**말**(언어)>이라는 것은 인간에게
   도대체 그 어떤 의미인가?

7 전체성(全體性)과 크라마의
   『뱀과 얼나 이야기』
   - 蛇辭, 思師 그리고 쿤달리니 -

   "아, 내 몸의 이 뱀!"
   성(性) 즉 섹스(Sex)는 무엇이고,
   전체성(全體性)은 무엇인가?

8 탄트라 알로카의 정수(精髓)
   『탄트라 사라』
   - <트리카 영성 철학>의 요체(要諦) -

   <인간 **영성**의 모든 것> - 탄트라
   그는 어린 우리를 위해……
   "그러니 이를 읽어라!"

9 아비나바 바라티의
   『숭고미의 미학(味學)』
   - 그 <미적 경험>, 차맛카라! -

   우리는 <아름다운 것>에 끌린다.
   왜 그런가?
   美學을 넘어 味學으로

⑩ 문학, 영화 그리고 꿈의
　『거울 속에서』
　 - 그 현존의 순간들과 흔적들을 찾아 -

　오늘도 "거울 속에서" 기다린다.
　<거울 밖>을 내다본 이들의
　아름다운 이야기를!

⑪ <신(神)-인식(認識)>경(經)
　『이슈와라-프라탸비갸』
　 - 내 안의 신성을 되찾는 빠른 길 -

　"내 영혼의 꿀벌은
　 웃팔라(연꽃)의 향기를 찾아
　 <절대(絶對)>의 만족을 얻노라!"

⑫ 인간(우주)의 본질을 꿰뚫는
　『말리니-비자야 탄트라』(예정)
　 - 그 이론(지식)과 실천(수행) -

　"인간의 본질을 모르면,
　 진정한 해방은 없다!"
　트리카 경전의 에베레스트!

⑬ 한 돌이 들려주는
  『돌과 즈슴 이야기』(예정)
   - 時間, 空間, 人間이라는 **틈새** -

한 돌이 들려주는
돌과 여러 "**틈새**" 이야기에
시간 가는 줄 모른다!

⑭ 웃팔라데바의
  『**하나님 증명과 찬양**』(예정)
   - 이슈와라싯디와 쉬바스토트라아발리 -

"증명하라, 그러면 믿겠노라."
 - 아, 이 <사악한 마음>……
"**내 영혼이 주를 찬양**하나이다!"

⑮ 웃팔라데바와 아비나바굽타의
  『**참맛을 찾아**』(예정)
   - 최고의 삶을 누리는 지혜 -

"진실로 나는 멋진 이, 아는 자, 행운아라.
 이 세상에서 나와 비길 이 누구랴?"
 - <이런 느낌>은……

16 죽음을 극복(克復)하는
『네트라 탄트라 수행』(예정)
   - <세 번째 눈> 곧 <여호와의 눈> -

"여호와여! 주(主)의 눈이
 성실을 돌아보지 아니하시나이까?"
 - 한 인간으로 그 절박한……

17 인간의 본질을 누리는
『말리니비자야 수행』(예정)
   - 그 못 다한 정화(淨化)를 위해 -

"지혜가 어리석음을 먹고 자라듯
 일원론은 이원론을 먹고 자랐다."
지고의 일원론 곧 참 하나님을 찾아……

18 더 깊이 읽기 위한
『비갸나 경문과 쌍둥이 복음』(예정)
   - 예수가 말한 "나"를 찾아서 -

"나는 그들이 목마름이 없는 것을 보았고,
 내 영혼은 그들의 눈이 멀므로 슬펐노라."
쌍(雙)둥이가 쌍(雙)이 아니라면……

19 <궁극의 실재>를 찾은 돌의 노래
　『스타바 친타마니』(예정)
　 - 아, '분단(分斷)의 땅' 카시미르 -

　"주를 찬양하는 노래라도 모든 것을 능가하며,
　위대한 영혼은 주의 이름만 들어도
　머리털이 곤두섭니다."

20 아비나바굽타의
　『이슈와라-프라탸비갸-비마르쉬니』(예정)
　 - VIP(매우 貴重한 이)를 위한 IPV -

　"내 영혼(靈魂)의 꿀벌('드보라')은
　아비나바-웃팔라(새로운 연꽃)의 향기에 취해
　내가 원하는 모든 것을 알고 행하노라!"

21 내 영혼을 '다시 알아보는'
　『아비갸나 샤쿤탈라』(예정)
　 - 칼리다사의 아름다운 7막 연극 -

　"가끔씩 사람은, 행복하더라도
　마음이 편하지 않을 때가 있다.
　아마도 인간은, 그의 영혼 안에서……"

22 **인간 영성의 백과사전**
　『탄트라 알로카』(전12권 예정)
　　- <자야라타의 해설(비베카) 포함 -

　"나 아비나바굽타는 이 대작을 지었노라.
　<이것에서 **나오는 그 빛**>으로 사람들은
　쉬이 '**그 예배**(禮拜)'에 참여할 수 있으리라."

※ **신성**(神性)**이 허여**(許與)**한다면** '예정 (작품)'은
　예정(豫定)대로 출간됩니다.